国家自然科学基金项目（71672085）研究成果
广东省财政科研课题（Z2021110）研究成果

公司财务与创新的实证研究

郑　毅◎著

中国财经出版传媒集团
经济科学出版社
Economic Science Press

图书在版编目（CIP）数据

公司财务与创新的实证研究／郑毅著 . —北京：经济科学出版社，2022.4

（珠海社科学者文库）

ISBN 978 - 7 - 5218 - 3610 - 3

Ⅰ.①公… Ⅱ.①郑… Ⅲ.①公司 - 财务管理 Ⅳ.①F276.6

中国版本图书馆 CIP 数据核字（2022）第 062911 号

责任编辑：张　蕾
责任校对：王肖楠
责任印制：王世伟

公司财务与创新的实证研究

郑　毅　著

经济科学出版社出版、发行　新华书店经销

社址：北京市海淀区阜成路甲 28 号　邮编：100142

编辑工作室电话：010 - 88191375　发行部电话：010 - 88191522

网址：www. esp. com. cn

电子邮箱：esp@ esp. com. cn

天猫网店：经济科学出版社旗舰店

网址：http://jjkxcbs. tmall. com

北京季蜂印刷有限公司印装

710 × 1000　16 开　19 印张　370000 字

2022 年 5 月第 1 版　2022 年 5 月第 1 次印刷

ISBN 978 - 7 - 5218 - 3610 - 3　定价：118.00 元

（图书出现印装问题，本社负责调换。电话：010 - 88191510）

（版权所有　侵权必究　打击盗版　举报热线：010 - 88191661

QQ：2242791300　营销中心电话：010 - 88191537

电子邮箱：dbts@ esp. com. cn）

本书由珠海市社会科学界联合会资助出版

前　言

　　历时七年的研究与积累，专著《公司财务与创新的实证研究》终于在2022年5月出版。本书基于融资约束理论、委托代理理论、控制权等理论，针对公司财务与创新的科学问题，采用实证的研究方法，研究促进创新背后的公司财务与公司治理运行机制。本书包括五篇十三章，主要研究融资约束对企业创新的影响；股权融资、债务融资对企业创新的影响；大股东控制权对企业创新的影响；经理控制权对企业创新的影响；其他财务机制对企业创新的影响。

　　本书与笔者2016年10月出版的专著《公司财务与创新的计算实验研究》实为姊妹篇，研究的方向聚焦于促进创新背后的公司财务与公司治理机制。研究的主题相近，研究的方法有所不同。《公司财务与创新的计算实验研究》是在采用的基于agent建模与模拟的计算实验方法，攻读博士期间采用这种方法针对公司治理与创新的科学问题进行了深入研究。从对计算实验方法的探索到具体的公司治理机制与创新行为的科学问题研究，从2009年9月到2016年10月同样历时七年，将发表于诸多期刊的论文进行整理，在征求期刊版权允许的情况下出版本书。计算实验方法是基于复杂性理论，以归纳和演绎并列的第三种模拟方法为基础，以系统论中整体大于局部简单汇总之和的涌现现象为依托，是未来管理科学的主流研究方法。但是博士毕业在高校工作指导硕士研究生的过程中发现，该研究方法对于会计专业的硕士研究生来说难度过大，掌握该方法需要以Java或者Python的编程为基础，掌握Netlogo软件或者Repast Simphony等软件，对公司财务与创新、公司治理与创新等科学问题进行深入研究。这样的研究会遇到诸多问题，一方面需要漫长的时间学习研究方法，与目前硕士研究生的培养方案和培养时间不匹配；另一方面，这样的研究具有探索性，前期积累的研究成果并不多，可参考的期刊文献比较少，尤其在公司财务与公司治理领域的研究就更少了。最难的问题是成果的发表，研究生毕业需要一定的成果要求，发表不出论文就会影响到按期毕业。计算实验的研究对于会计学或者管理学领域的期刊来说，过于陌生，难以接受，投稿时甚至找位合适的审稿人都比较困难。传统的研究范式是以统计学、计量经济学为基础，几乎70%的学术论文都是采用这些实证的研究方法和研究范式。无论是研究的学者、审稿人、期刊编辑都已经被这种研究范式固化，要想实现向复杂性科学的转变，以计算实验为基础的研究范式的扩散与普及，需要从小学起，可能需要整整一代人的更替。这样就有必要针对所研究的科学问题调整研究方法，回归到实证研究的范式当中，接受国内外学术共同体的普遍共识。虽然这与探索未知、追求真理的初衷有所偏离，但是这是在教学科研过程中进行学术研究不得已的选择。实证研究方法普遍为学术共同体所接受，有其科学性和合理性，采用实证研究方法针对公司财务与创新的科学问题进行研究，从理论分析、逻辑推理、研究过程等诸多方面符合目前学术领域达成的共识。对研究生学有所成、顺利毕业；学校达到研究生的培养目标；教师展开学术研究、形成学术积累、完成考核要求，可以实现"一箭三鹰"多赢的局面。

《公司财务与创新的实证研究》分为五篇，第一篇是融资约束对企业创新的影响研究，包括：第一章融资约束、信息披露与R&D投资——基于突变式创新和渐进式创新视角；第二章融资约束对创业板上市公司技术创新的影响研究。这一篇主要是基于融资约束理论，由于创新的不确定性、长期性、高成本性等特征，使得企业研发活动遇到融资约束问题，认为收益的不确定性以及R&D投资活动的风险性导致企业不愿将资金投到研发活动中，因此产生企业对研发活动投资不足的情况。在企业存在融资约束的情况下，为了降低融资成本，企业一般利用内部现金去支持企业的创新活动。企业规模也影响着企业的融资约束程度，中小企业面临的融资约束程度高于大企业。融资约束已经成为严重制约我国企业研发投入的主要原因之一，信息披露质量的提高，有利于降低企业的融资约束对研发活动投入的抑制作用。创新活动分为突变式创新与渐进式创新，突变式创新是企业技术提升的关键驱动能力，对企业升级和经济增长有重要作用。突变式创新包含企业的核心机密，隐蔽性较强的特点使得企业主要依靠企业内部充足的资金进行创新，融资约束对R&D投资活动无显著性影响，信息披露质量的提高，对融资约束与创新的关系起到负向调节作用，反而不利于突变式创新企业的发展。渐进式创新投资的低风险，使其在短期内能为企业带来超额的利润，在利益的驱使下导致从事渐进式创新的企业要远多于从事突变式创新企业。融资约束成为影响渐进式创新发展的主要因素，信息披露能有效缓解企业存在的融资约束，对融资约束与创新起到正向的调节作用，信息披露质量的提高，有利于渐进式创新企业的发展。

进一步将外部融资期限引入创新影响模型，发现在外部融资中，长期借款融资对公司创新具有显著地促进作用，短期借款融资则与创新投资之间呈现出显著负相关关系；在企业内部现金持有量与创新投资关系的研究中发现，企业内部现金持有量与公司技术创新具有显著正相关关系。

第二篇是股权融资、债务融资对企业创新的影响研究，包含：第三章借壳上市、资产剥离与研发投入；第四章异质债务对企业 R&D 投资模式影响的实证研究；第五章第二类代理成本、股权制衡度与研发投入。在股权融资与债务融资促进企业创新的研究过程中发现：企业借壳上市可以促进企业研发投入强度的提高；上市后借壳上市企业的资产剥离行为能够促进企业进行研发投入，并且这种促进作用对受到融资约束影响的企业，如非国有企业更明显。技术并购作为一种外部研发，能使企业在短时间内获得其他公司的新技术、新产品，进而促进企业绩效的提升。

根据债务来源不同区分债务，以银行借款为主的关系型债务和以债券为主的交易型债务都与 R&D 投资显著负相关，但银行的强监督作用与使用债券所得资金的自由性相比，银行借款的负向作用更强。并且异质债务与技术创新产出的关系和以上结论相同。关系型债务与突变式创新下的R&D 投资呈显著的负相关，交易型债务与突变式创新下的 R&D 投资无显著性关系。关系型债务、交易型债务与渐进式创新下的 R&D 投资显著负相关，且交易型债务的负向影响小，渐进式创新企业选择交易型债务产生的压力小，创新容易产生短期效果，从而保证债权人与债务人之间的信任关系。

大股东与中小股股东之间的代理问题是影响创新投入的原因之一，要大力推进混合所有制改革，或者可以通过减少企业与企业间的相互参股数量，优化上市公司的多链条、多层级集团控制结构，减少实际控制人的控制层数和减少实际控制人占用其他应收款形式的资金，降低代理成本，促进企业创新。

第三篇是大股东控制权对企业创新的影响研究，包括：第六章定向增发、大股东控制权与企业创新；第七章控股股东股权质押、股价崩盘风险与创新投入——基于创业板民营上市公司的实证分析。研究结果表明，定向增发规模对上市公司创新投入有显著的促进作用，大股东控制权能够调节定向增发规模对上市公司创新投入的促进作用。进一步分组研究发现，大股东控制权对上市公司创新投入的影响分为两个层次：一是低控制权下的壕沟效应，大股东为了自身的私有收益，侵占中小股东的利益，违背公司价值最大化的原则放弃使企业获取长期收益的创新项目，进而降低了创新投入强度；二是高控制权下的利益趋同效应，大股东持股比例达到一定水平时，会主动承担风险，进行创新投入，从而提高了创新投入强度。

控股股东股权质押会使企业创新发展受到抑制。相比控股股东没有设置股权质押的企业而言，采取了股权质押的企业，股价崩盘风险相对较低。在对比股价崩盘风险大和风险小的企业中可以得到，风险大的企业采取股东股权质押会对企业创新的抑制变得更加严重。

第四篇是经理控制权对企业创新的影响研究，包括：第八章现金持有、高管任期与研发投入平滑；第九章董事会行为特征、管理者权力与企业创新模式；第十章经理自主权对公司渐进式创新和突变式创新行为选择的影响。研究结果发现：高科技行业上市公司普遍存在利用现金持有平滑研发投入的情况，稳定充足的现金持有有利于保持研发投入的稳定性；高管任期对企业的现金持有政策产生不同的影响，从而影响到企业的研发投入决策。具体来说，高管的既有任期正向调节了现金持有的研发平滑效应；高管的预期任期同样正向调节了现金持有的研发平滑效应，但调节效果低于既有任期；现金持有量越高，高管任期对研发平滑的调节作用越显著。进一步区分研发投入强度后发现：研发投入越高的企业现金持有的平滑效应越显著，高管任期对研发平滑的调节作用越明显；总经理和董事长的任期对现金持有的研发平滑效应都具有正向的调节作用，但总经理的调节作用更加显著。

管理者权力与企业技术创新产出正相关；管理者权力与开发式创新显著正相关，与探索式创新不显著相关；董事会的监督行为对管理者与探索式创新和开发式创新均有正向调节作用，董事会的咨询行为对管理者与开发式创新有正向调节作用，对管理者与探索式创新的调节作用不显著。基于董事监督行为和咨询行为的进一步检验结果显示，董事监督行为越高，将有效抑制管理者在探索式创新行为选择上的懈怠，而董事咨询行为并不能有效改变管理者对探索式创新行为的选择。

经理自主权与企业技术创新产出正相关；经理综合自主权越大，企业越倾向于渐进式创新，即经理自主权与渐进式创新正相关，其中经理职位权，运作权和经理任期均与渐进式创新活动显著正相关；相对于渐进式创新，经理自主权对企业突变式创新影响不显著。反映出厌恶风险的经理人在技术创新方面的"短视"行为，符合代理理论框架下的理论分析与逻辑推理。

第五篇是其他财务机制对企业创新的影响研究，包括：第十一章卖空机制、信息披露质量与企业创新——基于融券制度的准自然实验；第十二章新松机器人架构一体化创新绩效研究；第十三章基于财务共享的资金集中管理创新机制与经济后果研究。第十一章还是以实证研究方法，研究卖空机制、信息披露质量与企业创新，是基于融券制度的准自然实验。最后两章是案例类型的研究，同样属于实证研究方法，但是采用了案例研究的范式。在中国每天都有新的变化，可以用日新月异来形容。探索采用案例研究的范式是一种趋势，更有利于研究和构建适合中国的管理理论与实践问题。

第十一章通过对比融资融券制度实施前后，卖空标的企业与非标的企业专利申请总量的差异发现，卖空机制的实施显著提高了标的企业专利申请总量，同时，卖空机制可以通过提高企业信息披露质量来增加其专利申请总量。进一步把企业创新分为探索式创新和开发式创新，通过分析发现，卖空机制对探索式创新具有显著的促进作用，而对开发式创新并没有显著影响。实证结果表明，卖空机制作为一种外部治理机制，能够显著地提升企业的创新水平，而信息披露质量在卖空机制影响企业创新的过程中起到了部分中介的作用。

第十二章在已有研究的基础上，以复杂产品系统（COPS）与集成创新、一体化产品架构理论为切入点建立理论框架；运用嵌入式单案例研究方法，有针对性地选择架构一体化实践的标杆高新技术企业新松机器人为研究对象，通过发掘有力的案例事实来验证理论框架。研究发现，一体化产品架构倾向于"自制"，有利于提高集成创新和垂直一体化水平，促进制造业复杂产品架构一体化能力的提升，创新绩效优势明显。本文所研究的新松机器人的一体化架构体系对于本土制造业转型升级、提升产品竞争力和企业创新绩效具有重要的参考价值。

第十三章以中石化集团建立财务共享服务中心为案例研究对象，从管理制度、管理流程和信息系统三个方面分析基于财务共享的资金集中管理创新机制；以三角证据交叉验证为根据，探讨财务共享服务中心下资金集中管理的经济后果。案例研究结果表明，财务共享服务中心通过财务共享制度设计、管理流程优化与财务共享信息技术的提升改善了企业集团资金集中管理运行的经济后果，具体表现为缓解融资约束、提高资金综合使用效率、降低代理成本、制衡了企业集团内部资本配置"吃大锅饭"的行为。

本来还想请知名专家为书作序，但是考虑目前专家工作很忙，没有充足的时间阅读书稿，并为此作序。还有一个原因是学术专著的发行并不乐观。专著作为学术成果的凝练与升华，仅供感兴趣的有识之士鉴赏。

本书列入"珠海社科学者文库"，本书出版得到珠海市社会科学界联合会学术专著专项资金资助，没有珠海市社科联给予的支持，该书是无法顺利出版的。珠海市社科联组织专家对书稿进行了科学评审，同时陈利峰主任给予了大力主持，对此深表感谢！同时该书也是国家自然科学基金项目（71672085）的研究成果，部分内容是广东省财政科研课题（Z2021110）的研究成果。

该书的出版离不开我的研究生给予的支持和帮助，对徐佳、王兰燕、夏俊梅、王琳琳、刘军、姚龙、谷晓光、段士菲、高洁、鞠梅竹、武晗、陈灵希等表示感谢！

特别感谢姚龙合著第十三章！

最后，对我的家人表示感谢！2020 年我举家南迁来到珠海，主要原因是觉得珠海未来可期！粤港澳大湾区成为了国家的发展战略，珠海作为一个重要的节点城市，未来的发展不可限量。人到中年，我将夫人和两个孩子从辽宁的葫芦岛带到广东珠海，是反复衡量并下了巨大的决心。值得安慰的是，长子家宝很懂事，经过半年的过渡期，现在已经完全适了这边的学习生活，学习成绩在学校、班级名列前茅。在北理工珠海学院 5000 亩的校园内，依旧能够钓鱼，保持着自己酷爱的兴趣。次子家齐顺利入读幼儿园，每天都是快乐的"小哥哥"！最感谢我的夫人晓晋，感谢她支持我举家南迁，来到美丽的珠海。这两年来，遇到很多困难和问题，怀疑当初的决定是否正确？以致夜不能寐，甚至有返回老家的想法，但是在夫人的支持下，我们共渡难关，咬牙坚持了下来。我岳父岳母年近古稀，跟我们一起来到珠海，在生活上我们互相关照，希望他们能够健康长寿，更多享受儿孙膝前围绕的天伦之乐！遗憾的是老父亲还在辽宁老家，由大哥二哥关照，我只有在寒暑假回去探望，不能在身边尽孝。母亲于 2011 年去世，对母亲只有永远怀念！愿母亲在天之灵永葆子孙安康！

在北京理工大学珠海学院工作了两年，学校正在由独立学院进行转设，目前有些动荡，有很多不尽如人意的地方，但是学校地处珠海 5000 亩土地，有 2 万多名师生员工，有北京理工大学主办。可能需要多一份耐心、多一份信任、多一份期盼，希望学校未来更好，在这里能够体会到安全感、归属感和幸福感！

郑　毅

2022 年 5 月 4 日　青年节

于北理工珠海校园

目 录
Contents

第一篇

融资约束对企业创新的
影响研究

第一章

融资约束、信息披露与 R&D 投资
——基于突变式创新和渐进式创新视角

一、引　言

近年来，我国经济发展进入新常态，经济进入相对低速的增长，推进供给侧结构性改革，必须将创新驱动打造为发展的新引擎。党的十八大指出"实施创新驱动发展战略"，体现了创新在我国发展中的重要地位。作为直接影响并决定企业自主创新能力的 R&D 投资，已成为企业生存和保持竞争力的重要战略性投资决策行为。

企业是国家研发创新的主体，R&D 投资支出占全国投资支出的77.3%。如图 1-1 所示，R&D 投资总支出与 R&D 投资支出占 GDP 的比重逐年递增，2008 年金融危机爆发，R&D 投资不但不减，增加的幅度反倒更加迅速，说明我国更加注重研发水平的提升。国际上通常认为，要使企业正常运行，研发费用与营业收入之比至少达到 2%；到达 5% 时，企业才具备竞争能力。虽然，近些年来，我国研发投入总量表现出持续上升的趋势，超过法国、英国、日本和德国，位列继美国之后的世界第 2 大 R&D 投资大国；但是研发投资强度与发达国家 3% ~ 4% 的水平相比还有一定差距。企业的研发动力不足，成为制约我国发展的重要原因。

是什么导致研发动力不足呢？如何缓解这种现象呢？R&D 投资具有周期长、风险高、变现慢和转换成本高等特征，决定其需要大量长期资金，这些资金主要来自企业的内源融资和外源融资。在现实的资本市场中，信息不对称性及代理问题导致企业得到的外源资金量不足以支持其投资需求，融资约束的产生影响企业投资决策[1]。公司信息披露水平的提高能解决信息不对称问题[2-4]。在我国资本市场制度并不完善的经济体系下，信息披露作为一种公司自愿行为，虽然存在一定的成本，但是能够为隐蔽性不强的创新企业降低因信息不对称而导致的融资约束，从而激发企业的创新活力，但是对于隐蔽性较强的创新企业则可能由于成本高于收益而不利于创新活动的进行。因此，本章关注了信息披露对融资约束与 R&D 投资的影响。本章的研究贡献在于：第一，从创新的异质性视角出发，由于不同规模企业的融资渠道、信息披露水平的不同将对企业产生不同的影响，本文将所有企业按企业的创新类型以及规模的不同划分子样本，对融资约束、信息披露与 R&D 投资之间的关系进行进一步的分析。第二，渐进式创新相对突变式创新的低隐蔽性，使得信息披露对融资约束的缓解作用更为显著，从而为企业带来更多资金的支持，对突变式创新企业的作用则相反。

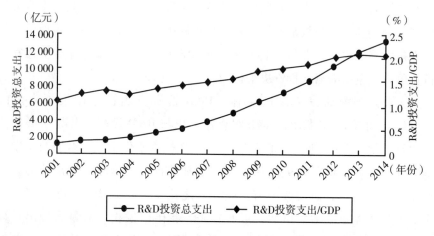

图 1-1　2001~2014 年 R&D 投资总支出与 R&D 投资支出占 GDP 比重变化趋势

资料来源：作者整理。

二、理论分析与研究假设

（一）融资约束与创新

熊彼特提出的创新经济学在学术界得到普遍认同，认为 R&D 投资在现实的市场中受到融资约束[5]。企业研发活动的融资约束问题，认为收益的不确定性以及 R&D 投资活动的风险性导致企业不愿将资金投入研发活动中，因此，产生企业对研发活动投资不足的情况（Nelson，1959；Arrow，1962）[6,7]。在企业存在融资约束的情况下，为了降低融资成本，企业一般利用内部现金去支持企业的创新活动。企业作为国家创新的主体，因创新活动具有长期性和不确定性的特征而受到严重的融资约束，使得研发活动的进行主要依靠企业内部资金[8]。企业规模也影响着企业的融资约束程度，从公司规模的角度来看，中小企业的融资约束程度高于大企业[9]。然而中小企业正以其灵活的运行方式和对市场较强的适应能力成为了推动我国经济社会发展的重要力量。我国上市公司尚未陷入 R&D 投资的"加速化陷阱"，仍有必要加大 R&D 投资[10]。

公司的 R&D 活动在创造和积累知识、推动生产工艺和技术创新、进而实现差别化和成本领先战略的过程中，既可以更好地满足消费者的个性化需求，同时又提升了公司的竞争能力。研发活动可以分为突变式创新与渐进式创新[11]。渐进式创新，是对已有产品组合的巩固和提升，对原有产品进行引进、升级与改造，尽量降低研究开发的成本，根据市场的需求方向进行产品改良以更好地服务消费者，具有成本低、收益快等诸多优势[12]。渐进式创新能为企业在短期内获得稳定的利润回报[13]，并且研发成本较低，使得其易获得外部资金的支持，从而缓解企业的融资约束程度，进而促进企业对 R&D 活动的投入，表明融资约束的降低有利于企业的渐进式创新活动。综上所述，本章提出如下假设：

H1 - 1a：从事渐进式创新企业的融资约束与 R&D 投资显著负相关。

突变式创新更具前沿性，成本较高、风险较大，有改变市场及消费者偏好的潜能[14]，获得革命性的市场创新。突变式创新强调创造新知识的重要性，着力于摆脱现有知识的束缚，需要超越现有的知识去进行创新[15]。在快速更新的社会环境中，技术的升级改造、消费者偏好的不断改变以及对各种产品需求的加大，不改变意味着产品的落后甚至被淘汰[16]。突变式创新可以增强企业在未来市场中的竞争力，增加未来收益，由于其研发周期长，对资金投入有持续性需求，为适应新技术的快速发展，也要对下一代技术进行研究与论证[17]。因此，相对于渐进式创新而言，突变式创新的外源融资更加困难，从而依赖内源融资进行创新，自由现金流等内源融资与营运资金对突变式创新起到平滑的作用[18,19]，并且突变式创新对外源融资的依赖较小，因此，外源融资对 R&D 投资不会产生显著影响。综上所述，本章提出如下假设：

H1 – 1b： 从事突变式创新企业的融资约束与 R&D 投资无显著关系。

（二）信息披露、融资约束与创新

R&D 投资面临着较大的调整成本与高度不确定性，增加 R&D 活动的融资难度（Himmelberg et al.，1994）[20]。企业在存在融资约束的情况下，通常用内部现金去支持创新活动的进行，然而很多学者的研究发现外源融资对创新的正向促进作用要优于内源融资[21,22]。外源融资对 R&D 投资有正向促进作用，但是由于研发过程中公司内部人掌握的研发信息多于外部投资者，企业与外部投资者之间产生信息不对称性，使得投资者会通过要求得到更多的回报来弥补由于信息不对称可能带来的投资损失，加重了企业外源融资的融资约束程度，那么，解决信息不对称的问题，将能缓解企业外源融资的压力，从而促进企业开展创新活动。

信息不对称程度在企业披露社会责任信息后显著降低，资本成本也有明显的下降（Dhaliwal et al.，2011）[23]。张然等研究发现公司的资本成本可以通过提升内部控制自我评价信息披露与内部控制鉴证信息披露的质量而降低[24]。优质公司信息披露质量较高，一方面可以降低外源融资的成本；另一方面可以占有更多的市场资源[25]。披露企业社会责任信息的公司更容易获得银行贷款，降低了企业的外源融资约束程度，并且利率更低、贷款期限更长[26]。从事渐进式创新企业的研发周期较短，获得充足的外源融资可以加快企业的研究进程，在短期内可获得高额利润。这样，从事渐进式创新企业为了更容易赢得投资者青睐，就会通过提升信息披露的质量使其在同类企业中确立一个标准，披露达到一定水平时，就能通过信息披露降低获取资源的成本。因此，信息披露具有融资作用，对融资约束与R&D 投资的关系有正向的调节作用。综上所述，本章提出如下假设：

H1 – 2a： 信息披露对从事渐进式创新企业的融资约束与 R&D 投资的关系有正向调节作用。

信息披露使得部分公司内部信息公开化，外部投资者因为了解更多的内部信息可以增强其对研发活动成功的信心，然而一些核心信息披露可能导致企业的竞争能力下降，反而不利于企业研发活动的进行。公司一直处于竞争的环境之中，披露信息一方面有利于对企业的市场价值进行准确的评估，另一方面也有利于竞争者获得公司的信息，一旦竞争者采取不利的行为，将会给企业带来巨大的损失（Wagenhofer，2011）[27]。即使信息精度很高，投资者分歧同样会带来资本成本的升高[28]。因此，在进行信息披露时，要根据企业披露信息的成本与收益的衡量结果来决定信息披露的质量。成本大于收益，说明信息披露不利于降低公司的融资约束，反而对融资约束与 R&D 投资有反向的调节作用；反之，则应通过信息披露来缓解公司的融资约束程度。对于隐蔽性较强的突变式创新企业，其研发周期长，对企业未来的发展有着至关重要的作用，然而在进行信息披露时，一些核心机密也会随之曝光，那么其他竞争对手可能利用这些信息加速自己企业研究进程，甚至赶超披露信息企业的研究进度，抢占企业在未来市场上的份额，或者采取一定的手段去影响企业的研究进程，进而影响披露信息企业的利益。信息披露的成本要高于其带来的收益，因此信息披露质量的提高将对从事突变式创新企业的融资约束与 R&D 投资起到负向调节的作用。综上所述，本章提出如下假设：

H1 - 2b：信息披露对从事突变式创新企业的融资约束与 R&D 投资的关系有负向调节作用。

三、研究设计

（一）数据来源

由于无法收集上海证券交易所的信息披露评价体系结果，因此本章选取了 2011~2015 年深圳证券交易所进行交易的 A 股上市公司作为样本。样本选择遵循以下原则：（1）剔除金融类上市公司；（2）剔除 ST、*ST 公司；（3）剔除没有专利数据的公司；（4）剔除没有信息披露评价指数的公司；（5）剔除研究指标及数据不全的公司。信息披露水平数据来源于深圳证券交易所建立的信息披露评价体系，其余数据均来自国泰安 CSMAR 数据库。经过筛选，在 2 346 个公司年份观察值中最终得到的五年有效公司年度样本数据 596 个。

钟昌标等和李小静等使用发明专利的授权量表示突变式创新，用实用新型专利和外观设计专利授权量之和表示渐进式创新[29-31]。将总样本分成两个子样本：一个是突变式创新投资（发明专利的授权量≠0），另一个是渐进式创新投资（发明专利的授权量＝0，实用新型专利≠0或外观设计专利授权量≠0）。

（二）模型构建

本章研究的是融资约束、信息披露与 R&D 投资之间的关系，建立 3 个回归模型来检验所提出的研究假设。

模型（1－1）检验融资约束对研发支出的影响。

$$R\&D = \alpha_0 + \alpha_1 \times SA + \alpha_2 \times Size + \alpha_3 \times Capex + \alpha_4 \times S + \alpha_5 \times Tech$$
$$+ \alpha_6 \times Sdebt + \alpha_7 \times Ldebt + \alpha_8 \times Roa + \varepsilon_i \qquad (1-1)$$

模型（1－2）检验信息披露对研发支出的影响。

$$R\&D = \alpha_0 + \alpha_1 \times DQ + \alpha_2 \times Size + \alpha_3 \times Capex + \alpha_4 \times S + \alpha_5 \times Tech$$
$$+ \alpha_6 \times Sdebt + \alpha_7 \times Ldebt + \alpha_8 \times Roa + \varepsilon_i \qquad (1-2)$$

模型（1－3）检验信息披露与融资约束对研发支出的影响。

$$R\&D = \alpha_0 + \alpha_1 \times SA \times DQ + \alpha_2 \times Size + \alpha_3 \times Capex + \alpha_4 \times S + \alpha_5 \times Tech$$
$$+ \alpha_6 \times Sdebt + \alpha_7 \times Ldebt + \alpha_8 \times Roa + \varepsilon_i \qquad (1-3)$$

（1）被解释变量。R&D 表示 R&D 投资强度（企业研究开发支出/营业收入），作为方程的被解释变量，用企业研究开发支出/总资产作稳健性检验。

（2）解释变量。本章采用按 KZ 方法构建的 SA 指数（Hadlock et al.，2010）[32]：$-0.737 \times Size + 0.043 \times Size^2 - 0.04 \times Age$，其优点是选取外生性较弱的变量企业规模和企业成立时间两个变量，能尽量避免内生性对结果的干扰。信息披露水平（DQ），衡量指标变量选取的是深圳证券交易所建立的信息披露评价体系得出的评价得分，本章将得分由高到低依次赋值 4、3、2、1。得分越高代表企业信息披露质量越好。变量的定义说明见表 1－1。

表 1 - 1　　　　　　　　　　　变量定义说明

变量类型	变量名称	变量符号	变量操作性定义
被解释变量	R&D 投资强度	R&D	企业研究开发支出/营业收入
解释变量	融资约束指数	SA	构造方法见文中
	信息披露水平	DQ	采用深交所信息考评结果作为检验指标变量
	交乘项	SA × DQ	融资约束×信息披露
控制变量	企业规模	Size	企业营业收入的对数值
	成长性	S	(企业当年销售收入 - 上年销售收入)/上年销售收入
	无形资产比例	Tech	无形资产/总资产
	短期借款占比	Sdebt	短期借款/总资产
	长期借款占比	Ldebt	长期借款/总资产
	总资产净利润率	Roa	净利润/总资产
	资本性支出	Capex	购买固定资产、无形资产以及其他长期资产所支付的现金/总资产

四、实证结果与分析

（一）描述性统计

由表 1 - 2 描述性统计结果可知，R&D 投资占营业收入比重的均值为 0.031，中位数为 0.028，两个指标间的差异表明企业在 R&D 投入上存在一定的差异性。融资约束指数 SA 的均值为 - 15.400，标准差为 0.800，表明企业间普遍存在融资约束，最大值为 - 13.761，最小值为 - 17.587，说明不同企业间存在的融资约束程度差异较大。信息披露指数的四分之一分位数与四分之三分位数均为 3，企业信息披露等级大多在良好的水平，表明信息披露水平整体较好。

表 1 - 2　　　　　　　　　　主要变量的描述性统计

变量	mean	P25	P50	P75	max	min	sd	N
R&D	0.031	0.012	0.028	0.041	0.452	-0.023	0.032	596
SA	-15.400	-15.955	-15.272	-14.811	-13.761	-17.587	0.800	596
DQ	3.076	3	3	3	4	1	0.562	596
S	0.122	-0.083	0.040	0.182	11.627	-0.722	0.707	596
Roa	0.026	0.004	0.024	0.057	0.292	-1.220	0.102	596
Sdebt	0.132	0.026	0.095	0.196	1.101	0	0.134	596
Ldebt	0.052	0	0.017	0.068	0.730	0	0.087	596
Tech	0.053	0.023	0.040	0.062	0.376	0.000	0.050	596
Size	22.301	21.326	22.127	23.069	25.654	18.811	1.362	596
Capex	0.048	0.020	0.038	0.064	0.267	0	0.040	596

（二）总样本及不同创新类型下融资约束、信息披露对 R&D 活动的影响

表 1-3 是总样本及分样本的回归结果。模型（1-1）考察了融资约束与 R&D 投资之间的关系，SA 指数与 R&D 投资在 1% 的水平上显著负相关，表明融资约束严重制约我国创新企业的发展。突变式创新企业的 SA 指数与 R&D 投资存在负向关系但并不显著，说明突变式创新企业的 R&D 投入不受融资约束的影响，H1 - 1b 得到验证。一方面政府对创新企业科技补贴优惠和减免税收政策使得企业的现金流增多；另一方面因为突变式创新具有探索性和前瞻性，其周期更长，风险更高，研发成果将给企业带来巨大收益，所以企业一般不愿通过披露信息而获得外源融资，而是更多地依靠企业充足的资金来进行研发活动。渐进式创新企业的 SA 指数与 R&D 投资在 1% 的水平上显著负相关，融资约束程度降低有利于企业进行渐进式创新，由此 H1 - 1a 得到验证。融资约束是由于信息不对称以及代理问题而产生，信息披露能够降低信息不对称程度，模型（1-3）使用了融资约束（SA）与信息披露（DQ）的连乘项进行检验，总样本中连乘变量（0.198）在 1% 水平上显著负相关，且小于模型（1-1）中融资约束（SA）的系数（0.316），说明信息披露对融资约束与 R&D 投资有正向的调节作用。分样本在 1% 水平上显著负相关，突变式创新系数（0.216）大于融资

— 10 —

表1-3　融资约束、信息披露与R&D投资关系研究：总样本及分样本

变量	总样本			突变式创新			渐进式创新		
	模型（1-1）	模型（1-2）	模型（1-3）	模型（1-1）	模型（1-2）	模型（1-3）	模型（1-1）	模型（1-2）	模型（1-3）
SA	-0.316*** (-3.43)			-0.207 (-1.23)			-0.272*** (-2.73)		
DQ		0.168*** (4.30)			0.189*** (3.15)			0.159*** (3.86)	
SA×DQ			-0.198*** (-4.69)			-0.216*** (-3.26)			-0.185*** (-4.15)
S	0.364*** (9.75)	0.367*** (9.87)	0.366*** (9.88)	0.251*** (4.29)	0.258*** (4.48)	0.258*** (4.48)	0.398*** (10.02)	0.402*** (10.20)	0.402*** (10.21)
Roa	-0.100** (-2.44)	-0.144*** (-3.53)	-0.141*** (-3.50)	-0.101 (-1.56)	-0.129** (-2.02)	-0.127** (-1.99)	-0.099** (-2.35)	-0.141*** (-3.41)	-0.139*** (-3.36)
Sdebt	-0.153*** (-3.83)	-0.154*** (-3.88)	-0.150*** (-3.78)	-0.171*** (-2.66)	-0.159** (-2.55)	-0.154** (-2.47)	-0.147*** (-3.58)	-0.147*** (-3.62)	-0.144*** (-3.54)
Ldebt	-0.211*** (-5.12)	-0.161*** (-4.11)	-0.167*** (-4.28)	-0.191*** (-2.82)	-0.161** (-2.54)	-0.168*** (-2.67)	-0.179*** (-4.11)	-0.145*** (-3.48)	-0.151*** (-3.62)
Tech	-0.137*** (-3.49)	-0.144*** (-3.68)	-0.144*** (-3.68)	-0.106* (-1.69)	-0.099 (-1.60)	-0.099 (-1.60)	-0.124*** (-2.99)	-0.122*** (-2.98)	-0.123*** (-3.00)

续表

变量	总样本			突变式创新			渐进式创新		
	模型 (1-1)	模型 (1-2)	模型 (1-3)	模型 (1-1)	模型 (1-2)	模型 (1-3)	模型 (1-1)	模型 (1-2)	模型 (1-3)
Size	-0.358*** (-3.92)	-0.123*** (-3.04)	-0.171*** (-3.90)	-0.250 (-1.51)	-0.113* (-1.81)	-0.167** (-2.43)	-0.314*** (-3.18)	-0.113*** (-2.62)	-0.159*** (-3.40)
Capex	0.043 (1.09)	0.048 (1.23)	0.047 (1.22)	0.077 (1.22)	0.087 (1.41)	0.085 (1.38)	0.008 (0.19)	0.015 (0.35)	0.015 (0.37)
cons	0.000 (0.00)	0.000 (0.00)	0.000 (0.00)	-0.000 (-0.00)	-0.000 (-0.00)	-0.000 (-0.00)	-0.000 (-0.00)	0.000 (0.00)	0.000 (0.00)
r^2	0.200	0.209	0.213	0.119	0.146	0.148	0.216	0.227	0.231
r^2_a	0.189	0.198	0.203	0.093	0.120	0.123	0.204	0.215	0.219
N	596	596	596	276	276	276	514	514	514
F	18.316	19.354	19.886	4.517	5.701	5.801	17.392	18.559	18.933

注：***、**、* 分别表示在 1%、5% 和 10% 的统计水平上显著。

约束（SA）系数（0.207），说明信息披露（DQ）对融资约束与 R&D 投资有反向调节作用，加重企业融资约束对 R&D 投资的负向影响，由此 H1 -2b 得到验证；渐进式创新系数（0.185）小于融资约束（SA）系数（0.272），表明信息披露（DQ）对融资约束与 R&D 投资有正向调节作用，H1 -2a 得到验证。

（三）不同规模企业融资约束、信息披露对 R&D 活动的影响

本章以企业规模的均值作为分组依据。在不同企业规模下，突变式创新的融资约束指数与 R&D 投资均无显著性关系，表明融资约束对突变式创新的研发活动并没有起到决定性影响，进一步验证了 H1 -1b。对于渐进式创新企业，大规模企业的融资约束与 R&D 投资在 5% 水平上显著负相关，说明企业存在的融资约束将严重制约企业的创新活动，与 H1 -1a 结论相同；小规模企业的融资约束与 R&D 投资无显著性关系，一方面渐进式创新周期相对突变式创新时间较短，投入较低，收益较快，资金需求量较少；另一方面林毅夫等认为基于规模的专业化分工在银行业中普遍存在，即大银行提供贷款的主要对象是大企业，而小银供贷款的主要对象是小企业[33]。张捷认为在信贷决策方面，小银行对小企业的贷款优势体现在其对"软"信息的处理方面，因此能够降低信息不对称问题，一方面由中小企业无力提供合格财务信息和抵押品而产生的信贷缺口得到缓解；另一方面对信贷市场失效也有一定的正向作用[34]。企业依靠内部资金以及小银行贷款能够有效地支持小规模企业进行渐进式创新，使得企业的创新活动与融资约束不存在显著性的关系。连乘项与 R&D 投资均在 1%、5% 的水平上显著负相关，连乘项系数与融资约束（SA）系数对比发现，不同规模下，突变式创新的连乘项系数（0.191，0.175）均高于融资约束（SA）的系数（0.079，0.023），信息披露对融资约束与 R&D 投资有反向的调节作用，调节方向与企业规模无关，进一步验证了 H1 -2b。大规模企业的渐进式创新连乘项系数（0.184）小于融资约束（SA）的系数（0.232），表明信息披露能有效缓解渐进式创新企业因融资约束而制约企业创新投入的困境，与 H1 -2a 结论相同；小规模企业渐进式创新却表现出相反的结果，信息披露不利于降低因融资约束而制约企业创新投入的困境，因为小规模渐进式创新企业的融资约束与 R&D 投资无显著性关系，披露信息存在生

产和发布信息的直接成本和专有成本等间接成本，成本与收益对比的结果，可能是披露信息所付出的成本大于企业披露信息的收益，反而加重企业的融资约束程度，从而降低企业的研发投入。

五、稳健性检验

为确保结果的可靠性，本章采用投资—现金流模型做稳健性检验，被解释变量替换为 R&D 投资支出（企业研究开发支出/总资产），解释变量替换为内部现金流。回归结果与前面相似，说明本章结果可靠。

六、结　　论

在开放式创新背景下，为保持竞争优势，企业要不断依靠内部研发的创新模式去提升企业能力，然而融资约束已经成为严重制约我国企业研发投入的主要原因之一，信息披露质量的提高，有利于降低企业的融资约束对研发活动投入的抑制作用。创新活动分为突变式创新与渐进式创新，突变式创新是企业技术提升的关键驱动能力，对企业升级和经济增长有重要作用。突变式创新包含企业的核心机密，隐蔽性较强的特点使得企业主要依靠企业内部充足的资金进行创新，融资约束对 R&D 投资活动无显著性影响，信息披露质量的提高，对融资约束与创新的关系起到负向调节作用，反而不利于突变式创新企业的发展。渐进式创新投资的低风险，使其在短期内能为企业带来超额的利润，在利益的驱使下导致从事渐进式创新的企业要远多于从事突变式创新企业。融资约束成为影响渐进式创新发展的主要因素，信息披露能有效缓解企业存在的融资约束，对融资约束与创新起到正向的调节作用，信息披露质量的提高，有利于渐进式创新企业的发展。

我国经济发展进入新常态，必须通过创新驱动带动国家发展。从长期来看，突变式创新产生的收益要高于渐进式创新的收益，对企业长期发展有更好的推动作用。由于突变式创新需要大量的资金支持，信息披露对融资约束与企业创新投入的关系没有起到正向的调节作用，金融发展环境的改善将对突变式创新的发展至关重要。因此，深化金融改革，制定有效的政策以鼓励企业进行突变式创新，使突变式创新成为加快我国经济发展的重要引擎。

参考文献

［1］Fazzari S M, Hubbard R G, Petersen B C. Financing constraints and corporate investment［J］. The brookings papers on economic activity, 1988（1）：141 - 206.

［2］Diamond D, Verrecchia R. Disclosure, liquidity, and the cost of capital［J］. Journal of finance, 1991（4）：1325 - 1359.

［3］Healy P M, Hutton A, Palepu K. Stock performance and intermediation changes surrounding sustained increases in disclosure［J］. Contemporary accounting research, 1999（16）：485 - 520.

［4］Botosan C A. Disclosure level and the cost of equity capital［J］. The accounting review, 1997（3）：323 - 350.

［5］Schumpeter J A. The theory of economic development. Cambridge［M］. MA：Harvard university press, 1912.

［6］Nelson R. The simple economics of basic scientist research［J］. Journal of political economy, 1959（149）：297 - 306.

［7］Arrow K. Economic welfare and the allocation of resources for invention. In：the rate and direction of inventive activity［J］. Economic and social factors. NBER books, 1962：609 - 625.

［8］Hall B. The financing of research and development［J］. Oxford review of economic policy, 2002（18）：35 - 51.

［9］Sasidharan S, Lukose P J, Komera S. Financing constraints and investments in R&D：Evidence from indian manufacturing firms［J］. The quarterly review of economics and finance, 2015（1）：28 - 39.

［10］刘胜强，林志军，孙芳城. 融资约束、代理成本对企业 R&D 投资的影响——基于我国上市公司的经验证据［J］. 会计研究，2015（11）：62 - 68.

［11］Kamien M I, Schwartz N L. Self-Financing of and R&D project［J］. American economic review, 1978（3）：252 - 261.

［12］Shankar V, G S. Carpenter, L. Krishnamurthi. The advantages of entry in the growth stage of the product life cycle：An empirical analysis［J］. Journal of marketing research, 1999（2）：69 - 76.

［13］He Z L, Wong P K. Exploration vs exploitation：An empirical test of the ambidexterity hypothesis [J]. Organization science, 2004 (4): 481 – 494.

[14] Zheng Zhou K. Innovation, imitation, and new product performance: The case of China [J]. Industrial marketing management, 2006 (35): 394 – 402.

[15] Benner M J, Tushman M. L. Process management and technological innovation: A longitudinal study of the photography and paint industries [J]. Administration science quarterly, 2002 (47): 676 – 706.

[16] Jansen J J P, Van Den Bosch, F A J, Volberda H W. Managing potential and realized absorptive capacity: How do organizational antecedents matter? [J]. Academy of management journal, 2005 (48): 999 – 1015.

[17] 陈海声. 研发投资特征及企业扩大融资来源的路径研究 [J]. 现代财经, 2006 (1): 32 – 37.

[18] 唐清泉, 徐欣. 企业 R&D 投资与内部资金——来自中国上市公司的研究 [J]. 中国会计评论, 2010 (3): 341 – 362.

[19] 鞠晓生, 卢荻, 虞义华. 融资约束、营运资本管理与企业创新可持续性 [J]. 经济研究, 2013 (1): 4 – 16.

[20] Himmelberg C P, B C. Peterson. R&D and internal finance: A panel study of small firms in High-Tech industries [J]. Review of economics and statistics, 1994 (1): 38 – 51.

[21] 李汇东, 唐跃军, 左晶晶. 用自己的钱还是用别人的钱创新?——基于中国上市公司融资结构与公司创新的研究 [J]. 金融研究, 2013 (2): 170 – 183.

[22] 韩剑, 严兵. 中国企业为什么缺乏创造性破坏——基于融资约束的解释 [J]. 南开管理评论, 2013 (4): 124 – 132.

[23] Dhaliwal D, Li O, Tsang A, et al. Voluntary nonfinancial disclosure and the cost of equity capital: The initiation of corporate social responsibility reporting [J]. The accounting review, 2011 (1): 59 – 100.

[24] 张然, 王会娟, 许超. 披露内部控制自我评价与鉴证报告会降低资本成本吗?——来自中国 A 股上市公司的经验证据 [J]. 审计研究, 2012 (1): 96 – 102.

[25] 程新生, 谭有超, 许垒. 公司价值、自愿披露与市场化进程——基于定性信息的披露 [J]. 金融研究, 2011 (8): 111 – 127.

[26] Goss A, Roberts G. The impact of corporate social responsibility on the cost of bank loans [J]. Journal of banking and finance, 2011, 35 (7): 1794 – 1810.

[27] Wagenhofer J. Voluntary disclosure with a strategic opponent [J]. Journal of accounting and economics, 1990 (4): 341 – 363.

[28] Bloomfiled R, P E. Fischer. Disagreement and the cost of capital [J]. Journal of

accounting research，2011（1）：41 - 68.

[29] Arndt O，Sternberg R. Do manufacturing firms profit from intraregional innovation linkages? An empirical based answer［J］. European planning studies，2000（4）：465 - 485.

[30] 钟昌标，黄远浙，刘伟. 新兴经济体海外研发对母公司创新影响的研究——基于渐进式创新和颠覆式创新视角［J］. 南开经济研究，2014（6）：91 - 104.

[31] 李小静，孙柏. 政府干预对新兴企业技术创新的影响研究——基于负二项式模型［J］. 华东经济管理，2015（9）：159 - 164.

[32] Hadlock C，J. Pierce. New evidence on Measuring financial constraints：Moving beyond the KZ index［J］. Review of financial studies，2010，23（2）：1909 - 1940.

[33] 林毅夫，孙希芳，姜烨. 经济发展中的最优金融结构理论初探［J］. 经济研究，2009（8）：4 - 17.

[34] 张捷. 中小企业的关系型借贷与银行组织结构［J］. 经济研究，2001（6）：32 - 37.

第二章

融资约束对创业板上市公司
技术创新的影响研究

一、引　言

2014年中国创新发展报告指出：创新成果支撑不力、企业创新能力不足、高端创新人才缺乏是制约中国创新的三大问题。在经济全球化步伐不断加快的环境下，技术创新为中国企业在国际市场中取得竞争优势、提高国际影响力起到至关重要的作用。高新技术创新能力对产业国际竞争力有显著影响。要成为全球的创新强国，中国应大力支持在科技前沿和基础科学方面的研究及相应的人才培养、大力提升基于核心技术的公司创新能力。影响公司技术创新投资的因素很多，例如，股权结构、激励机制、知识产权保护水平及所处行业等。此外，由于公司创新过程中引进创新人才、创新设备和创新技术都要求有必要的资金支持，因此，为公司创新提供支持的资金因素无疑是其中最重要因素之一，即金融市场的发展水平对创新投资存在重大影响。

唐跃军（2016）在对企业融资结构与创新投资关系的研究中得出，内部和外部融资对创新投资均有正向影响，然而，外部融资对其影响程度更为强烈。这是因为我国正处于转轨经济时期，企业内部盈利能力不强，财务费用占比过高等问题的存在，导致企业内部资金水平较低，投资主要依靠外部融资，且这种情况在创业板中小规模企业更为普遍。但是，创新投资具有很多特殊性质，所以，在外部融资方面创新投资与其他投资相比也存在明显差异。考虑到创新投资的高风险、高度不确定性，外部投资者进行创新投资时，相比一般投资会要求更高的风险溢价，因此，企业在为其创新项目向外部融资时，相比其他投资将要付出更大的成本，即创新投资存在融资约束，从而创新投资活动受到了抑制。

此外，创新投资的另一个显著特点就是拥有较高的调整成本。创新投资是对知识逐渐积累的过程，从新的知识到商业化通常需要很长时间，非连续性的创新投资，将会造成企业先前对创新投资做的努力全部白费，使公司创新投资最终失败。所以，对创新投资提供的资金应该是持续性的。短期债务融资要求企业经常性地支付利息，并且能够在短时间内偿还本金，由此带来的流动性压力与创新项目需要持续、稳定的现金流投入及回收期长等特点之间存在冲突。因此，为了保证创新投资所需的现金流不会突然断裂，从而给企业造成巨大损失，公司创新投资项目外部融资中，长期借款融资对创新投资应具有正向促进作用，短期借款融资则不利于公司创新投资。

本章的研究贡献如下：一是创业板上市公司具备成长性和创新性特征，由于企业规模较小，内部资金有限，投资主要依赖外部融资。然而，就外部融资对公司创新投资的影响而言，我们却知之甚少，本研究深化了对创业板上市公司创新项目外部融资的了解；二是尽管现有研究探讨了外部融资对创新的影响作用，但相关研究尚未涉及债务融资期限领域，因此，关于债务融资期限对创新投资的影响，结论尚不明确，本章的研究是对现有文献的一个补充；三是本章研究发现：融资约束对公司技术创新存在负面影响，长期、短期借款融资对创新投资的影响存在差异，并对此提供了经验证据，研究结果有利于完善创新融资的机制设计及创新投资的资源配置；四是本章将创新投资区分为突变式创新和渐进式创新两种类型，比较了两种类型创新投资的融资约束程度及其对创新投资的影响，丰富了创新文献中关于发展中国家创新活动的研究视角，就如何提高不同类型创新企业的技术创新能力提供了相应的政策建议。

本章内容结构安排如下：一是文献回顾、理论分析与假设的提出；二是研究设计；三是实证结果分析；四是主要结论与政策性意见。

二、文献回顾、理论分析与假设提出

（一）有关融资约束对公司技术创新的抑制作用的研究

资本市场是不完善的，企业内部、外部融资成本存在显著差异，外部融资成本大于内部融资成本，企业投资更多依赖于低成本的内部资金，这种企业投资受到外部融资制约的程度称为融资约束（Fazzari，1988）。现有有关文献认为，公司创新投资的融资约束程度显著高于一般投资（Elisa Ughetto，2008）。为此公司创新投资具有特殊性质，即创新投资具备高度的不确定性（Hall，2002）。这是因为：一方面，由于知识具有非排他性，创新相关信息一旦被其他公司掌握，将造成创新收益难以被公司所独有，或者公司创新成果的价值贬值，所以，创新投资一般作为公司的商业机密不会详细披露，致使外部投资者对创新投资的相关信息不能全面掌握；另一方面，由于创新是对人力资本的大量沉淀，其成果通常是形成某种无形资产，所以，外部投资者不能对其进行准确度量。因此，创新投资的不确定性导致其融资市场犹如"柠檬"市场，作为对自己所承担风险的回报，外部投资者在向创新项目提供资金支持的同时，将要求企业为其提供较高的风险溢价，于是，公司创新的外部融资成本提高，也就产生了融资约束。

与 MM 理论描述的理想资本市场存在差异的是，实际的资本市场中外部投资者很难获得与企业经营管理者同样多的投资信息。对于融资约束公司而言，按照融资约束理论，如果企业内部资金有限，且向外部融资的成本又很高时，企业将不得不放弃部分原本可能对公司有利的投资项目，从而使企业投资水平不能达到最优。

相关实证研究也表明，融资约束是导致研发投资不足的主要因素。通过对比考察不同融资约束程度企业的创新投资行为得出，融资约束严重的公司创新水平显著低于约束程度较弱的公司（Reyes，2004）。外部融资约束的放松可通过促进行业技术创新实现资源在部门间的再配置，从而促进经济增长（Ilyina，2012）。国内学者连玉君（2009）也发现，融资约束能够对中国上市企业创新投资水平不足问题做出合理解释。罗长远（2015）在对中国上市公司实证研究中得出，融资约束对企业只出口或只研发产生了不利影响，此外，更加削弱了企业同时出口和研发的可能性。丁一兵（2014）等认为融资约束是制约技术创新与产业结构升级的重要因素。中国创业板上市公司运行的主要因素是资金，因为其创新投资项目的高度不确定性，外部投资者难以判断项目的潜在价值，而公司也不愿意详细披露创新项目的细节，使创业板上市公司受到严重的融资约束，从而影响到创新投资水平。

部分研究发现（张纯和吕伟，2009），企业发放的股利与企业的内部资金使用及其面临的融资约束有关。由于外部融资约束的存在，致使企业投资加强对内部资金的依赖，企业为了保留更多的资金，以确保投资所需，从而降低了股利支付的水平。因此，企业的股利政策在一定程度上可以反映出企业受到的融资约束程度，即较低的股利支付率反映出企业较高的融资约束程度。以股利支付率作为衡量公司内部资本盈余指标，高分红说明公司的内部资本盈余丰富或外部融资相对容易，因此，企业融资约束程度较低（Fazzari，1988）。事实上，股利支付率较高的公司表现出有力的投资者保护，会在资本市场树立良好的声誉，使得企业再融资成本降低，融资约束程度减弱。本章参照前人法扎里（1988）和张纯（2009）等的做法，将股利支付率作为衡量企业融资约束程度的指标。有鉴于此，本章提出如下假设：

H2－1：融资约束抑制了公司技术创新，表现为股利支付率与公司技术创新呈正相关关系。

（二）有关长期、短期借款融资对创新投资的影响研究

创新的研发投资是一个持续性、累积性的投资过程，这是因为创新过程形成的"知识"难以"存储"并且商业化时间长。创新投资的大部分资金用于支付创新人才的薪酬，是对人力资本的投资与沉淀，一旦创新人才离开，企业将无法挽回其前期对创新的投入，这种无形资产随即消失，最终导致创新的失败或者技术的落后，所以，对创新投资的调整是存在成本的。高的调整成本要求创新投资具有稳定的、持续的资金支持。因此，相比于短期借款融资，长期借款融资对公司创新投资应具有更大的推动作用，而短期借款则不利于公司技术创新。其中可能的原因是：企业通过短期借款融资进行创新投资，一旦企业未能在期限内满足还本付息等契约条款的要求，拥有优先索取权的债权人将要求债务人破产清算，这增加了企业的破产风险，较大的流动性压力使得企业为防止破产而放弃具有远期收益性且高风险性的创新项目的投资。

我国金融体系的不完善，导致对创新投资具有促进作用的长期借款在资本市场难以取得，大部分外部融资来自银行短期借款，短期借款的还本

付息压力，将抑制公司技术创新投资，使创新水平不能达到最优。

谢军（2010）研究发现，短期债务融资对高风险、回收期长的投资项目具有抑制作用，而如果负债程度在一定范围内，长期债务融资对公司的长期投资活动是具有促进作用的。但并未详细探讨长期、短期债务融资对创新投资的影响；此外，温军（2011）研究得出：在中国企业的创新投资方面，银行贷款融资是一种有效的治理机制，对于企业的创新投资具有正向作用，并且这种正向作用对中小企业的显著性要高于大型企业，但并未将银行贷款划分为长期、短期进行对比研究。

因此，本章将长期、短期借款融资对公司投资行为的影响拓展至创新投资方面，认为公司创新投资进行外部融资过程中，长期借款融资对创新投资具有促进作用，短期借款融资则不利于公司创新投资。试图为我国上市公司长期以来创新水平不足问题做出微观解释，同时鼓励金融市场通过完善长期、短期债务的取得审批机制，改善创新融资环境，从而提高公司技术创新水平。

我国股票上市公司资金的筹集虽然可以采取股权融资的方式来实现，但这往往需要经过严格审批，时间上也具有滞后性，并受到各方面的制约，导致当前我国权益再融资所占比重仍然较小，企业主要靠银行借款进行外部融资。因此，借鉴谢军等（2010）的研究方法，选取银行贷款中的长期借款负债率（长期借款/期初总资产）与短期借款负债率（短期借款/期初总资产）作为划分企业外部融资中债务融资期限结构的代理变量。有鉴于此，提出如下假设：

H2－2：长期借款负债率与公司创新正相关，短期借款负债率与公司创新呈负相关关系。

（三）有关于现金持有量对创新投资的影响研究

凯恩斯（1936）认为，在完善的资本市场中，企业不需要持有现金，因为在这样的环境下，企业很容易获得外部融资，但当企业存在交易成本，尤其存在与融资相关的固定成本时，企业有必要自己持有一定的现金以便保证对投资的持续支持。融资优序理论指出，由于内部、外部融资成本存在差异，低成本的内部资金便是企业融资的首要选择。由于外部融资具有不确定性，可能导致企业投资支出发生波动。而投资支出的变化会引发高昂的调整成本，因此企业有必要保持投资支出的相对稳定。由于创新的特殊性质引起的严重外部融资约束，国内外学者对如何缓解公司创新融资困境大都强调了企业内部资金的作用。

例如，以化工、制药和石油行业为样本，发现研发支出与内部资金存在显著的正相关关系（Grabow，1968）。另一部分研究就不同国家背景也对两者关系进行了相关检验，认为企业内部资金对公司创新投资具有重大影响（Bloch，2005）。使用美国高技术行业企业数据发现，对于规模较大的企业，内部资金是其进行创新投资的主要资金来源，而缺乏内部资金的中小企业主要通过发达的股票市场进行创新项目融资（Brown，2009）。一般情况下，企业的创新投资水平与企业内部现金持有量呈显著正相关关系，并且那些较容易从金融市场获得融资的企业呈现出较低的现金持有水平（Opler，Tim et al.，1999）。

我国学者唐清泉（2010）在研究公司创新投资与内部资金的关系中发现，由于外部投资者与企业经营管理者的信息不对称，企业外部融资需要付出较高的成本，所以，企业更加依赖使用内部资金进行创新投资。胡杰（2013）对高新技术上市公司的研究中发现，企业的 R&D 投资显著依赖内部现金流，即 R&D 投资面临明显的融资约束。卢馨（2013）以中国高新技术企业上市公司为样本，考察了融资约束对公司创新投资的影响，发现融资约束的存在限制了公司创新活动，而企业现金持有量对其具有对冲效应。鞠晓生（2013）以中国的非上市公司为样本，研究营运资金管理对创新活动的缓冲作用，并认为此作用与融资约束程度密切相关。肖红（2008）在对我国上市企业的实证研究中发现，企业内部拥有现金的多少对创新投入具有决定性作用。对于外部融资受到约束的企业，将会尽可能地提高其内部现金持有水平，减小创新投资现金流突然中断的风险，充足的现金持有量对创新投资应具有正向作用。因此，基于以上理论回顾与分析，提出如下假设：

H2 - 3：企业内部现金持有量与技术创新之间存在正相关关系。

三、研究设计

（一）样本来源及数据处理变量设计

创业板上市公司具备显著的创新性特征，由于企业规模较小，所以，投资依靠外部融资情况普遍，且对创新投资也尤为重视。因此，选择 2012 ~ 2014 年创业板上市公司作为研究对象，财务数据均来源于 CSMAR 国泰安数据库及巨潮资讯网公司年度报告，剔除了期间部分解释变量、控制变量数据缺失的企业，总共得到 282 家公司，共计 712 个年度观测值。本章的实证分析采用 Excel 2013 进行数据处理，使用 State 12.0 软件进行统计分析。

（二）变量设计

1. 被解释变量

借鉴前人鞠晓生（2013）的一般做法，将无形资产增量（当期无形资产增量/期初总资产）作为衡量公司技术创新水平的替代变量，记为 *Innov*。因为公司创新投资的结果是形成某种无形资产，创新投资经过大量的知识积累，或是形成一种新的技术，或是形成一种新的理念，最终将以无形资产的形式给企业创造收益，所以无形资产与公司的创新活动密切相关，在一定程度上可以反映出公司创新水平。稳健性检验中采用研发强度（研发支出/期初总资产）作为替代变量。

2. 解释变量

（1）融资约束程度的测度：参照国外学者法扎里（1988）以及国内学者张纯（2009）的做法，本章应用股利支付率对融资约束程度进行测度。理论上来说，企业股利支付率水平越高，一方面表明企业投资对内部资金依赖程度越低；另一方面反映出企业内部资金就越充裕，企业外部融资越容易，从而融资约束程度就越低。此外，由于信号效应，高分红使企业再融资成本降低，从而融资约束程度减弱。因此，较高的股利支付率，代表较低的融资约束程度。

（2）债务融资期限结构的划分：按照谢军等人的研究方法，分别选取短期借款负债率（短期借款/期初总资产）、长期借款负债率（长期借款/期初总资产）作为衡量企业长期、短期债务融资水平的替代变量。稳健性检验中使用长期、短期借款变动率（长期、短期借款变动额/期初总资产）衡量。

（3）企业内部现金持有量：参照卢馨（2013）等人的做法，使用企业内部现金资产（货币资金与交易性金融资产之和）与期初总资产的比值衡量企业内部现金持有水平。

3. 控制变量

为了较好地反映出实证结果，在回归模型中加入了部分控制变量，主要包括企业规模、总资产收益率、托宾 Q 值及创新滞后项等。

（1）企业规模：对于企业规模与创新之间的关系，小企业处于成长初期，拥有较强的创新活力（Schumpeter，1942），所以相比大企业，小企业应更加注重对创新的投资，但是后来经过大量的实证研究发现，由于完善的创新机制与设备条件，大企业往往才具备创新投资的优势。虽然企业规模具体对公司创新产生什么样的影响在文献中有很大争论，但规模会影响公司创新是文献中的共识，本章使用总资产的自然对数值测度企业规模。

（2）盈利能力：ROA 代表企业盈利能力，文献中通常认为，具有良好盈利能力的公司更加注重对创新的投资，本章使用企业总资产收益率测度企业的盈利能力。

（3）托宾 Q 值：由于上市公司对创新的投资更加注重投资项目的价值，一般来讲投资机会越多，企业的研发投入也就越多，因此，按照前人唐跃军、卢馨等的研究方法，选取企业托宾 Q 值作为控制变量。

（4）创新滞后项：企业在进行创新投资时，通常会考虑创新投资的成果，前期创新投资的结果会对创新再投资决策具有重大影响，如果企业前期创新投资结果理想，将会促进企业对创新的再投资；反之，则不利于创新再投资。参照前人鞠晓生的做法，选取创新滞后项作为控制变量。

变量定义说明如表 2 - 1 所示。

表 2 - 1　　　　　　　　　　　变量定义说明

变量类型	变量名	变量符号	变量定义
被解释变量	当期无形资产增量	$Innov_{i,t}$	当期无形资产增量/期初总资产
解释变量	股利支付率	$Div_{i,t-1}$	每股派息/净利润
控制变量	短期借款负债率	$S\_Debt_{i,t-1}$	短期借款/期初总资产
	长期借款负债率	$L\_Debt_{i,t-1}$	长期借款/期初总资产
	现金持有量	$CashH_{i,t-1}$	（货币资金＋交易性金融资产）/期初总资产
	企业投资机会	$Q_{i,t-1}$	托宾 Q 值＝市场价值/公司重置成本
	总资产收益率	$ROA_{i,t-1}$	总资产收益率＝净利润/平均资产总额
	企业规模	$Size_{i,t-1}$	企业期初总资产的自然对数
	前期无形资产增量	$Innov_{i,t-1}$	$t-1$ 期无形资产增量/$t-1$ 期期初总资产

（三）模型设计

（1）融资约束对公司技术创新抑制作用检验模型：

$$\text{In}nov_{i,t} = \beta_0 + \beta_1 \text{In}nov_{i,t-1} + \beta_2 Div_{i,t-1} + \beta_3 Q_{i,t-1} + \beta_4 Size_{i,t-1}$$
$$+ \beta_5 ROA_{i,t-1} + \varepsilon \qquad (2-1)$$

（2）长、短期借款融资对创新投资的影响研究模型：

$$\text{In}nov_{i,t} = \beta_0 + \beta_1 \text{In}nov_{i,t-1} + \beta_2 Div_{i,t-1} + \beta_3 S\_Debt_{i,t-1} + \beta_4 L\_Debt_{i,t-1}$$
$$+ \beta_5 Q_{i,t-1} + \beta_6 Size_{i,t-1} + \beta_7 ROA_{i,t-1} + \varepsilon \qquad (2-2)$$

（3）有关于现金持有量对创新投资的影响研究模型：

$$\text{In}nov_{i,t} = \beta_0 + \beta_1 \text{In}nov_{i,t-1} + \beta_2 Div_{i,t-1} + \beta_3 S\_Debt_{i,t-1} + \beta_4 L\_Debt_{i,t-1}$$
$$+ \beta_5 CashH_{i,t-1} + \beta_6 Q_{i,t-1} + \beta_7 Size_{i,t-1} + \beta_8 ROA_{i,t-1} + \varepsilon \qquad (2-3)$$

其中，$\text{In}nov_{i,t}$ 表示企业 i 在 t 时期无形资产增量与当期期初总资产的比值，同时考虑到创新投资的远期收益性质，对各解释变量、控制变量采取了滞后一期。为完整反映解释变量对模型（2-1）模拟效果的影响，在模型（2-1）的基础上，分别加入债务期限结构变量、反映公司内部现金持有量的变量进行层次回归。

四、实证结果与分析

（一）描述性统计

描述性统计结果如表 2-2 所示。从公司创新水平来看，无形资产增量占资产总额的比例均值为 0.016，反映出创业板上市公司整体创新水平较低，但是相对于鞠晓生所研究的非上市公司 -0.002 的水平相对较高，可能是因为样本对象及时间跨度不同造成的，此外，也反映出我国创业板上市公司相对非上市公司具有较高的创新水平。

从股利支付率水平来看，均值为 0.327，标准差达到了 0.359，呈现出较大标准差，而公司股利支付的水平代表企业内部资金的充裕程度与外部融资的难易，是对融资约束程度的一种反映，所以，较大的标准差一定程度上表明，对于创业板上市公司来讲，不同公司之间融资约束程度可能不同。

表 2 - 2　　　　　　　　　　主要变量的描述性统计

变量名	均值	标准差	最大值	最小值	样本量
$Innov_{i,t}$	0.016	0.051	0.488	- 0.753	712
$Innov_{i,t-1}$	0.014	0.032	0.379	- 0.047	712
$Div_{i,t-1}$	0.327	0.359	2.772	- 3.954	712
$S\_Debt_{i,t-1}$	0.084	0.118	1.002	0.000	712
$L\_Debt_{i,t-1}$	0.008	0.044	0.872	0.000	712
$CashH_{i,t-1}$	0.326	0.306	3.079	0.015	712
$Q_{i,t-1}$	2.753	1.727	23.46	0.000	712
$ROA_{i,t-1}$	0.205	0.367	5.383	- 0.488	712
$Size_{i,t-1}$	20.879	0.559	22.810	19.560	712

在债务期限结构方面，短期借款占总资产比例均值达到了 0.084，说明对于创业板上市公司而言，短期借款融资规模较大，这可能是因为创业板上市公司大部分为中小型企业，企业内部资金有限，以短期借款为主的债务融资是其主要融资方式。同时，长期借款负债率均值 0.008 显著小于短期借款负债率均值 0.084，说明我国创业板上市公司长期借款水平显著低于短期借款水平，其原因可能是长期借款较短期借款存在更大的融资困境。由于公司难以取得长期借款，而对公司创新具有抑制作用的短期借款在总资产中占比又较大，结果导致我国创业板上市公司整体创新水平不足。

现金持有水平方面，企业持有的现金资产占总资产的比例均值达到了 0.326，说明对于创业板上市公司，企业内部存有大量的现金资产，这可能是因为创业板上市公司注重对创新的投资，为了确保投资的资金连续性，企业将大量的现金留存于企业内部，同时也反映出其外部融资可能存在困难。

在企业规模方面，均值为 20.879，且表现出较小的标准差 0.559，表明我国创业板上市公司大多为中小型企业，企业规模差异较小。

（二）相关性分析

在模型回归之前，我们对各主要变量进行了相关性分析。从表 2 - 3 中可以看出，无形资产增量与股利支付率、长期借款负债率、企业现金持有量均显著正相关，这都符合我们的假设预期。

表2-3

主要变量的相关性统计

变量	(1)	(2)	(3)	(4)	(5)	(6)	(7)	(8)	(9)
1. $Innov_{i,t}$	1								
2. $Innov_{i,t-1}$	0.272**	1							
3. $Div_{i,t-1}$	0.029	0.105**	1						
4. $S\_Debt_{i,t-1}$	-0.068	0.101	-0.231**	1					
5. $L\_Debt_{i,t-1}$	0.138**	0.015	-0.041	0.276***	1				
6. $CashH_{i,t-1}$	0.035**	0.087*	0.125**	-0.249**	-0.143**	1			
7. $Q_{i,t-1}$	0.123***	0.192***	-0.049	-0.082*	-0.032	-0.021	1		
8. $Size_{i,t-1}$	0.014	0.050	-0.024	0.199*	-0.083*	-0.231**	0.048	1	
9. $ROA_{i,t-1}$	0.205**	0.172	-0.109**	0.238**	0.375**	-0.186**	0.099**	0.004	1

注：***、**、*分别表示在1%、5%和10%的统计水平上显著。

　　此外，无形资产增量与企业投资机会 Q、盈利能力 ROA 显著正相关，这说明企业的投资机会与盈利能力仍然是公司创新投资所要考虑的重要因素。一般情况，企业拥有较好的投资前景与盈利能力是企业进行创新的重要动力。值得注意的是，当期无形资产增量与上期无形资产增量表现出显著的正相关关系，反映出创新投资成果对公司创新再投资具有重要影响。再看现金持有量与长期借款负债率、短期借款负债率之间均表现出负相关关系，即如果外部负债水平低，企业内部就会保留充足的资金，表明二者具有相互替代的关系。

（三）回归结果分析

　　为了检验回归模型中是否存在多重共线性问题，对主要变量进行了相关分析。统计结果如表 2 - 3 所示，各主要解释变量间相关系数没有超过 0.8，可以判断模型不存在多重共线性问题。具体回归结果如表 2 - 4 所示。

表 2 - 4　　　　　　　　　　　　层次回归结果

变量	模型（2 - 1）	模型（2 - 2）	模型（2 - 3）
$Innov_{i,t-1}$	0.351 *** (6.12)	0.381 *** (6.68)	0.385 *** (6.77)
$Div_{i,t-1}$	0.015 *** (2.44)	0.011 ** (1.69)	0.010 ** (1.59)
$S\_Debt_{i,t-1}$		- 0.048 *** (- 2.82)	- 0.043 ** (- 2.89)
$L\_Debt_{i,t-1}$		0.149 *** (3.96)	0.152 *** (4.04)
$CashH_{i,t-1}$			0.013 ** (2.20)
$Size_{i,t-1}$	0.002 (0.77)	0.003 (0.97)	0.005 (1.39)
$ROA_{i,t-1}$	0.023 *** (4.63)	0.018 *** (3.34)	0.019 *** (3.58)
$Q_{i,t-1}$	0.003 *** (2.78)	0.003 *** (2.54)	0.003 *** (2.56)

续表

变量	模型（2-1）	模型（2-2）	模型（2-3）
Constant	-0.045 （-0.67）	-0.055 （-0.82）	-0.090 （-1.31）
R^2	0.140	0.164	0.170
Adj-R^2	0.133	0.155	0.160
N	712	712	712

注：***、** 分别表示在 1%、5% 的统计水平上显著。

1. 融资约束对公司技术创新投资的抑制作用

模型（2-1）回归结果中，股利支付率与无形资产增量表现出正相关关系，并且在 1% 水平上显著，假设 2-1 成立。这是因为，高的股利支付率，表明企业对外部投资者分配了更多的利润，形成了有力的投资者保护，在资本市场上树立了良好的声誉，其后果是使企业再融资成本降低，因此，融资约束的程度被削弱，结果公司技术创新水平提高；而股利支付率越低，表明企业投资对内部资金越依赖，反映出其所受到的融资约束程度越强，较强的融资约束抑制了公司技术创新水平。创业板上市公司，大多数为中小企业，企业发展主要基于创新，而有限的内部资金不能满足创新投资所需的大量资金，于是，外部融资对创新投资具有重大影响。因此，企业面临的融资约束问题是创新投资的一个严重制约因素。

2. 长、短期借款融资对公司技术创新投资的影响

为了检验公司创新投资进行外部融资时，长、短期借款融资对创新投资的影响，本章在模型（2-1）的基础上加入长、短期借款负债率变量得到模型（2-2）。在模型（2-2）回归结果中，长期借款负债率对无形资产增量的回归系数为 0.149，且在 1% 水平上显著，而短期借款负债率的回归系数为 -0.048，并且在 1% 的显著水平上表现出了对公司技术创新的抑制作用。其原因是创新投资作为一项高风险的投资项目，其回收期长且收益具有不确定性。一方面，如果企业拥有较高水平的短期借款，那么企业迫于定期还本付息的压力将减少对创新的投资；另一方面，创新投资的调整是要付出较大成本的，企业必须确保创新投资的持续性，假如企业短期借款规模较大，经常性地偿还本息将造成企业内部财务不稳定，使创新投资的资金具有突然中断的风险。因此，公司创新投资进行外部融资过程中，由于创新投资的高转换成本与短期债务流动性压力冲突的存在，结果表现为短期借款融资不利于公司技术创新，而长期借款融资对创新具有正向作用。从而假设 2-2 得到验证。

3. 企业内部现金持有量与公司技术创新的关系

为了检验企业内部资金与创新投资的关系，将企业内部现金持有量引入模型中，在引入现金持有量的模型（2-3）中，企业内部现金持有量与无形资产增量回归系数为 0.013，并且在 5% 水平上显著，表明企业内部现金持有量与公司技术创新之间具有显著正相关关系。这是因为创新投资的高度不确定性、高风险性导致外部融资受到严重的融资约束，又因为创新投资高的转换成本，使得公司创新投资对较为稳定的内部资金更加依赖。充足的现金持有量有助于公司技术创新的投资。假设 2-3 得到验证。

此外，对于无形资产增量的滞后项 $Innov_{i,t-1}$ 在三个模型中系数均显著为正，反映出公司创新投资的结果对创新再投资决策具有重要影响。一般情况，创新投资取得一定的成果，将使得企业更有意愿、更有能力进行创新再投资。托宾 Q 值与无形资产增量显著正相关，说明投资机会仍然是创业板上市公司进行科研投入所考虑的重要因素。而企业规模与创新水平正相关但是不显著，其中可能原因是创业板上市公司大多为中小企业，企业规模相当。ROA 与无形资产增量呈现出显著正相关关系，反映出良好的盈利能力对公司技术创新具有正向促进作用。

（四）稳健性检验

为了确保相关结论的有效性，对回归结果进行了稳健性检验，稳健性检验中主要采用对主要变量重新定义的方法。其中，对被解释变量公司创新投资水平采用研发强度（研发支出/营业收入）作为替代变量，这是因为无形资产增量主要从产出角度反映出企业创新投资水平，为了较直接地从投入角度衡量企业对创新的投资，选取财务报表中的研发支出与当期营业收入比值作为稳健型检验指标。同时将企业长、短期债务融资解释变量分别应用长期借款变动率（长期借款变动额/期初总资产）、短期借款变动率（短期借款变动额/期初总资产）作为替代变量。对于企业内部资金水平，选取企业自由现金流作为代理变量。回归结果如表 2-5 所示。

表 2 - 5 稳健性检验回归结果

变量	模型（2 - 1）	模型（2 - 2）	模型（2 - 3）
$Innov_{i,t-1}$	0.201 *** （4.21）	0.390 *** （6.94）	0.394 *** （7.02）
$Div_{i,t-1}$	0.012 ** （2.34）	0.008 ** （1.29）	0.007 ** （1.13）
$S\_Debt_{i,t-1}$		- 0.107 *** （- 4.59）	- 0.101 *** （- 4.43）
$L\_Debt_{i,t-1}$		0.189 *** （4.75）	0.190 *** （4.80）
$CashH_{i,t-1}$			0.012 ** （2.01）
$Size_{i,t-1}$	0.002 （2.76）	0.003 （0.90）	0.004 （1.33）
$ROA_{i,t-1}$	0.033 *** （6.32）	0.018 *** （3.37）	0.019 *** （3.59）
$Q_{i,t-1}$	0.003 *** （2.88）	0.003 *** （2.63）	0.003 *** （2.60）
$Constant$	- 0.032 （- 0.48）	- 0.050 （- 0.77）	- 0.084 （- 1.25）
R^2	0.136	0.188	0.192
$Adj\text{-}R^2$	0.134	0.178	0.182
N	712	712	712

注：*** 、** 分别表示在 1%、5% 的统计水平上显著。

在稳健性检验回归结果中，替换相应被解释变量、解释变量指标后，长、短期借款变动率与创新投资回归系数分别为 0.190、- 0.101，并且均在 1% 水平上显著。此外，股利支付率、企业内部资金与创新投资的关系也与前文回归结果一致。回归方程的拟合优度 R^2 也均大于 0.1，总体来看，模型的回归结果是稳健的。

（五）进一步分析与检验

通过以上的分析，本章已经发现融资约束对公司技术创新的抑制作用，然而公司技术创新投资本身存在异质性。创新投资按照性质不同可划分为两类：一类是革命性的创新，是一种对新技术的掌握，称为突变式创新，这类创新拥有高风险和回收期长等特点；另一类创新是在原有技术的基础上的改进与完善，称为渐进式创新，其特征在于能够有效地降低新产品开发和推广的风险，带来稳定的回报，并能够在短时间内得到体现。因此，相对于突变式创新而言，渐进式创新存在较低的风险，较容易从外部获得资金支持，外部融资成本相对较低；相对于渐进式创新，进行突变式创新面临的融资约束程度更大，从而严重制约了创新投资。

根据法扎里（1988）及克利里（2006）的研究方法，通过考察创新投资对内部资金的依赖性来判断企业是否存在融资约束，并认为公司受到的融资约束程度越严重，投资对内部资金的依赖程度就越高，在线性回归结果中，内部资金对创新投资的影响系数就越大。另外，外部融资中，长、短期借款融资对突变式创新投资的影响应显著大于渐进式创新投资。有鉴于此，提出如下假设：

H2 - 4：相对于渐进式创新，突变式创新投资对内部现金持有量敏感性更高，且长期借款负债率、短期借款负债率对创新投资的影响系数更大。

参照唐清泉、肖海莲（2012）的做法，将企业是否进行研究阶段的投资支出作为划分公司创新投资类型的依据。如果企业没有研究阶段的投资，则认为企业进行的是渐进式创新，否则为突变式创新。在企业财务报表研发支出项目下表现为：假如企业当年资本化支出金额为零，则认为企业进行的是渐进式创新，否则为突变式创新。据此，将总体样本划分为突变式创新和渐进式创新两个对照子样本组，其中突变式创新投资样本量为274 个，渐进式创新投资样本量为438 个。分别对全部样本、对照子样本组数据直接拟合模型（2-3），回归结果如表2-6所示。

表2-6　　　　　　　　　　分组样本实证回归结果

变量	总样本	渐进式创新	突变式创新
$Innov_{i,t-1}$	0. 385 *** (6. 77)	0. 114 * (1. 93)	0. 544 *** (5. 49)
$Div_{i,t-1}$	0. 010 ** (1. 59)	0. 006 ** (1. 12)	0. 020 * (1. 49)

续表

变量	总样本	渐进式创新	突变式创新
$S\_Debt_{i,t-1}$	-0.043^{**} (-2.89)	0.003 (0.20)	-0.139^{***} (-3.55)
$L\_Debt_{i,t-1}$	0.152^{***} (4.04)	0.074^{**} (2.42)	0.189^{**} (1.99)
$CashH_{i,t-1}$	0.013^{**} (2.20)	0.003 (0.66)	0.026^{**} (2.01)
$Size_{i,t-1}$	0.005 (1.39)	-0.005^{*} (-1.84)	0.018^{***} (2.60)
$ROA_{i,t-1}$	0.019^{***} (3.58)	0.026^{***} (4.76)	0.016^{*} (1.72)
$Q_{i,t-1}$	0.003^{***} (2.56)	-0.003^{**} (-2.56)	0.005^{**} (2.46)
$Constant$	-0.090 (-1.31)	0.116^{**} (2.03)	-0.364^{**} (-2.55)
R^2	0.170	0.146	0.313
$Adj\text{-}R^2$	0.160	0.128	0.290
N	712	438	274

注：*** 、** 、* 分别表示在 1% 、5% 和 10% 的统计水平上显著。

1. 不同创新类型企业的融资约束程度及其对创新投资的影响

在总样本和突变式创新子样本回归结果中，企业无形资产增量与现金持有量均呈现出了显著正相关关系，回归系数分别为 0.013、0.026，并且在 5% 水平上显著。而在渐进式创新企业样本回归中虽表现为正相关关系，回归系数为 0.003，但不显著。这说明，对于创业板企业尤其是突变式创新企业而言，公司创新投资对内部现金持有量敏感性更高，反映出公司创新投资更多地依赖于企业内部资金。因此，本章回归结果反映出创业板上市企业，尤其是突变式创新企业受到融资约束程度更为严重，从而引起创新投资支出与内部资金具有强烈的敏感性。

从股利支付率对无形资产增量影响来看，三个回归样本中均呈现了显著正相关关系，说明对于中国创业板上市公司而言，无论是突变式创新企业还是渐进式创新企业，融资约束对其创新投资均具有抑制作用。

2. 长、短期借款对不同性质创新投资的影响研究

在三组回归结果中，长期借款负债率与无形资产增量均表现出显著正相关关系，说明长期借款融资对公司技术创新具有促进作用。且从分组样本回归结果中可以看出，长期借款负债率对突变式创新投资的影响系数为 0.189，且显著性水平达到了 5%，显著高于渐进式创新投资中长期借款负债率对创新投资影响系数 0.074，说明长期借款融资对创新的促进作用在突变式创新企业中表现得更加强烈。

此外，在总体样本中，短期借款负债率与无形资产增量表现为负相关关系，回归系数为 -0.043 且在 5% 的水平上显著，这种负相关关系在突变式创新投资样本中也存在，且显著性水平更高（回归系数为 -0.139，显著性水平为 1%）。这是因为短期借款的还本付息流动性压力与创新投资需要持续性资金支持冲突的存在，使得短期借款不利于公司技术创新，尤其是风险更高、回收期更长的突变式创新。假设 2-4 成立。

出乎意料的是：短期借款负债率与创新投资在渐进式创新企业样本回归结果中表现出 0.003 的正相关关系，但不显著。这可能是因为：由于我国金融机构监管机制尚不完善，加上长期贷款的约束性强，因而产生了通过短期借款进行长期创新项目投资的行为，且相对于突变式创新而言，企业渐进式创新具有低风险、回报周期短等特点，企业可以在进行渐进式创新投资取得稳定收益的同时保证对短期借款的定期还本付息。其中，托宾 Q 在渐进式创新样本组回归结果中的系数为 -0.003，与公司技术创新呈现出了显著的负相关关系，其中可能的原因是：企业托宾 Q 值越低，企业股票价格在市场上就越低，较低的企业价值会给企业带来提升股价的压力，从而企业会更多地进行渐进式创新赢取利润来不断提升股价。其他变量与前文回归结果几乎没有变化。

五、主要结论与政策建议

为了促进公司技术创新，必须深入探究融资约束与公司技术创新之间的关系，从而改善公司创新融资环境，提高公司技术创新水平。本章使用 2012~2014 年中国创业板上市公司样本数据，实证检验了融资约束对公司技术创新的影响。结果发现：融资约束对公司技术创新具有显著抑制作用；进一步将外部融资期限引入创新影响模型，发现在外部融资中，长期借款融资对公司创新具有显著的促进作用，短期借款融资则与创新投资之间呈现出显著负相关关系；在企业内部现金持有量与创新投资关系的研究中发现，企业内部现金持有量与公司技术创新具有显著正相关关系。基于创新投资本身存在异质性，对以上相关结论做了进一步分析与验证。得出结论，相比于渐进式创新，突变式创新存在更强的融资约束，从而严重制约了公司创新投资；长、短期借款融资对突变式创新投资的影响显著大于渐进式创新。

得出了融资约束对创新投资的抑制作用，为国家完善金融市场建设，促进企业自主创新提供了有力的政策参考。通过探索长期借款和短期借款对公司创新投资的影响，结果表明，上市公司需要注意改善公司债务融资的期限结构，优化投资行为。另外，从创新投资异质性视角对我国创业板上市公司创新融资的内在逻辑进行了深入探讨，为国家应借助完善企业长、短期借款融资取得审批机制，提高不同类型的创新投资能力提供了理论指导。

参考文献

［1］陈海生．研发投资特征及企业扩大融资来源的路径研究［J］．现代财经，2006（1）：32 - 37.

［2］丁一兵，付缨捷，曹野．融资约束、技术创新与跨越"中等收入陷阱"：基于产业结构升级视角［J］．经济研究，2014（3）：101 - 110.

［3］龚艳萍，屈宁华．技术创新能力对中国高技术产业国际竞争力影响的实证研究［J］．技术经济，2008（4）：13 - 18.

［4］胡杰，秦璐，李建明．我国高新技术上市公司 R&D 投资的融资约束：基于规模和所有权的实证分析［J］．技术经济，2013（8）：15 - 20.

［5］鞠晓生，卢狄，虞义华．融资约束、营运资本管理与公司技术创新可持续性［J］．经济研究，2013（1）：4 - 16.

［6］李汇东，唐跃军，左晶晶．用自己的钱创新还是用别人的钱创新：基于中国上市公司融资结构与公司创新的研究［J］．金融研究，2013（2）：170 - 183.

［7］连玉君，苏治．融资约束、不确定性与上市公司投资效率［J］．管理评论，2009（1）：19 - 26.

［8］罗长远，季心宇．融资约束下的企业出口和研发："鱼"和"熊掌"不可兼

得？[J]. 金融研究, 2015 (9)：140 – 158.

[9] 刘端, 彭媛, 罗勇, 周有德, 陈收. 现金持有在企业投资支出中的平滑作用：基于融资约束的视角 [J]. 中国管理科学, 2015 (1)：10 – 16.

[10] 卢馨, 郑阳飞, 李建明. 融资约束对企业 R&D 投资的影响研究——来自中国高新技术上市公司的经验证据 [J]. 会计研究, 2013 (5)：51 – 58.

[11] 聂辉华, 谭松涛, 王宇峰. 创新、企业规模和市场竞争 [J]. 世界经济, 2008 (7)：57 – 59.

[12] 唐清泉, 徐欣. 企业 R&D 投资与内部资金——来自中国上市公司的研究 [J]. 中国会计评论, 2010 (3)：341 – 362.

[13] 唐清泉, 肖海莲. 融资约束与公司创新投资—现金流敏感性——基于企业 R&D 异质性视角 [J]. 南方经济, 2012 (11)：40 – 54.

[14] 温军, 冯根福, 刘志勇. 异质债务、企业规模与企业 R&D 投入 [J]. 金融研究, 2011 (1)：167 – 181.

[15] 肖虹. R&D 投资、内源融资、技术效率——基于 2001 – 2005 年沪深上市公司经验数据 [C]. 中国金融学术研究网, 2008.

[16] 谢军, 朱倩渝. 债务期限结构对公司投资行为的影响——来自制造业上市公司的证据 [J]. 上海商学院学报, 2010 (1)：87 – 90.

[17] 袁博, 刘文星, 张亚军. 基于创新氛围视角探讨知识产权保护能力对重大科研项目技术创新的影响 [J]. 管理学报, 2014 (12)：1834 – 1840.

[18] 张纯, 吕伟. 信息环境、融资约束与现金股利 [J]. 金融研究, 2009 (7)：81 – 94.

[19] Bloch C. R&D Investment and internal finance：The cash flow effect [J]. Economics of Innovation and New Technology, 2005, 14 (3)：213 – 223.

[20] Brown J, PETERSEN B. Cash holding and R&D smoothing [J]. Journal of Corporate Finance, 2009, 17 (3)：694 – 709.

[21] Cleary S. International corporate investment and the relationships between financial constraint measures [J]. Journal of Banking and Finance, 2006, 30 (3)：1559 – 1580.

[22] Elisa Ughetto. Does internal finance matter for R&D? New evidence from a panel of Italian firms [J]. Cambridge Journal of Economies, 2008, 32 (6)：907 – 925.

[23] Fazzari S M, Hubbard R G, Petersen B C. Financing constraints and corporate investment [J]. Brook-ings Papers on Economic Activity, 1988, 11 (1)：141 – 199.

[24] Francis J, Smith A. Agency cost and innovation：Some empirical evidence [J]. Journal of Accounting and Economics, 1995, 19 (2)：383 – 409.

[25] Graboeski H G. The determinants of industrial research and development：A study

of the chemical, drug and petroleum industries [J]. Journal of Political Economy, 1968, 76 (1): 292 – 306.

[26] Hall B. The financing of research and development [J]. Oxford Review of Economic Policy, 2002, 18 (1): 35 – 51.

[27] Himmelberg C P, Peterson B C. R&D and internal finance: A panel study of small firms in high-tech industries [J]. Review of Economics and Statistics, 1994, 76 (1): 38 – 51.

[28] Holmstrom B. Agency costs and innovation [J]. Journal of Economic Behavior and Organization, 1989, 12 (3): 305 – 327.

[29] Ilyina A, Samaniego R. Structural change and financing constraints [J]. Journal of Monetary Economics, 2012, 59 (2): 166 – 179.

[30] Keynes M. The general theory of employment, interests and money [M]. London: Macmillan, 1936. Kamien M I, Schwartz N L. Self-financing of an R&D project [J]. The American Economic Review, 1978, 68 (3): 252 – 261.

[31] Modigliani F, Miller M. The cost of capital, corporation finance and the theory of investment [J]. American Economic Review, 1958, 48 (3): 261 – 297.

[32] Myers S, Majluf N S. Corporate financing and investment decisions when firms have information that investors DO NOT HAVE [J]. Journal of Financial Economics, 1984, 13 (2): 187 – 221.

[33] Opler T C, Titman S. Financial distress and corporate performance [J]. Journal of Finance, 1994, 49 (3): 1015 – 1040.

[34] Opler, Tim, Lee, Pinkowitz, Rene, Stulz, Rohan, Williamson. The determinants and implications of corporate cash holdings [J]. Journal of Financial Economics, 1999, 52 (1): 3 – 16.

[35] Reyes B. R&D intensity and financing constrains [J]. Journal of Economic Studies, 2004, 10 (3): 38 – 55.

[36] Schumpeter J A. Capitalism, socialism and democracy [M]. New York: Harper and Row, 1942.

第二篇

股权融资、债务融资对企业创新的影响研究

| 第三章 |
借壳上市、资产剥离与研发投入

一、引　言

　　企业上市有着十分重大的意义，企业上市之后可以利用资本市场筹集生产经营活动所需的资金，广泛吸收社会上存在的闲散资金，从而迅速扩大企业规模，增强企业在市场中的竞争力。我国企业上市主要有两种途径：首次公开募股（IPO）和借壳上市。IPO 上市方式，对于一些盈利能力强但规模较小的企业来说，市场准入标准严格，门槛高，一些企业可能望而却步。借壳上市的门槛相对较低，而且对于企业来说，通过借壳上市方式进入资本市场，能够获取外界的关注，扩大知名度，从而获得投资者的信赖，获得更多资金支持，也可以促进企业创新活动的进行。市场对借壳上市方式也有了更多的认可，近几年快递行业迅速发展，各快递公司逐鹿于资本市场，申通、圆通、中通、顺丰、韵达等快递公司相继踏入资本市场。顺丰作为国内具有核心竞争力的快递品牌企业之一，顺丰控股有限公司借壳马鞍山鼎泰稀土新材料有限公司成为上市公司这一行为也成为市场的焦点。

　　科学技术是第一生产力。近年来，我国不断深入实施创新驱动发展战略，创新能力和效率得以提升。国务院总理李克强在 2019 年政府工作报告中指出要坚持创新引领发展，提升科技的支撑力，强化原始创新。在参与创新的各主体之中，企业是创新活动的主体，抓好企业创新是关键举措。我国的创新能力稳步增强，进行企业创新是大势所趋，对于提升企业竞争力，加快市场转型，深化改革具有重要意义。

　　由图 3 - 1 可以看出，我国企业的研发投入总额逐年递增，呈稳健增长的趋势，研发投入强度虽偶有下降，但总体而言没有剧烈的变动。

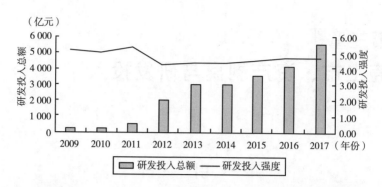

图 3 - 1　2009 ~ 2017 年我国企业研发投入总额与研发投入强度变化

资料来源：作者整理。

　　企业借壳上市后，向公共股权市场转变对创新的影响是一个十分重要的问题。上市后的股票市场融资对创新影响既有积极影响又有消极影响。一方面，上市会对创新活动产生积极影响。上市后的即时现金流入可以缓解公司的融资约束，而这些约束被视为是企业创新活动的主要瓶颈（Hall and Lerner，2010）。另一方面，人们早就认识到，股票上市会增加代理问题的范围，这可能会削弱公司创新的动机（Jensen and Meckling，1976）。另外，与私有公司相比，上市公司要求的信息披露能力更高。这既源于强制性的证券交易所的披露规则，也源于投资者为了合理评估公司而要求它们提供信息。信息披露增加了敏感信息对竞争对手的溢出效应，从而减少了公司从创新中抽取的租金（Brau and Fawcett，2006）。考虑到这些溢出效应，公司上市应该会抑制企业创新。

　　借壳上市涉及资产剥离的问题，企业在借壳上市后，如何处置原壳公司的资产负债，将其进行剥离也成为一个必须要解决的问题。随着经济全球化进程的快速发展，我国的企业在多元化扩张的热潮中逐渐出现缺乏核心竞争力的一些问题。一个企业在不断的技术创新、知识积累以及经验交流中，能逐渐形成自己的异质性才是提升市场竞争力的有效手段，而异质性的提升也与突出的主营业务息息相关。资产剥离可以用以强化自己的主业和提高竞争力，保证企业的良好发展。在学术上，对于资产剥离的研究已有不少。然而在现有的研究中，主要的还是集中在资产剥离的原因和资产剥离之后的财务绩效上，鲜有文献考虑其对企业创新有何影响，本章要研究的就是这一问题。

在公司 IPO 上市之后的几年时间里，新上市公司收购其他公司的可能性显著增加。数据表明，上市公司通过并购行为获得了大量的专利技术，在 IPO 之后的 5 年里，获得的专利几乎占了公司全部专利组合的 1/3，并且获得的专利质量高于 IPO 后内部产生的专利（Shai Bernstein，2014）。那么，借壳上市之后，企业是会选择进行漫长自主研发的方式还是外购专利技术的方式进行创新，哪种方式更能提升企业的绩效是一个值得研究的问题。

基于现实的热点和学术界的讨论，本章结合中国资本市场的发展现状，利用企业的研发投入强度来研究借壳上市对企业创新的影响。本章以 2011～2017 年借壳上市企业为样本进行实证研究发现，企业借壳上市能够提高企业的研发投入，借壳上市企业在上市后的资产剥离能够提高企业的研发投入，资产剥离能够通过缓解企业的融资约束进而提升企业的研发投入。进一步地，在研究企业内部研发与外部技术并购的问题上，研究发现相较于进行内部研发，借壳上市企业进行外部技术并购更有利于借壳上市企业绩效的提高。

本章的贡献主要包括：（1）现有的对借壳上市的研究多是案例研究，实证研究相对较少，研究其与企业创新关系的更少，本章通过研究二者关系能弥补相关方面文献的不足。（2）对于资产剥离的研究主要集中在资产剥离的动因及财务绩效之上，对于创新绩效的研究较少，本章可以丰富创新绩效方面的研究。（3）企业借壳上市后的创新机制方面鲜有研究成果，本章可以丰富此方面的研究。

二、理论分析与研究假设

（一）借壳上市与研发投入

借壳上市方式相较于 IPO 方式，有着审核时间短、无须公开借壳方的财务数据等优点，可以尽快实现上市后的融资需求。其本质是一种公司重组行为，成功的公司重组能够增强企业的竞争力，优化资源配置，为各方带来利益。效率理论认为，兼并重组行为能够给参与者双方带来经济利益，符合帕累托改进，且能增强管理层的协调效应，从而提高经营业绩。

对 13 篇借壳上市的实证研究进行整理，得出的结论是借壳上市的并购行为提高了企业绩效（Jensen and Ruback，1983）。郭倩（2010）认为，民营企业借壳上市存在协同效应。借壳方通过对上市公司的整合以及资产注入，为原上市公司注入优质资产提高企业的核心竞争力，也提高了企业的净资产收益率。刘青、杨子锋（2018）对 2012 年的借壳上市企业后续绩效运用主成分分析法研究后发现，借壳上市行为实施以后，上市公司的绩效出现了上升的趋势。

企业上市对企业创新的影响，现有理论提出了两种相反的观点。一种观点认为，企业上市后由于委托问题的存在，管理层倾向于选择传统投资项目，锁定短期利益，这种短视行为会导致企业的创新活动减少。而当企业在借壳上市后，借壳上市股东虽然获得了上市后的股票收益但是成本高昂，信息泄露导致借壳上市存在市场异动，内幕交易的存在增加了借壳上市的成本（邵新建等，2014），这对创新活动不利。另一种观点则认为，企业进入股票市场可以为创新活动提供机会，企业上市能够促进企业创新。从理论上讲，在无摩擦的金融市场中，公开出售股票不应影响随后的创新活动。然而，随着金融摩擦的出现，向公共股权市场的过渡为企业提供了更好的资本获取途径。这尤其可以改善创新活动，因为这种活动可能比其他形式的投资更容易受到融资限制（Hall and Lerner，2010）。负担起的融资对于企业研发和营销新产品是至关重要的（Wies and Moorman，2015）。企业借壳上市之后，可以实现资本的快速扩张，拓宽融资渠道，为创新活动筹集资金，提高企业的研发投入。创新活动的专业性和前瞻性会使得市场上不同的投资者会基于已有认知对创新项目产生不同的想法，金融中介的不同投资决策人难以就创新这样的高风险高不确定性活动达成一致意见。而创新性的研发项目可以吸引股票市场中持肯定意见的投资者，进而实现融资目的。

除此之外，上市公司还受益于未来期间较低成本的股权融资，能更好地获得帮助它们在产品市场的竞争中获得更多非金融资源。公司上市可以提高公司的知名度和声誉（Brau and Fawcett，2006），从而吸引员工，加强与供应商的议价能力，向客户发出质量信号，进而促进企业研发活动的进行。基于以上分析，提出如下假设：

H3 -1：借壳上市能够提高企业的研发投入。

（二）借壳上市后的资产剥离与研发投入

对于资产剥离的研究，国内外学者的研究大多集中于资产剥离动因与资产剥离绩效之上，国外绝大多数学者运用事件研究法对资产剥离进行研究发现，资产剥离能够为公司的股东创造财富，提升公司的业绩（Cho and Cohen，1997；Haynes et al.，2002），是企业基于长期发展的一种战略调整（Kose and Ofek，1995）。国内的多数学者研究也表明，我国上市公司的资产剥离短期内会为股东带来显著为正的异常收益（胡洁，2005；罗良忠、史占中，2006），但是，对于运用财务指标衡量资产剥离对企业绩效影响的结论并没有得到统一。南达和纳拉亚南（1999）认为由于有太多的业务，资本市场无法准确地评估该企业的价值，通过资产剥离或出售，可以突出企业的主营业务，让市场能更准确地评估企业。资产剥离的原因是企业的价值被低估了。企业通过借壳上市吸收壳公司的资产，尤其是与本公司主营业务不相关的资产，会造成企业业务的多元化，多元化战略处理得不当则影响企业的可持续发展。因此，对于借壳上市企业来说，通过资产剥离的方式使得企业再次回归到核心主业上来，进而增强企业的核心竞争力，有效配置企业的资源，这是很关键的举措。

企业要想进行创新性的研发活动，就要有大量资金的长期投入，资金不足则会导致研发活动的失败，所以企业的研发活动需要科学有效的融资体系的支撑。创新活动具有专业性和前瞻性，市场上不同的投资者会基于已有的认知，对创新项目产生不同的想法。由于信息不对称的存在，企业和投资者之间难以进行更为有效的交流，使得获取外部资金进行研发创新的成本高于企业的内部资金研发成本，企业创新成本存在更高的溢价（何丹，2015）。投资者主要依靠财务报告获取公司信息，而在我国现行的会计准则下，财务报告对于研发投资的费用化和资本化的披露存在着较强的盈余管理动机，研发披露的信息不太能够得到市场的认同（赵武阳、陈超，2011），也使得创新投入较难获得外部资金的支持。唐清泉、徐欣（2010）在系统总结了企业的研发投入和内部资金的相关理论基础上，研究发现企业的R&D投资在很大程度上依赖企业的内部资金，企业的发展若要依赖于创新，那么良好的企业财务状况是很关键的条件。

归核化理论认为，企业的业务分为核心业务和非核心业务，非核心业务会占用企业的资源进而降低公司的经营效率（John and Ofek，1995）。因此企业通过资产剥离分离出非核心业务，能够使公司的主业更加清晰，提高公司的核心能力，从而增强企业的创新能力，进而提升企业的业绩。增加现金流，为企业发展提供所需的资金是经过研究验证的资产剥离的动因之一（张欣，2014），企业可以通过出售流动性差、盈利能力差的资产，增加企业的营运资金，将其投资于研发创新项目上去。在难以得到外部资金支持的情况下，内源融资是企业进行 R&D 活动的理想选择，因此企业进行资产剥离能够使得企业的资金得到回笼，并将其运用到企业的研发投入活动中，为企业的研发投资提供所需的现金流。基于以上分析，本章提出如下假设：

H3 - 2：企业借壳上市后的资产剥离能够提高企业的研发投入。

（三）资产剥离、融资约束与研发投入

据世界银行发布的报告表明，我国有 75% 的企业将融资约束看作影响公司长远发展的重要阻碍，也是制约企业发展的重要因素。关于融资约束与研发投入之间的关系，已有研究结论尚存在争议。张杰等（2012）考察了在转型背景下融资约束对中国企业研发投入的影响，发现融资约束对民营企业的研发投入造成了显著的抑制效应，即企业融资约束程度越低，企业的研发投入越高。戴小勇等（2015）研究认为，融资约束是制约我国企业研发投资的重要因素，通过提高金融发展水平来缓解中小企业的融资约束问题，进而能促进企业的研发投资。而其他学者则认为二者之间并不存在上述关系（Bhagat，1995；Bond，2003）。陈海强等（2015）通过对制造业企业上市公司进行研究发现，融资约束对于企业技术效率的提高有显著的抑制作用。徐玉莲（2015）研究发现，企业在登陆创业板之后，融资约束有所缓解，但是在企业上市之后，融资约束程度与企业研发投入强度正相关，这是因为我国创业板存在大量超募资金，随着上市时间的延长，融资约束程度有上升的趋势。

在我国，相较于西方国家，我国金融市场发展还不完善，我国企业面临着更严峻的融资约束，股票市场是企业进行融资的重要渠道和优质渠道，企业通过股票市场与资本市场接轨对它们来说会有更大的收益（张劲帆等，2017）。而在我国，较为严格的 IPO 管制制度造成了那些受融资约束困扰的优质型企业很难通过 IPO 方式上市进行融资。企业的融资约束程

度越大，在进行 IPO 时花费的等待成本也就越高，这时企业就更倾向于通过借壳上市的方式来进行上市融资（Adjei et al.，2008）。屈源育等（2018）用三个指标度量了企业的融资约束，发现企业在上市前的融资约束程度越大，越有可能选择借壳上市而不是选择 IPO 上市。

受融资约束影响的企业存在投资不足的现象（连玉君，2007）。融资约束是资产剥离决策的重要动因之一。资产剥离的融资约束假说，认为资产剥离是一种更加具有经济效益的融资渠道，通过资产剥离可以帮助面临财务困境的企业快速筹集所需资金以帮助企业渡过难关（Lang，Paulsen and Stulz，1995）。资产剥离作为一种成本较低的快速融资方式，其通过出售资产获得的现金能够一定程度地缓解企业的融资约束问题，为研发活动提供所需的部分资金。企业通过资产剥离可以获得有限但相对有价值的现金流，缓解企业的融资约束，反映在投资决策上则是更有机会将现金投入到研发活动中去，提高企业的创新能力，增强企业的核心竞争力。一般来说，借款能力较弱的公司更加愿意发生资产剥离行为（Kruse，2002）。在外部融资以及债权融资成本较高的现实情况下，资产剥离是一种快速的融资方式来帮助企业实现融资获得所需资金。研发投资具有高风险性以及很大的不确定性，管理层的过度投资动机相对较小，当企业面临融资约束时，资产剥离对研发投入存在促进作用。基于以上分析，本章提出如下假设：

H3 - 3：借壳上市企业的资产剥离通过缓解企业的融资约束来提升企业的研发投入。

三、研究设计

（一）数据来源和样本选取

本章以 2011～2017 年的借壳上市企业为研究样本，借壳上市公司的数据来自 Wind 数据库，识别了 197 例借壳上市已经完成的企业。在剔除了金融类企业和重复披露的企业样本后，共得到 188 个成功借壳上市的样本。对于借壳上市的企业，首次公告日为资产重组报告的首次公告日，上市年度为借壳上市企业资产注入的当年。资产剥离数据以及研发投入强度数据来源于国泰安 CSMAR 数据库。手工收集了技术并购的数据，数据来源于巨潮资讯网，以并购公告中披露的并购动机为依据，将旨在获取对方技术的并购确定为技术并购行为，标的可能是资产或者股权，目的在于获取新技术或者新产品。在实证过程中，本章利用 Excel 进行数据整理，Stata 14.0 进行统计分析。本章其余数据包括财务数据等均来自国泰安 CSMAR 数据库，当年发生的多次资产剥离合并为一次。为了避免极端值对本章结果的影响，对变量进行了在 1% 和 99% 分位数上的缩尾处理。

（二）变量定义和模型设计

1. 变量定义

（1）被解释变量。RDS 表示企业研发投入强度，为研发投入与营业收入的比值。

（2）解释变量。RM 表示企业借壳上市，为虚拟变量，企业借壳上市前取 0，企业借壳上市后取 1。BL 表示资产剥离，以企业当年是否发生资产剥离来度量，企业当年发生资产剥离取 1，否则取 0。企业融资约束 KZ，构建融资约束 KZ 指数。

（3）Control 为控制变量。

变量的定义说明见表 3 - 1。

表 3 - 1　　　　　　　　　　　变量的定义

变量类型	变量名称	变量符号	变量定义
被解释变量	研发投入强度	RDS	研发投入/营业收入
解释变量	借壳上市	RM	企业借壳上市前取 0，借壳上市后取 1
	资产剥离	BL	企业当年发生资产剥离取 1，否则取 0
	融资约束程度	KZ	融资约束指数
控制变量	企业规模	size	企业期末总资产的自然对数
	成长性	S	（企业当年销售收入 - 上年销售收入）/上年销售收入
	流动比率	LDB	流动资产/流动负债
其他变量	经营现金流	CF	经营性现金流量/上期总资产
	现金股利	DIV	现金股利/上期总资产
	现金持有	Cash	现金及现金等价物/上期总资产
	资产负债率	Lev	负债总额/资产总额
	托宾 Q	Q	市场价值/总资产

2. 模型设计

对于本章第一个假设，本章构建以下模型检验企业借壳上市与企业研发投入的关系：

$$RDS = \alpha_0 + \alpha_1 RM + \beta_2 Control + \varepsilon \qquad (3-1)$$

对于第二个假设，本章构建以下模型检验借壳上市企业资产剥离与研发投入的关系：

$$RDS = \beta_0 + \beta_1 BL + \beta_2 Control + \varepsilon \qquad (3-2)$$

对于本章第三个假设，构建以下模型检验借壳上市企业的资产剥离与融资约束如何影响企业的研发投入，交乘项 $RM \times KZ$ 为企业借壳上市对企业融资约束的影响，预计交乘项的系数为负：

$$RDS = \gamma_0 + \gamma_1 BL + \gamma_2 KZ + \gamma_3 BL \times KZ + \gamma_4 Control + \varepsilon \qquad (3-3)$$

四、实证结果与分析

（一）融资约束指数 KZ 的构建

卡普兰和辛加莱斯（1997）首次以经营性净现金流、现金持有量、派现水平、负债程度以及成长性五个因素作为表征融资约束的代理变量，通过回归分析进而构建了一个综合指数（KZ 指数）来衡量企业的融资约束程度。此后，这一做法在融资约束的研究领域中得到了广泛运用。他们最终获得了 KZ 的指数计算公式。在此基础上，本章借鉴了魏志华（2014）中的度量方法构建 KZ 指数，以此来衡量融资约束程度。详细过程如下：首先，对全年各个年度的样本数据进行分类，选取经营性净现金流/上期总资产（CF_{it}/A_{it-1}）、现金股利/上期总资产（DIV_{it}/A_{it-1}）、现金持有/上期总资产（C_{it}/A_{it-1}）、资产负债率（LEV_{it}）和托宾 Q 值（Q_{it}）五个指标。若 CF_{it}/A_{it-1} 低于中位数，设置 kz_1 取 1，否则为 0；若 DIV_{it}/A_{it-1} 低于中位数，设置 kz_2 取 1，否则为 0；若 C_{it}/A_{it-1} 低于中位数，设置 kz_3 取 1，否则为 0；若 LEV_{it} 高于中位数，设置 kz_4 取 1，否则为 0；若 Q_{it} 高于中位数，设置 kz_5 取 1，否则为 0。其次，令 $KZ = kz_1 + kz_2 + kz_3 + kz_4 + kz_5$。接下来，采用 Ordered Logistic 回归，将 KZ 指数对五个指标进行回归，由此估计出各个变量的回归系数。

运用上述过程得出的 KZ 指数计算公式，便可估算出每家企业的融资约束程度，KZ 指数越大，代表企业面临的融资约束程度越大。实证结果如表 3 - 2 所示。

表 3 - 2   借壳上市企业 KZ 指数估计模型的回归结果

综合指数	CF_{it}/A_{it-1}	DIV_{it}/A_{it-1}	C_{it}/A_{it-1}	LEV_{it}	Q_{it}	r^2_a	Chi2	N
KZ	-0.021 *** (-2.66)	-0.521 *** (-5.86)	-0.261 ** (-2.41)	5.292 *** (13.15)	0.195 *** (4.55)	0.116	287.60	792

注：括号内为 t 值；*** 、** 分别表示在 1%、5% 的统计水平上显著。

由表 3 - 2 可看到，在借壳上市企业中，低经营现金流量、低现金持有、低派现、高资产负债率及拥有较多投资机会的公司往往面临着较大的融资约束，由此回归结果，本章的 KZ 指数公式为：

$$KZ_{it} = -0.021CF_{it}/A_{it-1} - 0.521DIV_{it}/A_{it-1} - 0.261C_{it}/A_{it-1}$$
$$+ 5.292LEV_{it} + 0.195Q_{it} \tag{3-4}$$

（二）描述性统计和相关性分析

表 3 - 3 是主要变量的描述性统计。研发投入强度 RDS 的均值为 3.261，中位数为 2.675，两个数值的差异表明不同企业的研发投入强度有所不同；融资约束指数 KZ 的均值为 2.818，标准差为 0.931，两个数值之间的差异表明企业间普遍存在融资约束，最大值 6.443 与最小值 0.114 之间的差异表明不同企业面临的融资约束有着很大差异。借壳上市企业的资产负债率均值为 46.5%，资产负债率较高；成长性最大值 43.094 与最小值 -0.064 之间的差异表明不同借壳上市企业之间的成长性差异较大。

表 3 - 4 描述了主要变量之间的相关系数，由表 3 - 4 可知，变量之间的最大相关系数是 0.5689，存在于流动比率 LDB 与融资约束指数 KZ 之间。对所有变量进行膨胀因子检验后发现，所有变量 VIF 值的均值大于 1，但所有变量 VIF 值均小于 10，故不存在显著的多重共线性。可以看到借壳上市企业存在的融资约束问题会导致企业的研发投入强度下降。

表 3-3   变量的描述性统计

变量	均值	1/4 分位点	1/2 分位点	3/4 分位点	最大值	最小值	标准差	样本量
RDS	3.261	0.930	2.675	4.040	25.590	0.010	3.486	334
KZ	2.818	2.124	2.760	3.478	6.443	0.114	0.931	334
size	23.188	22.330	22.972	23.854	27.307	20.660	1.234	334
S	0.722	0.052	0.171	0.445	43.094	-0.604	2.954	334
LDB	1.950	1.162	1.550	2.271	11.124	0.316	1.302	334
CF	-0.165	0.016	0.066	0.126	9.504	-217.447	7.748	792
DIV	0.069	0.007	0.014	0.026	26.902	0.000	0.962	792
Cash	0.422	0.096	0.168	0.303	86.141	0.007	3.143	792
Lev	0.465	0.316	0.467	0.611	0.916	0.019	0.195	792
Q	2.430	1.352	1.873	2.758	23.598	0.219	1.895	792

表 3-4   主要变量的相关系数

变量	RDS	RM	BL	KZ	size	S	LDB
RDS	1						
RM	0.0682	1					
BL	0.0701	—	1				
KZ	-0.2437***	—	0.0531	1			
size	-0.2219***	-0.4632***	0.1084**	0.4329***	1		
S	-0.0115	-0.0006	0.1305**	0.0448	0.0596	1	
LDB	0.3864***	-0.1373***	-0.0378	-0.5689***	-0.3658***	0.0126	1

注：***、**分别表示在1%、5%的统计水平上显著。

（三）借壳上市与研发投入的关系

H3-1的回归结果如表3-5所示。从全样本的回归结果可以看到 RM 的系数0.411为正，且在1%水平上显著。伴随着企业的借壳上市，企业的研发投入强度显著增加。进一步地，对全样本按照企业规模大小和股权性质分组，企业规模的分组标准为每年总资产的中位数，股权性质的分组标准为实际控制人性质。可以看到，借壳上市对研发投入的促进作用体现在小规模企业和非国有企业上更加显著。这是因为，一方面，随着企业规模的增大会对企业的管理造成一些障碍，大规模企业存在委托代理问题，管理层倾向于少进行创新活动追求短期绩效，因而相对于大规模企业庞大的营业收入来说，研发投入的绝对值显得有些不足，这也与全样本中企业规模与研发投入强度的负相关关系相一致；另一方面，小规模企业的内部沟通较灵活，对外界环境的变化反应更加迅速，比大规模企业具有效率，所以在技术创新的效率和时间上要优于大规模企业。本章的假设 3 - 1 得到验证。

表 3 - 5 借壳上市与研发投入强度关系研究

变量	RDS				
	模型（3 - 1）	小规模企业	大规模企业	非国有企业	国有企业
RM	0. 411 *** (4. 04)	0. 388 *** (2. 98)	0. 139 (0. 74)	0. 565 *** (2. 99)	- 0. 061 (- 0. 57)
size	- 0. 212 *** (- 3. 64)	- 0. 149 (- 0. 97)	- 0. 187 (- 1. 62)	- 0. 155 (- 1. 30)	- 0. 048 (- 0. 81)
S	- 0. 014 (- 0. 18)	- 0. 150 (- 0. 27)	- 0. 034 (- 0. 41)	- 0. 037 (- 0. 30)	- 0. 808 ** (- 2. 14)
LDB	0. 227 *** (6. 16)	0. 246 *** (4. 72)	1. 148 *** (6. 58)	0. 301 *** (4. 40)	0. 899 *** (5. 95)
_cons	- 0. 224 *** (- 2. 93)	- 0. 205 (- 1. 41)	0. 114 (0. 53)	- 0. 227 (- 1. 62)	- 0. 208 * (- 1. 88)
r^2	0. 140	0. 133	0. 199	0. 101	0. 185
r^2_a	0. 133	0. 118	0. 186	0. 087	0. 169
N	475	238	237	259	216
F	19. 17	8. 95	14. 44	7. 14	11. 96

注：括号内是 t 值；*** 、** 、* 分别表示在 1% 、5% 和 10% 的统计水平上显著。

（四）资产剥离、融资约束与研发投入的关系

H3 - 2 的回归结果如表 3 - 6 第一列所示。从表 3 - 6 中第 2 列可以看出，在 H3 - 2 的回归方程中，调整后的 r^2 为 0. 152，拟合度较好。资产剥离 BL 的系数 β_1 为 0. 232，t 值为 1. 83，在 10% 的水平上显著，企业借壳上市后的资产剥离与研发投入强度正相关，企业发生资产剥离，可以提升企业的研发投入强度，因此本文提出的 H3 - 2 得到了验证。将融资约束指数

KZ 代入模型（3－3）中检验 H3－3，回归结果为表 3－6 中的第 3～第 6 列。可以看到，全样本中资产剥离 BL 与研发投入 RDS 呈正相关关系，系数为 1.309，在 1% 的水平上显著。交乘项 BL×KZ 与研发投入强度 RDS 的系数为 －0.485，t 值为 －2.83，资产剥离可以通过缓解企业的融资约束增强企业研发投入强度。在对全样本按企业规模和股权性质进行分类后，可以看到，在借壳上市的企业中，企业资产剥离都能够使研发投入强度提高，而对融资约束的缓解作用在企业规模上体现得不显著。非国有企业 BL×KZ 系数的绝对值 0.639 大于国有企业的 0.435，说明非国有企业面临着比国有企业更高的融资约束，资产剥离缓解融资约束的效应在非国有企业中体现得更加显著，本章提出的 H3－2b 得到了验证。

表 3－6　　　　　　　　资产剥离、融资约束与研发投入关系研究

变量	RDS					
	模型（3－2）	模型（3－3）	小规模企业	大规模企业	非国有企业	国有企业
BL	0.232*	1.309***	1.071**	1.172*	1.751***	1.088**
	(1.83)	(3.27)	(2.06)	(1.77)	(2.88)	(2.41)
KZ		0.103	－0.115	0.315**	0.073	0.048
		(1.28)	(－1.07)	(2.54)	(0.59)	(0.53)
BL×KZ		－0.485***	－0.403	－0.417	－0.639**	－0.435**
		(－2.83)	(－1.63)	(－1.59)	(－2.47)	(－2.22)
size	－0.172**	－0.191**	0.188	－0.263	－0.055	0.009
	(－2.21)	(－2.35)	(0.84)	(－1.60)	(－0.36)	(0.11)
S	－0.054	－0.094	1.816**	－0.138	－0.149	－1.160**
	(－0.44)	(－0.77)	(2.47)	(－1.06)	(－1.03)	(－2.53)
LDB	0.707***	0.709***	0.435***	1.303***	0.595***	0.849***
	(6.20)	(5.45)	(2.73)	(5.32)	(3.39)	(4.11)
_cons	0.114	－0.118	0.130	0.006	－0.113	－0.631***
	(1.36)	(－0.99)	(0.68)	(0.02)	(－0.64)	(－3.52)
r^2	0.163	0.183	0.208	0.189	0.145	0.243
r^2_a	0.152	0.168	0.179	0.159	0.117	0.210
N	334	334	167	167	187	147
F	15.96	12.17	7.01	6.22	5.10	7.47

注：括号内是 t 值；***、**、* 分别表示在 1%、5% 和 10% 的统计水平上显著。

（五）进一步分析：企业借壳上市后的技术并购与企业绩效

1. 借壳上市后的技术并购与企业绩效

创新的重要性不言而喻，它不仅是企业强大竞争优势的来源，更是驱动一国发展的关键一环。企业提升创新能力的方式主要有两种途径：一种是通过加大内部的研发投入，另一种是通过并购其他公司的技术为自己所用。在企业的内部创新周期长、风险高情况下，技术并购可以使得企业在相对较短的时间获得目标公司的新技术或者新专利，促进企业扩大更新现有的创新体系，提高企业突破式创新的能力。一些研究认为并购能够显著提升企业的创新能力，能够增加他们成为创新性公司的概率，但是在不同企业规模、不同行业中存在显著差异（Cefis and Marsili，2015；Entrzarkheir and Moshiri，2016）。企业借壳上市后，企业内部创新活动的长期性和高风险性会导致信息不对称的发生，投资者可能更注重短期效益，管理层为此会进行技术并购，增强企业的创新能力从而提高企业的绩效。

企业在上市之前，会为了增强核心竞争力而专注研发创新，不会过分追求短期价值的增长；而上市之后，管理层出于自身职业生涯的角度考虑，会忽视外购专利的高成本问题，更倾向选择创造价值时间较短、风险更低的外购专利，进而减少内部研发（Shai Bernstein，2014）。虽然与那些没有上市的公司相比，上市公司内部创新质量有所下降，但可以在资本市场上获取更多的资金，上市公司可以将收购作为另一个获取创新的途径，并吸引新的人力资本。是什么导致了这些变化？可能是股票市场上市增加了代理问题的范围，导致公司在上市之后追求更少的创新（Jensen and Meckling，1976）。或者代理问题可能集中在追求过多创新的私营企业。最后结果可能不是由代理问题驱动的；相反，融资渠道的改善使企业能够在上市后专注于商业化，这样的策略对于那些保持私有并因此只专注于创新的公司来说是不可行的。

因此，上市改变了公司追求创新的策略。过度创新假说认为，私营企业的企业家可以从自主创新中而非商业化中获得私人利益，假设企业家是最大的所有者，并且在公司是私有的情况下其对公司拥有控制权，企业家可能会选择过多地关注内部创新，而不一定对企业价值有贡献。此时的委托代理问题出现在企业家（最大股东）和少数股东之间。当公司上市后，企业家不再是最大的股东，拥有较少的控制权，因此不能再追求过度的创新。随着创新迭代不断加速，企业需加快创新步伐加以应对。但是，由于创新的长期性、高不确定性，企业仅仅依靠内部研发会面临较高的风险和时间压缩不经济（Dierickx and Cool，1989），而技术并购可以使企业在较短时间内获得目标公司的技术知识，并产生创新协同效应（张学勇等，2017），从而降低了封闭创新所带来的风险。而上市以后，公司想要更长远地发展，创新活动是关键的一环，在不能追求过多创新的情况下，可能会更多地选择从外部渠道获得创新技术，来推动企业的长远发展。在技术并购活动中，大企业对新创的中小型技术密集企业并购，以吸收和内化后者的技术创新潜力（Sears and Hoetker，2014），这些新创企业很可能是突破式创新和新的技术知识的来源（Anderson and Xiao，2016）。

基于以上分析，本章提出以下假设：

H3 - 4：技术并购作为一种外部创新，更有利于企业绩效的提高。

2. 模型设计

对于本章第四个假设，利用资产收益率来衡量企业的绩效，构建以下模型：

$$ROA_{i,t+1} = \varphi_0 + \varphi_1 In_{it} + \varphi_2 Ex_{it} + \varphi_3 Control + \varepsilon_{it} \qquad (3-5)$$

其中，ROA 为资产收益率，为避免盈利能力 ROA 与企业内外部 R&D 之间的内生性影响，选择以下一年的毛利率作为本假设的被解释变量。In 为企业进行内部研发，企业当年发生内部 R&D 时取 1，否则取 0；Ex 为企业进行外部研发，企业当年有技术并购行为时取 1，否则取 0。技术并购的数据为手工收集，数据来源于巨潮资讯网，以并购公告中披露的并购动机为依据，将旨在获取对方技术的并购确定为技术并购行为，标的可能是资产或者股权，目的在于获取新技术或者新产品。Control 为控制变量。

3. 描述性统计

如表 3 - 7 所示，Panel A 的结果显示借壳上市企业对于内部研发和外部研发的投资都逐渐增多。Panel B 给出按照每年资产规模中位数分组的情况，两组样本分布差距不大。Panel C 按照股权性质分组为国有企业和非国有企业，可以看到国有企业进行技术并购的比例大于非国有企业，因为国有企业可以得到更多的政府补贴来进行技术创新活动，技术并购一般需要在较短的时间内支付交易价格，国有企业的这种支付能力较强。

表 3 - 7 样本企业特征

样本企业	In = 1	Ex = 1	全样本
Panel A：分年度描述性统计			
2011 年	2	0	2
2012 年	8	0	8
2013 年	14	1	15
2014 年	18	5	23
2015 年	31	12	43
2016 年	46	13	59
2017 年	46	14	60
全样本	165	45	210
Panel B：按规模分组描述性统计			
大型企业	88	25	113
所占比例	0.779	0.221	1
小型企业	77	20	97
所占比例	0.794	0.206	1
Panel C：按产权分组描述性统计			
国有企业	91	37	128
所占比例	0.711	0.289	1
非国有企业	74	8	82
所占比例	0.902	0.098	1

4. 回归结果

H3 - 4 的回归结果如表 3 - 8 所示。可以看到，在全样本的回归中，Ex 的系数为 0.349，t 值为 2.45，在 5% 的水平上显著，企业进行技术并购相较于内部研发更能提升企业绩效。将样本按照规模和股权性质进行分组，企业规模的分组标准为每年总资产的中位数，企业股权性质的分组标准为企业实际控制人的股权性质。可以发现，进行技术并购对企业绩效提升的作用在小规模企业和国有企业中更加明显。伴随着企业规模的不断扩大，企业的代理问题逐渐增加，实现研发创新的成本增加，管理层由于短视行为，会不愿意将资金投入创新活动中去，不利于创新活动对企业绩效的提高；小型企业不存在严重的委托代理问题，为了提升竞争力，可能会将资金投入研发活动中去，以提升核心竞争力，从而企业绩效得以逐渐提高。相较于非国有企业，国有企业的政府干预，可以缓解研发创新由于其自身的正外部性而导致社会投资不足的问题，而技术并购又是一项耗费资金的创新活动，因此在回归结果上表现为非国有企业的技术并购更能够提升企业的绩效。因此，本章的 H3 - 4 得到验证。

表 3 - 8　　　　　　　　技术并购与企业绩效的关系研究

变量	ROA$_{t+1}$				
	模型（3 - 4）	小规模企业	大规模企业	国有企业	非国有企业
exonly	0. 349 ** （2. 45）	0. 480 ** （2. 14）	0. 266 （1. 52）	1. 286 *** （3. 83）	0. 072 （0. 42）
inonly	- 0. 073 （ - 0. 92）	- 0. 038 （ - 0. 29）	- 0. 154 （ - 1. 61）	0. 113 （1. 33）	- 0. 280 ** （ - 2. 18）
size	- 0. 125 ** （ - 2. 32）	- 0. 420 ** （ - 2. 48）	0. 067 （0. 80）	- 0. 042 （ - 0. 73）	- 0. 113 （ - 1. 12）
lev	- 0. 985 *** （ - 6. 40）	- 0. 624 ** （ - 2. 37）	- 1. 216 *** （ - 6. 54）	- 0. 758 *** （ - 4. 45）	- 1. 049 *** （ - 4. 32）
S	0. 064 ** （2. 50）	0. 060 （1. 65）	0. 062 * （1. 72）	- 0. 041 （ - 0. 31）	0. 039 （1. 35）
LDB	- 0. 116 ** （ - 2. 60）	- 0. 098 * （ - 1. 73）	- 0. 045 （ - 0. 33）	- 0. 214 *** （ - 4. 30）	- 0. 050 （ - 0. 71）
_cons	0. 091 （1. 52）	0. 189 ** （2. 05）	- 0. 114 （ - 1. 03）	- 0. 199 *** （ - 2. 84）	0. 286 *** （3. 10）
r^2	0. 170	0. 090	0. 220	0. 192	0. 155
r^2_a	0. 160	0. 067	0. 201	0. 171	0. 135
N	507	254	253	243	264
F	17. 11	4. 04	11. 54	9. 32	7. 85

注：括号内是 t 值；***、**、* 分别表示在 1%、5% 和 10% 的统计水平上显著。

五、稳健性检验

（1）将变量进行中心化处理后进行回归，结果依然显著。

（2）本章意识到模型（3-1）和模型（3-2）可能存在内生性问题，将采用两阶段回归的方法克服这一问题。企业的盈利能力会影响创新投入水平，由于研发投入内在的高成本、高风险所造成的收益不确定性以及信息不对称和道德风险问题，加之我国金融发展水平不发达，利用外源资金支持为企业研发活动融资的渠道往往不通畅。根据融资优序理论，企业研发活动的融资次序是由内源融资渠道向外源融资渠道依次排列的，因此，企业研发支出主要依靠内源性融资。而盈利能力是影响企业内源资金丰裕程度的重要因素，强大的盈利能力是企业为研发创新进行内源融资的基础。本章第一阶段回归中，采用盈利能力 ROA，年份和行业作为工具变量，对借壳上市 RM 和资产剥离 BL 进行估计，然后代入第二阶段回归中。表3-9 至表3-11 为两阶段回归结果，回归结果没有显著变化。

表3-9 借壳上市与研发投入强度关系研究第一阶段回归

变量	RDS				
	模型（3-1）	小规模企业	大规模企业	非国有企业	国有企业
RM	0.387 ***	0.431 ***	0.133	0.644 ***	-0.073
	(3.62)	(3.22)	(0.70)	(3.25)	(-0.68)
size	-0.205 ***	-0.130	-0.175	-0.160	-0.037
	(-3.47)	(-0.84)	(-1.48)	(-1.34)	(-0.61)
S	-0.022	0.082	-0.040	-0.022	-0.813 **
	(-0.28)	(0.14)	(-0.47)	(-0.24)	(-2.16)
LDB	0.331 ***	0.261 ***	1.127 ***	0.315 ***	0.89947 ***
	(6.00)	(4.90)	(6.19)	(4.56)	(5.45)
_cons	-0.224 ***	-0.156	0.092	-0.235 *	-0.226 **
	(-2.91)	(-1.04)	(0.42)	(-1.67)	(-2.04)
r^2	0.141	0.140	0.200	0.107	0.192
r^2_a	0.132	0.121	0.183	0.090	0.173
N	475	238	237	259	216
F	15.43	7.53	11.55	6.06	9.99

注：括号内是 t 值；*** 、** 、* 分别表示在1%、5%和10%的统计水平上显著。

表 3-10　　借壳上市与研发投入强度关系研究第二阶段回归

变量	RDS				
	模型（3-1）	小规模企业	大规模企业	非国有企业	国有企业
RM	0.258** （2.17）	0.394*** （2.82）	0.124 （0.66）	0.564*** （2.69）	-0.097 （-0.89）
size	-0.166*** （-2.70）	-0.146 （-0.95）	-0.160 （-1.33）	-0.155 （-1.31）	-0.013 （-0.21）
S	-0.066 （-0.82）	-0.114 （-0.18）	-0.046 （-0.55）	-0.037 （-0.40）	-0.824** （-2.18）
LDB	0.301*** （5.29）	0.249*** （4.54）	1.099*** （5.87）	0.301*** （4.31）	0.737*** （4.50）
_cons	-0.221*** （-2.85）	-0.197 （-1.26）	0.065 （0.29）	-0.227 （-1.63）	-0.264* （-2.34）
r²	0.113	0.135	0.199	0.101	0.160
N	475	238	237	259	216
F	15.43	7.53	11.55	6.06	9.99

注：括号内是 t 值；***、**、*分别表示在1%、5%和10%的统计水平上显著。

表 3-11　　资产剥离、融资约束与研发投入关系研究

变量	RDS						
	模型（3-2）（第一阶段）	模型（3-2）（第二阶段）	模型（3-3）	小规模企业	大规模企业	非国有企业	国有企业
BL	0.248** （1.95）	0.305** （2.34）	-0.130 （-0.83）	-0.037 （-0.17）	0.023 （0.08）	-0.069 （-0.30）	-0.282 （-1.37）
CR			-0.049 （-0.60）	0.109 （1.07）	-0.333** （-2.51）	-0.016 （-0.13）	0.031 （0.30）
BL×CR			0.264*** （3.83）	0.192** （2.38）	0.086 （0.41）	0.256*** （2.98）	0.347*** （2.63）
size	-0.158** （-2.00）	-0.110** （-1.34）	-0.188** （-2.45）	0.033 （0.14）	-0.139 （-0.90）	-0.112 （-0.76）	-0.0006 （00.01）

变量	RDS						
	模型 (3-2) (第一 阶段)	模型 (3-2) (第二 阶段)	模型 (3-3)	小规模 企业	大规模 企业	非国有 企业	国有 企业
S	-0.070 (-0.57)	-0.126 (-1.00)	-0.064 (-0.53)	0.825 (1.06)	-0.123 (-0.95)	-0.093 (-0.65)	-1.225*** (-2.70)
LDB	0.684*** (5.85)	0.602*** (4.95)	0.622*** (3.72)	0.292 (1.49)	1.619*** (4.84)	0.484** (2.01)	0.650*** (2.69)
_cons	0.071 (0.74)	-0.077 (-0.69)	0.204** (2.39)	0.310** (2.20)	0.165 (0.73)	0.323** (2.61)	-0.350*** (-2.67)
r^2	0.165	0.139	0.199	0.221	0.189	0.159	0.256
r^2_a	0.152	—	0.184	0.192	0.158	0.131	0.224
N	334	334	334	167	167	187	147
F	12.94	12.94	13.54	7.56	6.20	5.66	8.01

注：括号内是 t 值；***、**、*分别表示在1%、5%和10%的统计水平上显著。

（3）对于融资约束指数，本章使用现金比率进行稳健性检验，回归结果如表3-11所示，BL×CR 的系数显著为正，资产剥离可以通过缓解融资约束提升企业的研发投入。

（4）对于 H3-4，企业绩效的测量使用毛利率对其进行稳健性检验，全样本中，毛利率 Mll 对技术并购 Ex 回归的系数为0.304，t 值为1.74，在10%水平上显著，表示企业的技术并购更能提升企业的绩效。

六、研究结论

本章以2011~2017年的借壳上市企业为研究对象，研究了借壳上市企业的创新问题。首先，企业借壳上市可以促进企业研发投入强度的提高；其次，在融资约束角度上探究了借壳上市企业的资产剥离与研发投入之间的关系。研究发现，上市后借壳上市企业的资产剥离行为能够促进企业进行研发投入，并且这种促进作用在受到融资约束影响的企业，如非国有企业中更明显。此外，本章还研究了企业借壳上市后的创新机制，内部研发和技术并购哪一种方式更能促进企业的经济绩效提升，研究发现，技术并购作为一种外部研发，能使企业在短时间内获得其他公司的新技术新产品，进而促进企业绩效的提升。

本章的研究为对于借壳上市企业的实证研究提供了新的证据。以往针对借壳上市的研究多是案例研究，或者对借壳上市的动因及绩效进行研究，而少有对其技术创新的研究。另外，借壳上市企业在上市之后的资产剥离行为重要且必要，是企业的一种发展战略，剥离不必要的资产，增强核心竞争力，进行转型升级，加大研发创新，是企业不断发展的重要手段。在我国资本市场发展尚不完善的情况下，资产剥离产生的资金虽然有限但是可以为企业的研发活动提供支持，对于融资困难的企业来说，此手段可以当作一种资金来源渠道，促进企业内部研发的顺利进行，提升企业的绩效，使企业更长远地发展。另外，小规模企业、非国有企业应成为国家重点扶持发展的对象，对其创新活动应当予以支持，促进我国的转型升级，争取早日跨入发达国家行列。

参考文献

［1］Jensen M C, Meckling W H. Theory of the Fimm: Managerial Behavior, Agency Costs and Ownership Strucare ［J］. Journal of Financial Economics, 1976, 3（4）: 305 - 360.

［2］Hall B H, Lerner J. The Financing of R&D and Innovation ［J］. Handbook of the Economics of Innovation, 2010（1）: 509 - 639.

［3］Bemstein S. Does Going Public Affect Innovation? ［J］. The Journal of Finance, 2015, 70（4）: 1365 - 1403.

［4］Simone Wies, Christine Moorman. Going public: How stock market listing changes firm innovation behavior ［J］. Journal of Marketing Research, 2015（10）: 694 - 709.

［5］Borisova G, Brown J R. R&D Sensitivity to Asset Sale Proceeds: New Evidence on Financing Constraints and Intangible Investment ［J］. Journal of Banking & Finance, 2013, 37（1）: 159 - 173.

［6］Haynes M, Thompson S, Wright M. The determinants of corporate divestment: Evidence from a panel of UK firms ［J］. Journal of Economic Behavior & Organization, 2003 （52）: 147 - 166.

[7] John K, Ofek E. Asset Sales and Increase in Focus [J]. Journal of Financial Economics, 1995, 37 (1): 105 – 126.

[8] Adjei F, Cyree K B, Walker M M. The Determinants and Survival of Reverse Mergers vs IPOs [J]. Journal of Economics and Finance, 2008, 32 (2): 176 – 194.

[9] Carpentier C, Cumming D, Suret J. The Value of Capital Market Regulation: IPOs Versus Reverse Mergers [J]. Journal of Empirical Legal Studies, 2012 (9): 56 – 91.

[10] Chen K, Cheng Q, Lin Y C, Lin Y, Xiao X. Financial Reporting Quality of Chinese Reverse Merger Firms: The Reverse Merger Effect or the Weak Country Effect? [J]. The Accounting Review, 2016, 91 (12): 1363 – 1390.

[11] Lee C M C, Li R K, Zhang R. Shell Games: The Long-Term Performance of Chinese Reverse Merger Firms [J]. The Accounting Review, 2014 (4): 1547 – 1589.

[12] Nanda V, Narayanan M P. Disentangling value: Financing needs, firm scope, and divestitures [J]. Journal of Financial Intermediation, 1999 (8): 174 – 204.

[13] Lang Larry H P, Annette B. Poulsen, Rene M Stulz. Asset Sales, Firm Performance and the Agency Costs of Managerial Discretion [J]. Journal of Financial Economics, 1995 (37): 3 – 37.

[14] Sears J, Hoetker G. Technological Overlap, Technological Capabilities, and Resource Recombination in Technological Acquisitions [J]. Strategic Management Journal, 2014 (1): 48 – 67.

[15] Cefis E, Marsili O. Crossing the Innovation Threshold Through Mergers and Acquisitions [J]. Research Policy, 2015, 44 (3): 698 – 710.

[16] Entezarkheir M, Moshiri S. Mergers and Innovation: Evidence from a Panel of U. S. Firms [J]. Economics of Innovation and New Technology, 2017 (6): 1 – 22.

[17] Seru A. Firm Boundaries Matter: Evidence from Conglomerates and R&D Activity [J]. Journal of Financial Economics, 2014, 11 (2): 381 – 405.

[18] Bena J, Li K. Corporate Innovations and Mergers and Acquisitions [J]. Journal of Finance, 2014, 69 (5): 1923 – 1960.

[19] Anderson M, Xiao J. Acquisitions of Start-ups by Incumbent Businesses: A Market Selection Process of "High-Quality" Entrants? [J]. Research Policy, 2016 (1): 272 – 290.

[20] De Faria P, F Lima, R Santos. Cooperation in Innovation Activities: The Importance of Partners [J]. Research Policy, 2010 (8): 1082 – 1092.

[21] Laursen K, Salter A. Open for innovation: The role of openness in explaining innovation performance among U. K. manufacturing firms [J]. Strategic Management Journal,

2006，27（2）：131－150.

［22］王克敏，廉鹏，向阳. 上市公司"出身"与盈余质量研究［J］. 中国会计评论，2009（3）：3－28.

［23］屈源育，沈涛，吴卫星. 上市公司壳价值与资源配置效率［J］. 会计研究，2018（3）：50－56.

［24］罗良忠，史占中. 我国上市公司资产剥离宣告效应实证分析［J］. 电子科技大学学报，2006（4）：573－576.

［25］唐清泉，李萍. 资产剥离与业务重组的有效性研究［J］. 当代经济管理，2016，38（7）：14－24.

［26］赵武阳，陈超. 研发披露、管理层动机与市场认同——来自信息技术业上市公司的证据［J］. 南开管理评论，2011（4）：100－107.

［27］唐清泉，徐欣. 企业 R&D 投资与内部资金——来自中国上市公司的研究［J］. 中国会计评论，2010（3）：341－362.

［28］张杰，芦哲，郑文平. 融资约束、融资渠道与企业 R&D 投入［J］. 世界经济，2012（10）：66－88.

［29］戴小勇，成力为. 金融发展对企业融资约束与研发投资的影响机理［J］. 研究与发展管理，2015（6）：25－33.

［30］徐玉莲，王玉冬. 创业板推出、企业融资约束与研发投入强度——基于创业板企业上市前后的数据检验［J］. 软科学，2015（8）：53－56.

［31］陈海强，韩乾，吴锴. 融资约束抑制技术效率提升吗？——基于制造业微观数据的实证研究［J］. 金融研究，2015（10）：148－162.

［32］张劲帆，李汉涯，何晖. 企业上市与企业创新——基于中国企业专利申请的研究［J］. 金融研究，2017（5）：160－175.

［33］屈源育，吴卫星，沈涛. IPO 还是借壳：什么影响了中国企业的上市选择？［J］. 管理世界，2018（9）：130－142.

［34］张学勇等. 创新能力对上市公司并购业绩的影响［J］. 金融研究，2017（3）：159－175.

［35］卢馨，郑阳飞，李建明. 融资约束对企业 R&D 投资的影响研究——来自中国高新技术上市公司的经验证据［J］. 会计研究，2013（5）：51－58.

［36］贺勇，刘冬荣. 融资约束、企业集团内部资金支持与 R&D 投入——来自民营高科技上市公司的经验证据［J］. 科学学研究，2011（11）：1685－1695.

［37］邵新建，贾中正，赵映雪等. 借壳上市、内部交易与股价异动［J］. 金融研究，2014（5）：126－142.

［38］王宛秋，马红君. 技术并购主体特征、研发投入与并购创新绩效［J］. 科学

学研究, 2016, 34 (8): 1203 - 1210.

[39] 唐清泉, 巫岑. 基于协同效应的企业内外部 R&D 与创新绩效研究 [J]. 管理科学, 2014 (5): 12 - 23.

[40] 魏志华, 曾爱民, 李博. 金融生态环境与企业融资约束——基于中国上市公司的实证研究 [J]. 会计研究, 2014 (5): 73 - 80.

第四章

异质债务对企业 R&D 投资模式
影响的实证研究

一、引　言

中国现处于经济结构需要调整的重要阶段，经济已经进入快速增长的阶段性回落的时期。近年来，为维持经济增长的可持续性，转换经济增长方式，国家采取鼓励企业技术创新的办法。R&D 投资是衡量企业技术创新能力的主要指标，具有资产专用性、不确定性、弱排他占有性等特点。R&D 投资的这些特性使企业在收获利益的同时也承受着巨大的风险，其中资金来源是长期困扰企业 R&D 投资的重要问题。

迈尔（1990）研究了八个国家的企业资金来源，他最终得出结论：第一，内部的资金是企业运行所需资金的主要来源；第二，银行借款是外部资金中的主要来源；第三，即使是在金融市场十分发达的英国和美国，银行借款仍然是非金融行业外部融资的主要来源。[1]因此由债权人提供的资金成为现代企业融资的主要组成。随着经济发展，各大型银行都和企业签订合作协议，强化银行和企业的这种长期战略性关系，各大企业还采取在金融机构（如银行）实行参控股的办法，逐步强化企业与银行的产融关系。同时债券融资各项规定逐渐完善，发行规模逐渐增大。自 2005 年债券融资在社会融资总额中占比超过 5% 后，整体趋于上升趋势，份额远远超过股票融资。在数量上如图 4 - 1 所示，2005 年企业发行债券量为 2 047 亿元，2007 年颁布新办法鼓励债券的发行，当年债券融资额达到 5 059 亿元，2010 年至今企业债券融资额加速递增，2014 年企业发行债券量已经达到 51 173 亿元。截至 2015 年 11 月，我国债券市场已经到达 6.7 万亿美元，显然债券在企业融资中已经起到重要作用。

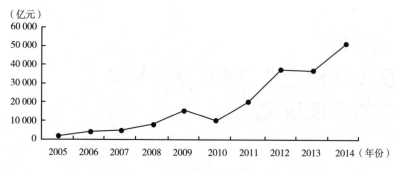

图 4 - 1   2005～2014 年企业债券发行额

资料来源:《中国统计年鉴》。

债务具有异质性,可分为多种类型的债务,如短期借款和长期借款、关系型负债和交易型负债、金融性负债与经营性负债等。基于以上情形,异质债务与企业 R&D 投资的关系值得探讨。本章在大卫等（2008）、温军等（2011）研究的基础上按照债务来源的不同,将债务分为以银行借款为代表的关系型债务和以企业债券为代表的交易型债务。[2,3] 分别研究异质债务与 R&D 投资的关系,并扩展到验证异质债务和技术创新产出的关系。不但债务具有异质性,R&D 投资也具有异质性,本章进一步将 R&D 投资分组,分为突变式创新组和渐进式创新组,并研究关系型债务和交易型债务对他们的影响。

二、文献综述与研究假设

（一）债务异质性与 R&D 投资

在莫迪格莱尼和米勒（2008）指出了 MM 理论后,外部债务融资的问题就成为被广泛关注的焦点,这是因为债务融资行为和债务融资方式的选择深刻影响公司治理。[4] 威廉姆森（1988）认为企业的债务在本质上是相同的,可以不做区分,在这样的背景下,普遍赞同股权融资的治理效应好于债权融资的治理效应,能维持 R&D 投资。[5] 但随着后续研究发展,产生了不同的观点,认为债务是不同质的,崔（2014）等认为,只持有一种类型的债务不是对企业最有利的,想要避免由展期风险而产生的投资扭曲行为,需要持有多种展期日债券的组合。[6] 戴维等（2008）认为债务从本质上看是异质的，像企业债券、商业票据等为代表的交易型债务的投资收益和契约期限明确且固定，像银行借款等为代表的关系型债务的投资收益和契约期限不明确也不固定。[2]债务异质性体现在债务有多种来源结构、规模结构和期限结构。根据来源结构的不同，债务可以细化为银行借款、债券和商业信用等；根据规模结构不同，每个企业具有不一样的资产负债率；根据期限结构不同，债务又可细分成短期债务、中期债务和长期债务（胡建雄和茅宁，2015）。[7]

现有文献从多个角度考虑 R&D 投资的影响因素，如股权结构（Francis and Smith，1995）、分行业公司治理差异（鲁桐、党印，2014）等。[8,9]债务治理对 R&D 投资的影响中，以企业债券为代表的交易型债务与以银行借款为代表的关系型债务在监督机制、适应性和争端解决方式上有显著的差异，温军等（2011）认为 R&D 投资与销售额之比越高，关系型债务占比就越高。[3]但王宇峰和张娜（2014）认为对于银行来说，创新需要的无形资产投资与固定资产投资不同，它的可控性较低，银行随时可能遭受违约的风险，所以银行借款和企业研发投资是负相关关系。[10]肖海莲等（2014）也认为银行借款和企业创新投资呈显著负相关。[11]在债务融资中银行借款所占份额远远超过企业发行债券，成为企业主流的债务融资方式，并且关系型债务和交易型债务都受到债权人的强约束，迫于还本付息产生的压力，经理人不敢轻易把银行借款和债券用在风险大、缺少担保的技术创新项目上，因此本章提出如下假设：

H4 - 1：关系型债务、交易型债务都与 R&D 投资呈负相关。

交易型债权人与关系型债权人具有以下差异：第一，债券的期限固定，如果到期企业不能还本付息，以债券为主的交易型债权人通常会要求债务人破产清算，这会使前期 R&D 投资所积累的成果受到价值贬损（Helfat，1994）。[12]而关系型债权人则不同，给企业提供 R&D 投资的银行与企业存在合作互利的关系，由于预算软约束问题，债权人一般不要求企业破产清算，保留前期贷款，使银行借款期限不固定，可以缓解企业压力。第二，交易型债权人为保护自己的投资，一般会要求企业详细披露他们的研发信息进而易被竞争者模仿，而关系型这种私人债却不强求企业公开信息披露，从而在一定程度上保留了关键信息。对比可知关系型债务比交易型债务更适合 R&D 投资，持续研发的可能性大，因此本章提出如下假设：

H4 - 2：关系型债务对 R&D 投资的负向作用小于交易型债务对 R&D 投资的影响。

（二）债务异质性与 R&D 投资异质性

研发分为研究阶段与开发阶段，研发划分成两种不同类型，突变式创新侧重于研究阶段进行的投入，成本较高、风险较大，容易生产新颖的、有创造力的产品；而渐进式创新侧重于开发阶段的投入，成本低、收益小，目的是稳固和改进已有的产品（Kamien and Schwartz，1978）[13]。其他学者也认为企业 R&D 具有异质性，可分为渐进式创新与颠覆式创新两大类（Henderson and Clark，1990）[14]。

关于债务异质性与 R&D 异质性国内外研究较少，肖海莲（2014）的研究中表明突变式创新投资受到负债融资约束，银行借款和突变式创新具有显著负相关关系，商业信用和突变式创新没有明显关系。[11]刘博（2016）采用专利申请数衡量技术创新，用其中的发明专利变量代理企业创新，发现银行贷款等关系型债务比重与以发明为代表的创新之间呈负相关关系。[15]由于突变式创新的风险高、持续性强，企业到期无法还本付息时，银行债权人由于预算软约束问题，不会要求企业立即破产，而是会延长债务期限，企业虽然资金不足，研发力度受到干扰，但仍可以继续进行突变式创新。与银行债权人不同，在不能还本付息时债券的债权人会直接要求企业破产清算，因此在交易型债务中企业与债权人都要面临很大风险，研究所投资的经费不一定能够得到回报，为了防止企业破产，从事突变式创新的企业更容易选择企业内部资金支持 R&D 投资。因此提出如下假设：

H4 - 3：关系型债务与突变式创新企业的 R&D 投资显著负相关，交易型债务与突变式创新企业的 R&D 投资无显著性关系。

渐进式创新下企业破产压力小，需要外来资金支持以扩大实力，保证技术创新的连续性，肖海莲（2014）认为商业信用与渐进式创新投资正相关，但银行借款负向影响渐进式创新。[11]渐进式创新是企业原有产品的组合改进，债权人可以了解到企业创新的更多信息，减少了创新的风险，因此企业进行渐进式创新的融资约束小于突变式创新，银行借款、债券等债务融资显著影响企业渐进式创新。通过借债进行渐进式创新要比使用内部资金产生的风险更大，企业将谨慎对待 R&D 投资，因此提出如下假设：

H4-4：关系型债务、交易型债务与渐进式创新企业的 R&D 投资都呈显著负相关。

三、研究设计

（一）数据来源

本章所用数据以 2011～2015 年我国深市 A 股主板上市公司为样本，剔除金融业、ST、PT 类的公司，剔除没有专利授权数的样本，剔除没有披露研发费用的样本，总共形成 593 个数据样本。文中企业财务数据主要来自国泰安（CSMAR）数据库和 Wind 数据库，采用 Stata 12.0 和 Excel 进行数据处理。

进一步分析中根据不同的 R&D 投资模式，把总体样本分为两组：一是突变式创新组；二是渐进式创新组，分别研究突变式创新组和渐进式创新组下异质债务与 R&D 投资的关系。本章借鉴钟昌标等（2014）、李小静和孙柏（2015）采用方法，将专利中存在发明授权的定义为突变式创新，将其中存在实用新型授权和外观设计授权的定义为渐进式创新，因此渐进式创新组和突变式创新组具有交叉企业，这些企业又进行突变式创新又进行渐进式创新。[16-18]

（二）模型设计

本章研究关系型债务、交易型债务与 R&D 投资的影响，并验证异质债务与创新技术产出的关系，在对 R&D 投资按突变式创新和渐进式创新分组后，进一步分析关系型债务、交易型债务对 R&D 投资的影响，本章利用以下模型进行实证研究。

（1）关系型债务、交易型债务与 R&D 投资模型（4-1）、模型（4-2）：

$$Rd = \beta_0 + \beta_1 Red(Td) + \beta_2 Roa + \beta_3 Age + \beta_4 Cr + \beta_5 Sale + \beta_6 Size$$
$$+ \beta_7 Ods + \beta_8 TQ + \varepsilon \qquad (4-1)$$

（2）关系型债务、交易型债务与技术创新产出模型（4－3）、模型（4－4）：

$$Patent = \beta_0 + \beta_1 Red(Td) + \beta_2 Age + \beta_3 Cr + \beta_4 Sale + \beta_5 Size + \beta_6 Ods + \varepsilon$$

$$(4-2)$$

（三）变量选择

本章被解释变量包括：（1）R&D 投资：研发费用除以营业收入，记为 Rd；（2）技术创新产出：用专利授权数量表示，记为 $Patent$。解释变量包括：（1）关系型债务：借鉴大卫等（2008）、温军等（2011）等学者的做法，用银行借款与总债务的比表示，记为 Red；（2）交易型债务：用应付债券与总债务的比表示，记为 Td。[2,3]控制变量具体设计如表 4－1 所示。

表 4－1   变量设计

变量类型	变量名称	变量符号	变量操作性定义
被解释变量	R&D 投资	Rd	研发费用/营业收入
	技术创新产出	Patent	专利授权数量
解释变量	关系型债务	Red	银行借款/总债务
	交易型债务	Td	应付债券/总债务
控制变量	盈利能力	Roa	总资产净利润率＝净利润/总资产
	公司年龄	Age	公司上市年限
	股权集中度	Cr	第一大股东持股比例
	销售收入比重	Sale	主营业务收入/总资产
	企业规模	Size	企业总资产的对数
	独立董事比例	Ods	独立董事人数/董事会人数
	托宾 Q	TQ	（流通股市值＋非流通净资产账面价值＋负债账面价值）/总资产

四、实证分析

（一）描述性统计

对样本进行描述性统计，R&D 投资的均值为 0.0288，最大值为 0.1918，最小值为 0.0001，各企业 R&D 投资存在较大差异，同时产出方面 *Patent* 的标准差是 178.3113，企业的专利授权数相差很大，说明很多企业不够重视技术创新，并且企业研发效果也有差异。关系型债务 *Red* 的均值是 0.3092，交易型债务 *Td* 的均值是 0.0452，企业的债务还是以银行借款为主，债券占取少量的部分。其中关系型债务的标准差为 0.2169，关系型债务的波动较大，说明企业对不同债务的选择存在偏好。交易型债务分布也不均匀，最大值是 0.6753，而 25% 和 50% 分位点的数值都是 0，交易型债务主要集中在 75% 分位点以后的部分。对主要变量做多重共线性检验，结果不存在多重共线性，可以进行回归分析。

（二）实证研究

异质债务与 R&D 投资的实证结果如表 4 - 2 所示。表中关系型债务 *Red* 与 R&D 投资在 1% 的水平上显著负相关；交易型债务 *Td* 与 R&D 投资在 10% 的显著水平上负相关，因此 H4 - 1 成立。关系型债务与 R&D 投资的相关系数是 - 0.151，交易型债务与 R&D 投资的相关系数是 - 0.072，关系型债务与 R&D 投资的相关系数更小，相比发行债券，关系性更强的银行借款所带来的负向作用更强，在债务中企业更愿意倾向债券等交易型债务，H4 - 2 不成立。这是"情理之中，意料之外"的，因为企业在实际发行债券的过程中，需要经过相关部门的严格审批，这道程序反映了企业的综合实力，较强的企业进行创新投资更容易收到回报，这在一定程度上减少了 R&D 投资的风险，并且发行债券获得的资金金额大，企业对这部分资金的控制相对自由，企业容易将借债用在创新项目上。截至 2016 年 11 月我国已经有 54 只债券违约，由于法律不完善投资人难以起诉，企业发行债券的违约成本小，减轻了破产清算的压力；而银行对企业的监督作用反而抑制了企业的自由发展，债务人动用资金会受到银行债权人的干扰，因此不容易将借债用在风险较高的创新项目上。表中结果显示异质债务影响了独立董事比例与 R&D 投资的关系，虽然都是负相关，但在关系型债务的模型中独立董事比例与 R&D 投资无显著性关系，不同的借债将会导致企业其他指标也发生变化。

技术创新投资与技术创新产出存在正相关关系，R&D 投资在营业收入中占比越低企业技术创新产出就越少（Schmookler，1996；Wang，2012）[19,20]。

关系型债务、交易型债务都与 R&D 投资负相关，因此关系型债务、交易型债务也负向作用于技术创新产出，且关系型债务的负向约束更强。本文表 4－2 中回归结果印证了这一结论，关系型债务、交易型债务都与技术创新产出在 5% 的显著水平上负相关。

表 4－2　　　　　　　　　异质债务与异质 R&D 投资回归结果

变量	Rd		Patent		突变式创新下 Rd		渐进式创新下 Rd	
	模型 (4－1)	模型 (4－2)	模型 (4－1)	模型 (4－2)	模型 (4－1)	模型 (4－2)	模型 (4－1)	模型 (4－2)
Red	−0.151 *** (−3.35)		−0.083 ** (−2.20)		−0.118 * (−1.84)		−0.177 *** (3.911)	
Td		−0.072 * (−1.71)		−0.076 ** (−1.99)		−0.038 (−0.61)		−0.075 * (−1.72)
Age	0.048 (1.15)	0.066 (1.58)	−0.114 *** (−3.00)	−0.101 *** (−2.69)	−0.011 (−0.18)	0.006 (0.09)	0.054 (1.23)	0.074 * (1.69)
CR	−0.045 (−1.06)	−0.051 (−1.18)	−0.146 *** (−3.75)	−0.149 *** (−3.82)	−0.075 (−1.19)	−0.084 (−1.06)	−0.041 (−0.92)	−0.042 (−0.95)
Sale	−0.115 *** (−2.79)	−0.123 *** (−2.94)	−0.046 (−1.23)	−0.053 (−1.39)	−0.086 (−1.43)	−0.086 (−1.32)	−0.096 ** (−2.23)	−0.112 ** (−2.55)
Size	0.013 (0.28)	0.020 (0.42)	0.475 *** (12.07)	0.480 *** (12.02)	0.013 (0.20)	0.020 (−1.40)	−0.004 (−0.07)	−0.007 (−0.15)
Ods	−0.059 (−1.45)	−0.069 * (−1.68)	0.062 * (1.67)	0.057 (1.54)	−0.102 * (−1.72)	−0.100 * (0.28)	−0.051 (−1.20)	−0.060 (−1.42)
TQ	0.039 (0.82)	0.077 (1.65)			0.028 (0.40)	0.056 (−1.69)	0.028 (0.53)	0.053 (0.99)
ROA	−0.021 (−0.48)	0.015 (0.36)			−0.022 (−0.36)	0.003 (0.04)	−0.054 (−1.06)	0.006 (0.12)
cons	−0.000 (−0.00)	−0.000 (−0.00)	−0.000 (0.00)	0.000 (0.00)	0.000 (0.00)	0.000 (0.00)	−0.000 (−0.00)	−0.000 (−0.00)
r^2	0.054	0.041	0.207	0.206	0.043	0.033	0.055	0.036
r^2_a	0.041	0.028	0.199	0.198	0.016	0.005	0.041	0.021
N	593	593	593	593	290	290	549	549
F	4.178	3.099	25.487	25.305	1.574	1.186	3.911	2.499

注：括号内为 t 值；***、**、* 分别表示在 1%、5% 和 10% 的统计水平上显著。

（三）进一步分析

进一步根据 R&D 投资的异质性，将总体样本分为渐进式创新组和突变式创新组。异质债务对 R&D 投资模式的影响如表 4 - 2 所示，在突变式创新下，关系型债务与 R&D 投资在 10% 的显著水平上负相关，交易型债务与 R&D 投资没有显著性关系。因为突变式创新研发力度强，需要的周期长、风险高，企业在没有充足资金的情况下不愿意尝试突变式创新，而债券期限固定、收益明确，为了保证企业能够连续地营运不遭受破产，企业不会根据债券融资去考虑突变式创新的力度，突变式创新的 R&D 投资更倾向企业内部资金，假设 4 - 3 成立。渐进式创新下关系型债务 Red 与 R&D 投资在 1% 显著水平上负相关，交易型债务 Td 与 R&D 投资在 10% 显著水平上负相关，假设 4 - 4 成立。对 R&D 分组后与总样本联合比较，无论是在突变式创新组还是渐进式创新组，交易型债务与 R&D 投资的相关系数都大于关系型债务与 R&D 投资的相关系数，所以比起银行借款，企业容易用债券来进行 R&D 投资。

根据表 4 - 2 的分组结果，渐进式创新下异质债务与 R&D 投资都显著负相关，而突变式创新下交易型债务与 R&D 投资没有明显相关性，并且关系型债务与 R&D 投资的显著性也较弱，这说明债务融资主要影响渐进式创新，企业在借债的时候，会降低渐进式创新的力度，减少外债给企业带来的压力，规避风险。由此考虑 R&D 异质性来做研究是十分重要的，这也与卡米恩和施瓦茨（1978）等的思想相同。[13] 如果不区分 R&D 的异质性，债务融资与 R&D 投资的研究无论是在实证结果上还是在理论上都缺乏科学性，企业在实践中容易偏离预期的目标。

（四）稳健性检验

为证实以上结论，对总样本和分组样本进行稳健性检验，选用研发费用与总资产的比值替代研发费用与营业收入的比值，去掉控制变量中的销售收入比重，并加入营业收入增长率，即用本年营业收入和上年营业收入的差除以上年营业收入表示。稳健性检验回归结果与前文结论一致，回归结果具有可靠性。

五、结　论

本章考察了异质债务对 R&D 投资模式的影响，分析了异质债务与异质 R&D 的交叉影响，研究结果表明：（1）根据债务来源不同区分债务，以银行借款为主的关系型债务和以债券为主的交易型债务都与 R&D 投资显著负相关，但银行的强监督作用与使用债券所得资金的自由性相比，银行借款的负向作用更强。并且异质债务与技术创新产出的关系和以上结论相同。（2）关系型债务与突变式创新下的 R&D 投资呈显著的负相关，交易型债务与突变式创新下的 R&D 投资无显著性关系。（3）关系型债务、交易型债务与渐进式创新下的 R&D 投资显著负相关，且交易型债务的负向影响小，渐进式创新企业选择交易型债务产生的压力小，创新容易产生短期效果，从而保证债权人与债务人之间的信任关系。

为保证可持续发展，企业需要公司治理这种完善的机制保障企业进行技术创新（O'Sullivan，2000；Belloc，2012），而企业要进行技术创新，资金是成功的关键。[21,22]当内部资金不足以支撑企业创新时，银行借款、债券等债务融资也将影响债务人的决策。企业选择银行借款将明显抑制 R&D 投资，而发行债券可以减缓这种抑制行为，因此创新企业可以减少与银行的合作，加大债券的发行。虽然发行债券审批程序复杂，对企业要求较高，但近年来国家在各项政策上也在鼓励企业发行债券，促进经济增长。同时银行应当完善管理制度，加快形式转变，通过适当的监督审核鼓励企业自主创新进而共同获利。债务对突变式创新作用不明显，突变式创新获得的收益大，是企业根本上创新的重要方法，后续研究应当继续寻找能促进突变式创新的因素，为企业选择不同的技术创新模式提供良好参考。

参考文献

［1］Mayer C. Financial Syatems, Corporate Finance and Economic Development ［M］. in G. Hubard（ed.），Asymmetric Information, Corporate Finance and Investment, Chicago：The University of Chicago Press，1990.

［2］David P，O'Brien J，Yoskikawa T. The Implicatiopns of Debt Heterogeneity for R&D Investment and Firm Performance ［J］. Academy of Manafement Journal，2008，51

（1）：165 – 181.

［3］温军，冯根福，刘志勇. 异质债务、企业规模与 R&D 投入 ［J］. 金融研究，2011（1）：167 – 181.

［4］Modigliani F，Miller M. The Costof Capital，Corporation Finance，and the Theory of Investment ［J］. American Economic Review，1958（48）：261 – 297.

［5］Williamson O E. Corporate Finance and Corporate Governance ［J］. Journal of Finance，1988（43）：567 – 591.

［6］Choi J，Hackbarth D，Zechner J. Granularity of Corporate Debt ［R］. University of lllinois at Urbana，2014.

［7］胡建雄，茅宁. 债务来源异质性对企业投资扭曲行为影响的实证研究 ［J］. 管理科学，2015，28（1）：47 – 57.

［8］Francis J，Smith A. Agency Costs and Innovation：Some Empirical Evidence ［J］. Journal of Accounting and Economics，1995，19（3）：383 – 409.

［9］鲁桐，党印. 公司治理与技术创新：分行业比较 ［J］. 经济研究，2014（6）：115 – 128.

［10］王宇峰，张娜. 政治联系、债务融资与企业研发投入——来自中国上市公司的经验证据 ［J］. 财经理论与实践，2014，35（189）：60 – 64.

［11］肖海莲，唐清泉，周美华. 负债对企业创新投资模式的影响——基于 R&D 异质性的实证研究 ［J］. 科研管理，2014，35（10）：77 – 85.

［12］Helfat C E. Firm-Specificity in Corporate Research and Development ［J］. Organization Science，1994（5）：173 – 184.

［13］Kamien M I，Schwartz N L. Self-Financing of an R&D Project ［J］. American Economic Review，1978，68（3）：252 – 261.

［14］Henderson R M，Clark K B. Architectural Innovation：The Reconfiguration of Existing Product Technologies and the Failure of Established Firms ［J］. Administrative Science Quarterly，1990，35（1）：9 – 30.

［15］刘博. 债务融资方式会影响企业创新吗？——来自 A 股上市公司的实证研究 ［J］. 金融发展研究，2016（2）：9 – 16.

［16］Arndt O，Sternberg R. Do Manufacturing Firms Profit from Intraregional Inovation Linkages? An Empirical based Answe ［J］. European Planning Studies，2000，8（4）：465 – 485.

［17］钟昌标，黄远浙，刘伟. 新兴经济体海外研发对母公司创新影响的研究——基于渐进式创新和颠覆式创新视角 ［J］. 南开经济研究，2014（6）：91 – 104.

［18］李小静，孙柏. 政府干预对新兴企业技术创新的影响研究——基于负二项式

模型 ［J］. 华东经济管理，2015，29（9）：159 - 164.

［19］Schmookler J. Invention and Economic Growth ［M］. Cambridge，Mass：Harvard University Press，1966.

［20］Wang C，Hong J，Kafouros M. What Drives Outward FDI of Chinese Firms? Testing the Explanatory Power of Three Theoretical Frameworks ［J］. International Business Review，2012，21（3）：425 - 438.

［21］O'Sullivan M. The Innovative Enterprise and Corporate Governance ［J］. Cambridge Journal of Economics，2000，24（4）：393 - 416.

［22］Belloc F. Corporate Governance and Innovation：a Survey ［J］. Journal of Economic Surveys，2012，26（5）：835 - 864.

|第五章|
第二类代理成本、股权制衡度与研发投入

一、引　言

　　科技创新是国家和企业发展的驱动力，近些年，中国的研究与试验发展（research and development，R&D）投入持续增加，2015 年全国 R&D 经费支出与 2007 年相比增长 280%，2015 年企业的 R&D 经费支出是 2007 年的 4 倍（见图 5 - 1），中国逐步提高对创新的重视水平。1995 年中国的科技规划提出企业进行研发的人、财、物投入比率要达到 50%，2015 年，企业投入研发经费与使用研发经费的比重分别为 76.6%、74.6%（数据来源于国家统计局网站），可见企业是创新体系中最具实力的执行者。熊彼特[1]认为创新是将因素与环境的"新组合"带入制造系统，创新具有风险高、时间长、收益不确定等特性，所以进行创新的成本很高。[2]企业通过 R&D 会有如下益处：（1）研发可以有效控制公司产品的人工、材料成本；（2）研发活动产生的新产品和服务可以被公司用来满足顾客需求，进而扩大市场规模。公司得以良性运行，靠的是一套良好的制度蓝图，即公司治理，公司治理是公司进行技术创新的制度基础。[3,4]一套优秀的公司治理制度能够减轻 R&D 活动中的信息不对称程度和代理成本，减弱其负面影响。[5]所以公司治理是公司可持续发展的重要保障。代理成本在广义上分为两种，"第一类代理成本"（股东和经理层的代理问题）和"第二类代理成本"（大股东与中小股东的代理问题）。现代公司治理的基本研究模式以股权分散体系下由所有权与经营权分离引出的第一类代理关系为基础，[6]但越来越多的研究发现在中国等新兴市场国家普遍存在股权集中现象，第二类代理问题才是焦点。因为中国公司的股权集中程度较高，所以控股股东掌握控制权，即产生"内部人交易"，中小股东们很难对公司产

生重大影响，大股东侵犯中小股东利益从而获得私人收益，产生终极剥夺，而股权制衡（其他大股东占有较高的股权）代表其他大股东拥有监督大股东的动力，能够增大控股股东谋取控制权私人收益的代价，减轻第二类代理问题，进而使公司加大创新投入力度。

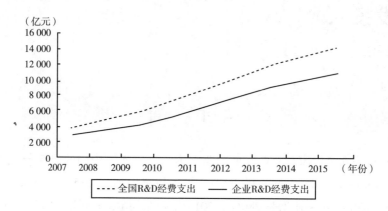

图 5 – 1　全国及各类企业 R&D 经费支出（2007～2015 年）
资料来源：国家统计局网站。

本章的研究贡献在于：（1）在研究角度上，本文建立"第二类代理成本、股权制衡度、公司 R&D 投入"的研究思路，立足于公司发展的长远目标，探讨公司 R&D 投入的影响因素，丰富了公司治理与 R&D 投入的研究成果；（2）本章以实际控制人类型、两权偏离程度、股权制衡程度三种标准对样本进行分组，进一步验证第二类代理成本、股权制衡度对 R&D 投入的影响，结果显示实际控制人为"非国有"性质的公司中，第二类代理成本、股权制衡度对 R&D 投入的影响更大；两权产生偏离的公司中，其他应收款占比、股权制衡度对 R&D 投入的影响更显著；股权制衡程度低的公司中，第二类代理成本对 R&D 投入的负面作用更明显。本章安排如下：首先是理论分析并提出假设，之后依次是数据来源与研究设计、实证检验结果分析、稳健性检验、结论与启示。

二、理论分析与提出假设

所有权与控制权的分离引出了一系列关于第一类代理问题的经典研究，[7,8]由于所有者和经营者是不同的利益主体，二者之间难免存在摩擦甚至冲突，这就需要设计一套相应的制度安排，使企业所有者基于自身利益对经营者行为进行监督和激励，公司治理问题应运而生。学者们随着研究的深入逐渐发现，公司股权结构并不高度分散；相反，股权集中的现象普遍存在。近十几年来的大量研究也证明，除少数国家的股权结构符合高度分散的原则外，新兴市场国家普遍存在股权集中现象，[9] 除了高度分散的股权结构外，还有一种更常见的股权结构——股权集中。[10] 另外，股权结构对代理问题的调节有显著成效。[11] 马立行（2013）[12] 指出，中国上市公司前五大股东的股权集中度明显高于国际水平。在所有权集中的环境里，大股东拥有管理公司的能力，可以消除或减弱"搭便车"行为。在控制权与现金流权偏离度较大的情况下，大股东为了获取控制权私有收益，往往会侵占中小股东的利益。通过变动经营投资方向来获取控制性资源和进行利益掏空和挖掘，导致外部中小股东们和大股东产生利益冲突。针对大股东获取控制权私人收益的行为，有必要引入股权制衡机制，这样可以对大股东进行制衡，遏制大股东获取控制权私人收益的隧道行为。企业可以有更多的资源用于创新，而不是被大股东掏空和挖掘，进而可以降低第二类代理成本对研发的挤出效应。

（一）第二类代理成本与公司 R&D 投入

大股东充分掌握了公司的控制权，中小股东缺乏董事会发言权，不能真正参与到公司的重大决策中，大股东利用其权利做出资产转移、财务低价出售、担保抵押等侵害中小股东们权益的行为，进而产生"第二类代理成本"问题。学者们基于中国企业的数据研究发现，这些一股独大的企业存在更加严重的"隧道挖掘"行为，主要形式是实际控制人侵占公司的应收款和其他应收款。[13] 林秀清、赵振宗（2008）[14] 观察到，第一大股东挪用公司资源、掠夺中小股东权益的侧重点是其他应收款，监督管理公司治理架构的过程中，对照账簿科目的余额，遏制大股东对上市公司的财产挪取行为，维护中小投资者的利益是关键目标。一些学者利用 27 个公司数据追踪了企业的终极控制人，提出了终极控制人理论。还有学者在针对东亚地区的实证研究中发现，企业价值与控制权和现金流权的分散程度呈负向关系，这种负相关被解释为终极控制人侵占中小股东利益的证明。[15] 利用链条级集团控制结构、企业间相互参股等间接方式，终极控股股东对上市公司进行实际控制,导致了控制权和现金流权的分离。在金字塔结构持股形式下,终极控制人通过关联方之间的内幕交易方式,侵害了中小股东的利益。很大一部分中国公司存在金字塔结构,股权结构的集中形态很明显。公司系族的存在导致实际控制人的现金流权与控制权分离,从而形成控股股东剥削其他股东的局面。中国针对终极控制人的大多数实证研究以民营企业为主,集中探讨两权偏离对公司绩效、价值的作用。陈金勇(2013)[16]认为两权偏离对企业自主创新有显著的侵占效应,能明显扭曲创新效率,当两权偏离超过一定程度时,这种侵占效应会导致自主创新呈现负效率。左晶晶等(2013)[17]认为,第二类代理问题越严重,上市公司研发投入越低,被第二类代理问题左右的企业,会缺少进行连续高水平创新投入的动力。因此,本章提出如下假设:

H5-1:第二类代理成本与公司 R&D 投入负相关。

(二)股权制衡度与公司 R&D 投入

近年来,学者们讨论的焦点话题之一即如何抑制大股东的机会主义行为,一个重要方法是股权制衡。股权制衡是指多位大股东共同持有公司所有权并相互制约与监督,造成某一位或几位大股东不能完全操纵企业活动。股权制衡度越高,大股东越能有效地督导管理者,同时也能防止大股东进行利益侵占,这对 R&D 投资行为是有正向作用的。当股权制衡度增大时,前几大股东持股比率差距减小,他们争取公司的控制权和阻碍 R&D 投资的行为受到妨碍。股权制衡可以改善股东层面的治理,减少利益攫取行为。[18]企业通过股权制衡机制,能够解决代理问题给经营和研发带来的问题,提高公司治理效率。手持一定股权份额的制衡股东,更有积极性监管、督促经理人的管理。杨建君(2014)[19]发现,股权制衡程度高的企业可以降低研发相关的签约成本和代理成本,在研发投入和专利产出上占据优势。股权制衡增加了"隧道行为"的侵占成本,进而减少这种行为发生,将更多的资金和优质资产留在企业内部,降低融资约束,企业更有财力进行研发。上市公司存在多个大股东时会制约实际控制人的掠夺行径,其余大股东也会受到相应约束,大股东之间的互相控制与监督,使得多个大股东的侵占行为较少发生(唐建新等,2013)。[20]同时,受到监督的控股股东会将注意力集中于公司的长久发展,在公司的健康成长中获取正当利益，公司的代理成本得以降低，进而促进公司研发决策。因此，本章提出如下假设：

H5－2：股权制衡程度与公司 R&D 投入正相关。

三、数据来源与研究设计

（一）样本选取

本章运用 2013～2015 年上海证券交易所的 A 股上市公司为研究样本，并进行筛选：（1）剔除金融类、房地产类公司；（2）扣除连续亏损的企业，如 ST、PT 公司；（3）剔除数据不全的公司。数据来自国泰安（CSMAR）数据库和 Wind 数据库，并结合企业网站对企业年报等数据进行补充和验证，整理后为 1454 个样本观测值，数据处理采用 Stata 12.0 等统计软件。

（二）模型构建

为检验 H5－1 和 H5－2，本章构建如下研究模型。为检验第二类代理成本对研发投入的影响，本章引入两个变量测量第二类代理成本，分别为其他应收款占比（accrt）、两权偏离度（separation）。

$$rd = \alpha_0 + \alpha_1 \times accrt + \alpha_2 \times seperation + \alpha_3 \times dr10$$
$$+ \sum \alpha_4 \times control + \varepsilon \qquad (5-1)$$

$$rd = \alpha_0 + \alpha_1 \times accrt + \alpha_2 \times dr10$$
$$+ \sum \alpha_3 \times control + \varepsilon \qquad (5-2)$$

$$rd = \alpha_0 + \alpha_1 \times seperation + \alpha_2 \times dr10$$
$$+ \sum \alpha_3 \times control + \varepsilon \qquad (5-3)$$

（三）变量设计

1. 被解释变量

研发强度的测度常采用 R&D 经费支出与反映企业规模的某一个指标的比值，其反映的是企业在 R&D 投入方面的实力。国际经合组织判断知识、技术密集型企业的标准是 R&D 强度，中国科技部的鉴定标准之一也是 R&D 强度。本章采用年度研发费用比总资产来衡量创新强度，用 rd 来表示。

2. 解释变量

（1）其他应收款占比（accrt）：度量第二类代理成本的第一个指标是其他应收款与总资产的比值。该变量值越大，表明控制人的"掏空"行为越严重，大股东与小股东的代理问题越严重。（2）两权偏离度（separa-tion）：两权偏离度又被定义为大股东侵占度，已有的学术文章主要采纳以下两种测度方式衡量两权偏离度：一是根据现金流权占比与控制权占比的比值：一般情况下，控制权要大于现金流权，所以该变量的取值在 0 与 1 之间，比值越接近 0，代表两权偏离度越大，当比值与 1 相等时两权相等，即现金流权与控制权未产生分离；二是用控制权比例减现金流权比例，该变量数值越大，现金流权与控制权偏离水平越大，相减的最小得数为 0，证明两权未分离。本章选用第二种衡量方法。（3）股权制衡度（dr10）：本章采取上市公司第二至第十大股东持有股票总数量与第一大股东持有股票数量之比作为股权制衡度的测量变量。

3. 控制变量

（1）上市时间（time）：公司自首次上市至 2015 年 12 月 31 日的总天数；（2）资产负债率（lev）：总负债账面值与总资产账面值的比值；（3）管理层薪酬（pay）：管理层薪酬的自然对数；（4）托宾 Q（tobinq）：市值/总资产；（5）实际控制人类型（state）：根据公司实际控制人类别的不同分为"国有"和"非国有"，分别用 0 和 1 表示。

变量设计如表 5 - 1 所示。

表 5 - 1 变量设计

变量类型	变量名称	符号	计算方法
被解释变量	研发强度	rd	研发费用/总资产
解释变量	其他应收款占比	accrt	其他应收款/总资产
	两权偏离度	separation	控制权 - 现金流权
	股权制衡度	dr10	第二至第十大股东持股比例之和/第一大股东持股比例

续表

变量类型	变量名称	符号	计算方法
控制变量	上市时间	time	公司上市的天数
	资产负债率	lev	总负债账面值/总资产账面值
	管理层薪酬	pay	管理层薪酬的自然对数
	托宾 Q	tobinq	市值/总资产
	实际控制人类型	state	虚拟变量："国有"为 0，"非国有"为 1

四、实证检验

（一）描述性统计

回归之前考察了模型中变量间的多重共线性问题，发现模型中的被解释变量与解释变量及控制变量间的方差膨胀因子（VIF 值）均小于 2，表明模型不具有多重共线性，对回归结果没有显著影响。主要变量的描述性统计结果如表 5-2 所示，分析如下：被解释变量方面，研发强度（rd）的均值、中位数分别为 0.0165、0.0118，都不足 0.03，说明创新强度有待提高；研发强度的最大值为 0.2624，是均值的 15 倍，且标准差为 2.1581，说明研发强度分布分散，公司间研发投入区别大。解释变量方面，其他应收款占比（accrt）的均值达到 0.0181，两权偏离度（separation）的均值为 5.7748，样本公司的两权偏离情形比较严峻。两权偏离的数值有 0 存在，意味着某些公司运用的经营手段是直接控制，并没有采用分离两权的隐蔽方式；两权偏离的最大值为 43.34，大大高于均值，揭示出某些公司为牟求控制权私有利益而采用隐匿手段的事实。股权制衡度（dr10）的均值为 0.632，明显小于 1，代表样本公司中第一大股东持股数量占比较大，股权分散甚至制衡的环境在中国仍不常见。控制变量方面，资产负债率（lev）均值为 0.5519，公司的负债比例较高。托宾 Q（tobinq）的均值为 1.7817，表明公司的成长性良好。实际控制人类型（state）的均值为 0.3755，中位数为 0，说明国有控股公司占整个样本上市公司的 62.45%，拥有主体地位。

表5-2   描述性统计分析

变量	均值	标准差	中位数	最大值	最小值	样本量
创新强度	0.0165	2.1581	0.0118	0.2624	0.000001	1 454
其他应收款占比	0.0181	0.0369	0.01	0.82	0	1 454
两权偏离度	5.7748	8.3556	0	43.34	0	1 454
股权制衡度	0.632	0.6334	0.4316	4.6712	0.0077	1 454
上市时间	5 408.81	1 952.84	5 482	9 143	688	1 454
资产负债率	0.5519	1.676	0.5065	63.971	0.035	1 454
管理层薪酬	14.263	0.6904	14.254	17.352	11.695	1 454
托宾Q	1.7817	2.1431	1.3415	54.284	0.091	1 454
实际控制人类型	0.3755	0.4844	0	1	0	1 454

（二）全样本回归

总样本回归中，被解释变量 R&D 投入（rd）与衡量第二类代理成本的其他应收款占比（accrt）、两权偏离度（separation）负相关，其中，R&D 投入与其他应收款占比（accrt）在 1% 的水平上呈显著负向关系，验证了假设 5-1，说明控制性大股东对上市公司的掏空越严重，第二类代理成本越高，公司 R&D 投入越少；R&D 投入与股权制衡度（dr10）在 1% 的水平上呈显著正向关系，说明股权越制衡，R&D 投入越多，验证了假设 5-2。模型（5-2）中，被解释变量 R&D 投入（rd）与其他应收款占比（accrt）在 1% 的水平上显著负相关，与股权制衡度（dr10）在 1% 的水平上显著正相关。模型（5-3）中，被解释变量 R&D 投入（rd）与两权偏离度（separation）负相关，关系并不显著，在一定程度上说明两权偏离度越大，现金流权越小，终极控制人转移资源的成本越小，掠夺动机越强烈，即第二类代理成本越明显，越不利于公司研发投入。被解释变量 R&D 投入（rd）与股权制衡度（dr10）在 1% 的水平上呈显著正向关系，股权制衡结构使得决策者更加关心公司的长久发展，从而对风险较高且见效慢但成效大的 R&D 投资有一定的促进作用。全样本回归如表5-3所示。

表5-3　　　　　　　　　　　　全样本回归

变量	模型（5-1）	模型（5-2）	模型（5-3）
accrt	-0.076 *** （-3.06）	-0.075 *** （-3.05）	
separation	-0.007 （-0.26）		-0.002 （-0.07）
dr10	0.092 *** （3.08）	0.093 *** （3.17）	0.093 *** （3.12）
time	-0.065 ** （-2.48）	-0.065 ** （-2.53）	-0.073 *** （-2.80）
lev	-0.234 *** （-7.57）	-0.234 *** （-7.59）	-0.231 *** （-7.47）
pay	0.167 *** （6.67）	0.167 *** （6.67）	0.174 *** （6.94）
tobinq	0.372 *** （11.76）	0.372 *** （11.81）	0.368 *** （11.60）
state	0.041 （1.49）	0.039 （1.47）	0.037 （1.32）
常数项	0.000 （0.00）	0.000 （0.00）	0.000 （0.00）
r^2	0.143	0.142	0.137
r^2_a	0.137	0.138	0.132
N	1 454	1 454	1 454
F	26.670	30.015	28.666

注：括号内为 t 值；*** 、** 分别表示在1% 、5%的统计水平上显著。

（三）进一步分析

为了进一步分析第二类代理成本、股权制衡程度对 R&D 投入的影响，本章按照实际控制人性质（state）分为"国有""非国有"两组样本，分组的回归结果如表5-4所示。R&D 投入与其他应收款占比、两权偏离度为负相关，与股权制衡度指标呈正相关，且当实际控制人为"非国有"时，R&D 投入与其他应收款占比的回归结果更显著，且系数绝对值更大，说明在实际控制人是非国有性质的公司中，第二类代理成本、股权制衡程度对 R&D 投入的影响更大。拥有"国有"性质实际控制人的公司，股权制衡度与 R&D 投入的回归结果不显著，其他大股东在推动公司 R&D 投入方面可能形同虚设。在控制权高度集中、存在"一股独大"的公司中，制衡股东易与控股股东达成合谋，这种合谋的存在，降低了终极控制人运用"隧道行为"的难度和成本，进而负向影响公司的研发和成长。本章分析原因如下：一是拥有"非国有"实际控制人的企业危机意识较强。因为缺少中央和地方政府的扶植和优惠政策，以及与"国有"性质实际控制人的企业相比，这类企业的内部缺乏优势资源，若经营出现危机，通过政府的荫蔽获得贷款的难度较大，这为企业造成很大的生存和发展压力，所以必须鼓励创新，通过自立自强争取长久发展。二是"非国有"实际控制人性质公司的管理者的个人才华与努力程度是晋升的必要条件。管理者是公司创新的发动者和推动者，"非国有"性质实际控制人的公司经理人只有单一的商业身份，他的个人价值与创新成果和公司发展潜力息息相关。三是拥有"非国有"性质实际控制人的企业在创新投入项目上拥有充足的激励机制。研发人员是创新活动的具体执行者和实践者，"非国有"实际控制人性质公司的研发人员报酬较高，激励机制使得他们有对公司技术进步提出建设性意见的动力。

表 5 – 4 组 1 回归

| 变量 | 分组 1 | | | | | |
| | 实际控制人类型为"国有" | | | 实际控制人类型为"非国有" | | |
	模型（5 – 1）	模型（5 – 2）	模型（5 – 3）	模型（5 – 1）	模型（5 – 2）	模型（5 – 3）
accrt	− 0.086 *** （− 2.60）	− 0.085 *** （− 2.57）		− 0.114 *** （− 2.84）	− 0.114 *** （− 2.85）	
separation	− 0.017 （− 0.51）		− 0.009 （− 0.26）	− 0.005 （− 0.11）		− 0.002 （− 0.05）
dr10	0.026 （0.65）	0.027 （0.69）	0.032 （0.80）	0.085 ** （2.06）	0.086 ** （2.16）	0.085 ** （2.06）
控制	控制	控制	控制	控制	控制	控制
r^2	0.055	0.055	0.048	0.141	0.141	0.128
r^2_a	0.049	0.050	0.043	0.133	0.135	0.164
N	908	908	908	546	546	546
F	8.787	10.501	9.129	17.768	22.248	19.926

注：括号内为 t 值；*** 、** 分别表示在 1%、5% 的统计水平上显著。

为检验两权偏离是否在第二类代理成本、股权制衡程度方面对 R&D 投入产生影响，本研究按照偏离程度（separation）分为"两权偏离度为0"组和"两权偏离度大于0"组。公司控制权与现金流权未分离，即两权偏离度大于0；控制权大于现金流权，两权呈偏离状态，即两权偏离度等于0，分组的回归结果如表5-5所示。当两权偏离度为0时，R&D 投入与其他应收款占比在10%的水平上负相关，与股权制衡度在5%的水平上正相关；当两权偏离度大于0时，R&D 投入与其他应收款占比在1%的水平上显著负相关，与股权制衡度在1%的水平上显著正相关。此结果说明在两权已经产生偏离的公司，其他应收款占比越高，R&D 投入越少；股权的制衡程度越高，公司中的 R&D 投入越多。终极控制人的控制权与现金流权偏离时，会引起终极控制人剥夺小股东的利益，此时终极控制人及控股股东会维护其掠夺的利益，逃避创新需要承担的高风险，致使公司的 R&D 投入减少。

表 5-5　　　　　　　　　　　组 2、组 3 回归

变量	分组 2		分组 3	
	两权偏离度为 0	两权偏离度大于 0	股权制衡度小于 1	股权制衡度大于等于 1
accrt	-0.059 * (-1.69)	-0.097 *** (-2.68)	-0.089 *** (-3.17)	-0.058 (-1.07)
separation			0.004 (0.13)	0.000 (0.00)
dr10	0.099 ** (2.32)	0.109 *** (2.61)		
控制	控制	控制	控制	控制
r^2	0.129	0.163	0.133	0.183
r^2_a	0.119	0.153	0.127	0.160
N	776	678	1 155	299
F	14.147	16.268	21.948	8.110

注：括号内为 t 值；***、**、* 分别表示在1%、5%和10%的统计水平上显著。

为检验 R&D 投入是否受股权制衡程度和第二类代理成本影响，本章将第二至第十大股东持股总量与第一大股东持股数量的比值（dr10）与1进行比较，回归结果如表5-5所示。当股权制衡度小于1时，R&D 投入

与其他应收款占比在1%的水平上显著负相关，说明在股权制衡较差的公司中，第二类代理成本更加严重，对公司 R&D 投入的消极作用更大。

五、稳健性检验

进行稳健性检验的方法是采取替代变量，以"超额控制权"替代"两权偏离度"，计算公式为（控制权—现金流权）/控制权，回归结果如表5-6所示。合理控制权私有利益与超额控制权私有收益共同组成控制权私人收益，中小股东的利益因超额控制权私有收益的掠夺性特点而受到损害。终极控制人的超额控制权和其与投资者的代理问题呈正向关系，控制权越大，终极控制人掠取超额控制权私人收益的可能性越大，从而影响公司 R&D 投入。回归结果大体符合主回归，证明研究结论具有稳健性。

表 5-6 稳健性检验

变量	模型（5-1）	模型（5-3）
sep1	-0.006 （-0.23）	-0.005 （-0.19）
accrt	-0.075*** （-3.05）	
dr10	0.092*** （3.14）	0.093*** （3.15）
控制	控制	控制
r^2	0.143	0.137
r^2_a	0.137	0.132
N	1 454	1 454
F	26.668	28.671

注：括号内为 t 值；*** 表示在1%的统计水平上显著。

六、结论与启示

严重的第二类代理问题是影响 R&D 投入的原因之一，减轻第二类代理成本对公司 R&D 投入的负面影响，要大力推进混合所有制改革，或者可以通过减少企业与企业间的相互参股数量，优化上市公司的多链条、多层级集团控制结构，减少实际控制人的控制层数和实际控制人占用其他应收款形式的资金。在公司股权结构中需改变固有的大小股东"两极分化"型状况，使股权结构变得多元、分散、合理。为保证 R&D 活动的质量得到进一步提升，中国公司要维持住控制权、现金流权的适度分离，过高的股权集中度在当下来看弊大于利。另外，在确保非国有法人持股为主体的前提下，使国家、法人、个人股三股结合，形成多样性质的股东互相制衡的局面。

此外，考虑到外部机制，公司进行 R&D 活动还受到国内法律环境的影响。法律制度越健全，创新投资决策者的利益受保护程度的系数越高，即控制权私人收益受到抑制的可能性越高，那么第二类代理成本就会相应降低，公司会放心将资金投入到创新活动中来。如确保法院能够尽快处理在创新活动中小股东们控告大股东违反法律、侵犯其权利的起诉案件，并能确保违法的大股东能够如数偿还对小股东们的利益赔偿。另外，也应建立健全信息披露，搭建上市公司、投资者和社会公众沟通信息的桥梁，详尽、迅速、精确披露关联交易事项，努力将信息不对称水平降到最低，为创新执行者们提供最精准有效的决策信息。目前，中国的公司治理还在不断完善的进程中，有必要对公司的股东和经理人进行诚信教育，对他们进行正确企业价值观的宣传；或者通过社会对具有良好声誉的企业进行大力宣传，使这些企业管理层赢得心理满足，从无形中督促其行为遵守企业伦理，减少大股东对中小股东利益的掠夺，减轻第二类代理成本，最终达到大小股东间的双赢。

参考文献

［1］约瑟夫·熊彼特. 经济发展理论［M］. 郭武军，译. 北京：华夏出版社，2015.

［2］孔祥浩，许赞. 政产学研协同创新"四轮驱动"结构与机制研究［J］. 科技进步与对策，2012，29（22）：15 – 18.

［3］O'Sullivan M. The Innovative Enterprise and Corporate Governance［J］. Cambridge Journal of Economics，2000，24（4）：393 –416.

［4］鲁桐，党印. 公司治理与技术创新：分行业比较［J］. 经济研究，2014（6）.

［5］任海云. R&D 投入与企业绩效关系的调节变量综述［J］. 科技进步与对策，

2011, 28 (3)：155 – 159.

[6] La Porta R, et al. Corporate ownership around the world [J]. Journal of Finance, 1999, 54 (2)：471 – 517.

[7] 陈志军, 赵月皎, 刘洋. 不同制衡股东类型下股权制衡与研发投入——基于双重代理成本视角的分析 [J]. 经济管理, 2016, 3 (3)：58 – 66.

[8] Jensen M C, Meckling W H. Theory of the firm：Managerial behavior, agency costs, and ownership structure [J]. Journal of Financial Economics, 1976, 3 (4)：305 – 360.

[9] Jensen M C. Agency cost of free cash flow, corporate finance, and takeovers [J]. American Economic Review, 1986, 76 (2)：323 – 329.

[10] La Porta R, F Lopez-de-silanesb, A Shleifer, R W Vishny. Investor Protection and Corporate Governance [J]. Journal of Financial Economics, 2000, 58 (1 – 2)：3 – 27.

[11] Claessens S et al. The separation of ownership and control in East Asian corporations [J]. Journal of Financial Economics, 2000, 58 (1)：81 – 112.

[12] 马立行. 中国上市公司股权集中度变化趋势的实证研究 [J]. 上海经济研究, 2013 (3)：109 – 116.

[13] Jiang G, Lee C M C, Yue H. Tunneling through Interoperate Loans：The China Experience [J]. Journal of Financial Economics, 2010, 98 (1)：1 – 20.

[14] 林秀清, 赵振宗. 大股东资金占用和公司绩效：来自其他应收款的证据 [J]. 上海金融学院学报, 2008, 2 (1)：73 – 79.

[15] Claessens S, Djankov S, Fan J P H, et al. Disentangling the Incentive and Entrenchment Effects of Large Shareholdings [J]. Journal of Finance, 2002 (6)：2741 – 2771.

[16] 陈金勇, 汤湘希, 赵华, 等. 终极所有权结构差异、两权分离程度与自主创新 [J]. 山西财经大学学报, 2013, 10 (35)：81 – 91.

[17] 左晶晶, 唐跃军, 眭悦. 第二类代理问题、大股东制衡与公司创新投资 [J]. 财经研究, 2013, 4 (39)：38 – 47.

[18] Peng W Q, Wei K C J, Yang Z. Tunneling or Propping：Evidence from Connected Transactions in China [J]. Journal of Corporate Finance, 2011, 17 (2)：306 – 325.

[19] 杨建君. 大股东控制与技术创新间关系的研究综述 [J]. 科技管理研究, 2014 (4)：204 – 210.

[20] 唐建新, 李永华, 卢建龙. 股权结构、董事会特征与大股东掏空——来自民营上市公司的经验证据 [J]. 经济评论, 2013 (1)：86 – 94.

第三篇

大股东控制权对企业创新的影响研究

第六章

定向增发、大股东控制权与企业创新

一、引　言

技术创新是驱动国家经济增长和社会发展的重要力量，一直以来受到世界各国的普遍重视（叶志强等，2018）[1]。技术创新水平作为一项评价指标能够直接反映出一个国家的经济、政治地位以及综合竞争力。美国、德国和日本等发达国家就是凭借着先进的科技水平，在经济发展方面领先于其他国家，在国际舞台上更具话语权。党的十九大报告多次强调创新对我国的重要性，创新在我国的经济、文化、社会体系中均起着十分关键的作用。该报告提出截至 2035 年我国要变"中国制造"为"中国智造"，并位居创新型国家前列，这就要求全社会都要努力推动创新驱动战略的实施。上市公司是国家技术创新的主力军，为了应对瞬息万变的外部竞争环境，需要不断地增加创新投入的规模以及提高研发团队的效率，率先研发出拥有高价值、创新性的产品，以此满足客户需求并扩大市场份额。但事实上，我国的创新投入水平与西方发达国家相比仍然相差甚远。

究其原因，制约我国上市公司创新投入的因素是在资金流转的过程中产生的，它分为两个阶段：一是资金从市场配置到企业过程中遇到的融资问题，集中体现在融资方式的选择上；二是资金从企业配置到创新项目中出现的代理问题，即大股东与经营者、大股东与中小股东之间存在的两类代理问题（Fang et al.，2014）[2]。西方国家的公司在融资顺序上总是遵循着"优序融资理论"，为新项目融资时他们优先考虑使用内部的盈余，随即采用债务融资，最终才会选择股权融资。而在我国资本市场上，情况却完全相反，上市公司更倾向于选择股权融资。在 2006 年《上市公司证券发行管理办法》实行后，定向增发作为一支后起之秀，开始频繁出现在我国资本市场的舞台上，并且逐步成为股权再融资的主要方式。在这种背景下，定向增发的融资方式能否为企业提供持续稳定的现金流，进而促进企业的技术创新成为我们研究和讨论的焦点。2010～2017 年我国沪深两市 A 股上市公司定向增发年平均筹资总额与研发投入金额的关系趋势如图 6 - 1 所示，从图 6 - 1 中可以看出我国 A 股上市公司通过定向增发方式筹集的资金总额与研发投入金额基本呈现相同方向的变化趋势。

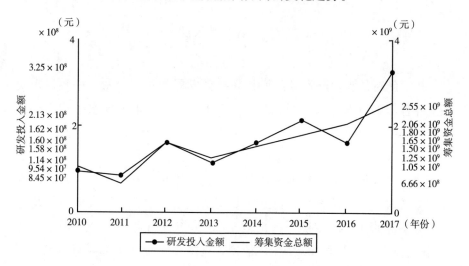

**图 6 - 1 2010～2017 年上市公司平均研发投入金额与定向
增发筹资总额关系趋势**

资料来源：作者整理。

上市公司在资本市场上筹集到所需资金，只是完成了资金流转的第一阶段，即从外部流向企业。在企业内部，公司治理作为一种监督和制衡机制，明确划分股东和董监高的权责利，与企业创新的联系更加紧密（Hoskisson et al. , 2002）[3]。值得注意的是，中国上市公司"一股独大"现象依然严重，因此大股东控制权的大小，将直接影响到上市公司的治理结构以及创新投资决策。在资金流转的第二阶段，即通过合理地调整公司治理结构，妥善地解决公司治理中的代理问题，有效发挥大股东的监督和制衡作用，促进上市公司的技术创新。

纵观已有文献，学者们从制度背景、公司治理环境和融资约束等不同的角度对上市公司技术创新进行了研究，并且成果颇丰。同时将融资方式划分为内部融资和外部融资，进一步将企业内部资金、债务融资、股权融资与政府补助等不同融资渠道来源的资金对于上市公司技术创新的影响做了对比分析。除此之外，大量文献也探讨了股权集中度与研发投入之间的关系。但是在定向增发成为外部融资主流方式的背景下，研究者并未对定向增发融资方式如何影响上市公司创新投入，以及在大股东控制权的调节作用下定向增发融资方式对企业创新的作用给予足够关注。因此，本章所做的研究具有一定的现实意义。本章的研究贡献在于：第一，在中国上市公司普遍存在股权融资偏好的背景下，揭示了上市公司在创新投入资金短缺时，相较于其他融资方式，股权再融资中的定向增发方式能够为其提供充足持续的资金支持，进而促进企业的创新投入。这一发现为提高上市公司创新投入的融资渠道选择指明了方向，并且丰富了现有关于融资方式与企业创新的研究。第二，为分析企业创新提供了一个新的视角，从资金流转的两个阶段出发，深入分析了融资渠道选择和两类代理问题解决对企业创新的影响，拓宽了企业创新的研究视角。第三，为研究融资方式对企业创新的影响路径提供了新思路。本章探讨了大股东控制权在研究定向增发规模对上市公司创新投入影响路径中所起的作用，将外部融资与内部公司治理联系起来，加深了对于股权融资与企业创新之间关系的研究。

二、理论分析与研究假设

（一）定向增发与企业创新

在最理想的资本环境下，技术创新与企业自身资金状况无关，有价值的技术创新机会均会实现（韩美妮、王福胜，2017）[4]。实践中，企业往往会因为内部资金不足或者外部融资约束，致使其客观上难以获得充足的资金而被迫放弃一些净现值为正的创新项目（Hall and Lerner，2010）[5]。投资需要募集资金，通常融资方式的选择会直接影响企业创新项目的绩效。上市公司的融资方式分为内部融资和外部融资。内部融资依赖企业原始资本和累积留存收益，外部融资主要包括债务融资和股权融资。在进行融资方式选择时，企业通常推崇西方国家理论界盛行的"优序融资理论"，即当企业在做融资决策时，内部资金作为首选对象；在需要外部融资时，选择的顺序依次为：债务融资、优先股融资、股权融资（Myers and Majluf，1984）[6]。这一理论在欧美较为发达的资本市场中得到了直接验证，通过分析美国上市公司 1974～1996 年的新增投资额发现，其69.5% 为内部积累，22.5% 为债务融资，股权融资筹集的资金仅占投资总需求的 7.9%（Fama and French，2002）[7]。然而，中国上市公司在融资顺序上与西方恰好相反，有关权威机构对上市公司再融资的研究表明，在选择内部还是外部融资时，我国上市公司更加偏好外部融资。在外部融资渠道的选择上，中国上市公司更倾向于股权再融资，而非债务融资。针对这一现象，黄少安和张岗（2001）将其缘由归结于中国上市公司股权融资成本偏低[8]。陆正飞和叶康涛（2004）则通过进一步分析发现企业资本规模和自由现金流越低，净资产收益率和控股股东持股比例越高，则企业越有可能选择股权融资方式[9]。

产业组织理论认为，创新投资虽然是公司投资的一种形式，但其本身具备与企业固定资产投资等其他普通投资截然不同的特点。创新投资的显著特点是投入大、风险高、周期长（刘桂春、叶陈刚，2017）[10]。首先，高投入性，创新研发活动分为研究和开发两个阶段，任何一个阶段都需要大量的、稳定性的资金投入，特别是在研究阶段，创新投入的资金全部作为费用处理，并不构成新产品的实体，此阶段的融资压力最大。其次，高风险性，创新活动要经历一段较长的探索期，而且研发结果是未知的，因此很难精准地预估其未来的投资收益。除此之外，科技成果的时效性强，生命周期短，加之大部分国家对研发产品价值的相关保护制度还尚未健全（严湘，2015）[11]，研发活动很可能会因外部环境变化、政策、经济、信息技术等一系列不确定的因素而面临较高的风险（刘波等，2017）[12]。最后，创新活动的周期较长，为了保证技术的持续领先，也需要源源不断的资金投入来给予其支持。

创新活动所具备的特点，直接影响到上市公司融资方式的选择。尽管内部融资成本低、易获取，且可避免逆向选择和财务风险等问题，是最优的融资方式，理论上应该成为上市公司创新投资的主要资金来源（段海艳，2016）[13]。但由于其受限于企业规模和盈利状况，无法作为稳定、充足的资金来源，故外部融资仍为当前企业融资结构的主体部分。同时，对于股权融资和债务融资两大外部融资渠道而言，债务融资不仅需要企业提供固定资产作为抵押为债务借款提供担保，还会让企业面临定期还本付息的现金流出的压力，资金流入的不确定性和资金流出的稳定性会使企业面临较高的财务风险。因此企业更愿意选择出售股权的方式为创新项目融资，而且相较于对有形资产的要求，股权投资者更加看重促进企业成长的科研创新水平，故更愿意为创新项目提供资金。除此之外，对于进行创新研发的公司，股权融资满足了研发投入巨大的资金需求量；其不需要还本付息的特性，满足了研发投入资金长期性的要求，降低了企业的财务风险；股权融资还增加了公司的净资产，降低了资产负债率，向市场传递着利好信号。张一林等（2016）通过研究也表明了股权融资是最适合为技术创新提供资金支持的融资方式[14]。李汇东等（2013）利用上市公司的经验数据发现：相比于内部融资，上市公司选择外部融资作为企业的融资来源对其创新投资起到更强的促进作用；在同等条件下，相对于债权融资，选择股权融资对创新投资的影响更大[15]。股权再融资是股权融资中的一种情况，它与股权融资具有相同的特点，而定向增发作为股权再融资的主要方式，不但缓解了企业的外部融资约束、降低了其信息不对称的程度，而且融资成本低、速度快、手续便捷。因此，上市公司定向增发的股权再融资方式对于其创新投入具有促进作用。据此，本章提出如下假设：

H6-1：定向增发规模对上市公司创新投入具有显著的促进作用。

（二）大股东控制权与企业创新

融资问题是技术创新面临的重要障碍（钟凯等，2017）[16]，而代理问题是制约技术创新的重要原因（杨建君等，2015）[17]。随着我国经济的繁荣，公司治理在企业发展中的地位逐渐凸显。特别是在中国上市公司"一股独大"现象依然严重的背景下，大股东控制权的大小作为公司治理结构的重要组成部分对上市公司的研发投资决策具有深远的影响（李健等，2016）[18]。国内学者对大股东控制权（部分论文称股权集中）与技术创新间的关系做了较多研究，但尚未形成一致观点。学者们通过对上市公司面板数据的实证研究，探究了大股东控制权与技术创新之间的复杂关系，如任海云（2010）发现"一股独大"对于研发投入具有不利影响，而股权集中却有利于研发投入[19]；苏文兵等（2011）认为研发投入强度更高的企业往往有着第一大股东是国有股或国有法人股的特点[20]；杨建君等（2015）研究发现股权适度集中是最佳的治理环境，股权集中度过高或过低都对企业的自主创新起到反向作用[17]；陈隆等（2005）等认为股权结构与研发投资强度之间呈"U"型变化[21]；白艺昕等（2008）的研究发现第一大股东持股比例与研发投资强度存在着先下降后上升的二次非线性关系[22]；李毅等（2010）验证了股权集中度与企业技术创新存在倒"U"型关系[23]；张西征（2013）则发现随着第一大股东持股比例的增加，公司R&D投资强度呈现"N"型变化[24]。

企业创新投资存在严重的代理问题是由其自身风险高、投入大和研发周期长的特点所决定的（张西征，2013）[24]。公司治理理论认为，股东的收入通常来自金融资产的投资收益以及所投资公司的股利分配和利润分享，并且他们可以通过分散投资来降低风险。而经营者的酬劳主要包括工资、保险、福利费和绩效奖金等短期激励，他们的财富来源和职业命运与其所经营的企业息息相关，无法合理地分散风险。由于收益与风险的不对等，与股东相比，经营者对风险更加厌恶。综合以上几点，作为经营者会尤其重视企业的短期绩效，对能产生长期效益的研发投入持规避态度，但是他们在做出经营决策时会受到股东监督力度强弱的影响。

在股份分布明显较广的状况下，各个股东的持股比例都很小，他们以短期收益为导向，难以有效地发挥股东的监督作用，因此大多数股东在参与公司治理时，会选择"搭便车"的行为。在这种情境下，作为代理人的公司经营者，他们的行为更多地体现为追求自身私人利益的最大化，如增加在职消费等，通常不会主动扩大企业的创新投入。总之，高度分散的股权结构不利于企业创新。

随着股权的集中，股东们的持股比例增加，大股东会逐步地干预公司的经营管理决策，以此监督经营者的行为。通过这种方式，显著地减少了股权过度分散情景下股东监督的不作为，而且对于避免经营者出于自身私利考虑侵犯上市公司股东利益的行为也是行之有效的，增加了企业创新投入的积极性。

股权集中度的提高有效地解决了股东与经营者之间的委托代理冲突问题，即第一类代理问题。但当大股东持股份额到达一定程度，大股东拥有足够的控制权完全掌握公司经营时，大股东的身份出现了本质的转换，从外部的投资者变成了能够实际操控公司经营的"内部人"。随后出现了大股东与中小股东之间愈演愈烈的双重代理问题，即第二类代理问题。达到控股份额的大股东通过控制公司的运营和管理从而获取隐性的控制权收益，出现控股股东的"壕沟效应"，即隐性的控制权收益只为控股股东所享有，而无法被其他中小股东分享（张西征，2013）[24]。当出现这种情形时，大股东缺乏监督和控制经理人从事研发创新的意愿，相比之下他们更加追求稳定的控制权私人收益。唐跃军和王晶晶（2014）认为，为了有效地保护外部投资者的利益，上市公司的其他大股东要充分发挥其制衡和监督的作用[25]。一般而言，其他大股东的持股比例越高，越有利于引入外部监管机制对第一大股东的行为进行约束和监督。由此，在大股东的持股比例达到控股水平，而其他大股东的制衡能力又较弱时，"壕沟效应"会格外突出，此时股权集中带来的利益协同效应就会下降，对企业创新投入的积极性会产生负向影响。

然而，随着股权集中度的进一步增加，当其达到一个相当高的水平，对大股东而言，通过控制权获得的私人收益开始下降，同时，通过提升企业长期成长能力而获得的共同收益开始增加，这时大股东就会更加关注企业的长期发展，主动承担创新风险，增加创新投入，从而有利于企业选择创新战略进行技术积累，因此会提高企业创新程度（杨建君等，2014）[26]。由此可见，随着股权集中度增加，企业创新投入将呈现"先增加、后降低、再增加"的变化趋势。但是基于我国实际情况，上市公司"一股独大"现象十分严重，股权结构相对集中，而且持股比例较高的大股东通常都会介入公司的经营管理，监督效应并没有存在的空间，故大股东控制权对企业创新投入的影响主要体现为先降低再增加。据此，本章提出如下假设：

H6－2：随着第一大股东持股比例的提高，企业的创新投入强度呈现先降低后增加的趋势，即近似"U"型的变化方向。

（三）定向增发、大股东控制与企业创新

定向增发是一种非公开发行的股权再融资方式，与公开增发和配股相比，上市公司非公开发行没有过多的发行条件的限制。对于那些盈利能力达不到公开增发和配股要求但面临重大发展机遇的公司而言，定向增发是

一个关键性的融资渠道。而且定向增发审批程序简单，是一种被广泛应用和市场化程度较高的股权再融资方式，对发挥证券市场的资源配置功能也有着重大的意义（王志强等，2010）[27]。定向增发有特定的增发对象，主要是机构投资者、大股东及其关联交易方。通常大股东出于防止控制权被稀释的角度考虑，都会参与本公司的定向增发，而上市公司定向增发募集的资金在投向过程中大股东的行为有待我们进一步考察。一般情况下，上市公司定向增发的目的是筹集充足的资金来补充营运资本、增加生产线、扩大公司规模或者提高研发投入水平以促进企业技术创新。然而，从学者们的研究结果中发现，通过定向增发的股权再融资方式募集到的资金并非都得到了合理的运用。根据已有文献，定向增发募集的资金在后续的使用过程中，大股东控制权发挥着重要的作用，主要分为两种效应：一是侵占效应；二是支持效应。

从侵占效应的视角分析，大股东作为关联股东认购上市公司定向增发的股份后有限售期的限制，即 36 个月内不能通过二级市场交易股份，而非关联股东的禁售期为 12 个月。因此，大股东在面临未来股价波动等情况时，会承担比非关联股东更高的风险。张祥建和徐晋（2005）发现上市公司在资本市场上完成配股或增发之后，大股东会利用其高持股比例的优势，把上市公司作为自己的"小金库"，任意占用上市公司的资金，通过投资行为、侵占资源、非公平关联交易等手段获得各种隐性收益，隐性收益的大小与大股东控制强度正相关[28]。我国学者刘林（2006）也得出了与此一致的结论[29]。赵玉芳等（2011）认为我国上市公司定向增发后，大股东存在通过提高现金股利的发放水平向自己输送利益，侵占中小股东利益的显著倾向[30]。综上所述，虽然大股东有通过过度投资行为获取私人收益的动机，但企业创新投入由于具有风险高，不确定性程度高，回收期长，未来收入难以合理预估等特点，通常都不会作为大股东侵占利益的投资选择。根据以上分析，再联系大股东控制权对企业创新投入的影响，发现大股东持股比例偏低的情况下，参与定向增发的大股东的利益侵占动机明显，对上市公司的创新投入水平会产生不利影响。

从支持效应的视角分析，达到相对控股或者绝对控股的大股东凭借其控股地位，能够获得上市公司的完全信息，他们积极参与上市公司定向增发股份的认购，在一定程度上反映出其对该公司未来发展前景持乐观态度，体现了大股东对于上市公司的支持。章卫东等（2017）认为大股东或者控股股东以参与定向增发的方式向上市公司提供资金，有利于改善上市公司的治理结构，加强对经营者的监督和管理，有效地减少关联交易的发生，最终缓解与中小股东的代理冲突[31]。大股东认购定向增发股份，还发挥了企业集团内部的资本市场功能，减轻了外部融资约束。与此同时，大股东增加了持股比例，上市公司的股权集中程度更高，大股东的侵占动机下降，开始更加关注企业的长期发展。上市公司的创新投入项目收益高，满足大股东的投资意愿，他们更愿意加大创新项目的投入。基于以上分析，本章提出如下假设：

H6 - 3：大股东持股比例处于低控制权组时，会削弱定向增发对上市公司创新投入的促进作用；大股东持股比例处于高控制权组时，会强化定向增发对上市公司创新投入的促进作用。

三、研究设计

（一）样本选择与数据来源

本章的研究样本是我国深圳和上海证券交易所 A 股上市非金融类公司（剔除被 ST 的公司）2010 ~ 2017 年的 2 557 个定向增发数据。数据整理步骤如下：（1）选取在统计年鉴中披露创新投入的上市公司，剔除未披露的样本；（2）为减小异常样本和数据错误对实证结果的影响，剔除存在数据缺失或者错误的样本数据；（3）为避免极端值干扰研究结果，对涉及的连续变量在 1% 和 99% 分位数上实施了缩尾处理；（4）有关定向增发的资料来自深圳、上海证券交易所网站公布的统计年鉴，其他财务数据均来自国泰安信息技术有限公司的 CSMAR 数据库。通过以上步骤获取并整理数据，最后筛选出 1 379 家上市公司的 1 976 个公司/年度样本数据。数据处理工具为 Excel 2007 和 Stata 14. 0。

（二）变量选择和说明

1. 被解释变量

企业创新，用创新投入强度来表示。为保证数据的稳健性，本章参考鲁桐和党印（2014）[32]、唐跃军和左晶晶（2014）[25]、夏芸等（2014）[33]研究设计，选取研发投入占上期总资产或上期营业收入的比例来衡量创新投入强度。

2. 解释变量

（1）定向增发规模，本章参考杨星等（2016）研究设计，选取定向增发的融资总额与上期总资产的比值来衡量定向增发规模[34]。

（2）大股东控制权，本研究选取第一大股东持股比例来衡量大股东控制权，并以全样本均值34.15（34.147保留两位小数）为分界线，划分低控制权组和高控制权组分别进行回归分析，以区分不同效应。

3. 控制变量

本章选择以下影响创新投入的企业特征变量作为控制变量：资产负债率（Lev）、盈利能力（Roa）、公司规模（Size）、托宾Q值、现金流量（CF）、营业收入（S）。此外，我们还引入行业（Industry）和年度（Year）的虚拟变量以控制行业和年度固定效应。本章所涉及的所有变量名称及定义如表6-1所示。

表6-1　　　　　　　　本章使用的变量名称及定义

变量类型	变量名称	变量符号	变量定义
被解释变量	创新投入强度	RDIN	本期研发投入/上期营业收入
		RDTA	本期研发投入/年初总资产
解释变量	定向增发规模	Proceed-A	定向增发的融资总额/年初总资产
	大股东控制权	Owner	第一大股东持股比例
	交乘项	Proceed-A × Owner	定向增发规模 × 大股东控制权
控制变量	资产负债率	Lev	年初总负债/总资产
	资产收益率	Roa	上期净利润/年初总资产
	公司规模	Size	年初总资产账面价值的自然对数
	托宾Q值	Q	企业的市场价值＝股权市值＋净债务
	现金流量比率	CFt/At-1	本期现金流量/上期总资产
	营业收入比率	St/At-1	本期营业收入/上期总资产
	年度变量	Year	年度虚拟变量
	行业变量	Industry	行业虚拟变量

（三）模型设定

（1）根据本章的研究思路，为了验证定向增发规模与创新投入之间的关系，建立如下模型：

$$RDIN(RDTA) = \beta_0 + \beta_1 Proceed\_A + \sum \alpha_i X_i + \varepsilon \qquad (6-1)$$

（2）为了考察大股东控制权与创新投入之间的关系，建立如下模型：

$$RDIN(RDTA) = \beta_0 + \beta_1 Owner + \sum \alpha_i X_i + \varepsilon \qquad (6-2)$$

（3）为了进一步分析大股东控制权对于定向增发与上市公司创新投入的调节作用，在前两个模型的基础上加入大股东控制权与定向增发规模的交乘项，建立如下模型：

$$RDIN(RDTA) = \beta_0 + \beta_1 Proceed\_A + \beta_2 Proceed\_A \times Owner$$
$$+ \beta_3 Owner + \sum \alpha_i X_i + \varepsilon \qquad (6-3)$$

四、实证结果与分析

（一）描述性统计

表6-2列示了主要变量的描述性统计结果。从统计结果可以看出，创新投入占上一期营业收入比重的均值为0.068，中位数为0.044，创新投入占上一期总资产比重的均值为0.033，中位数为0.025，两个变量的均值与中位数相差较大，标准差也较大，表明中国上市公司之间创新投入强度的差距较大。定向增发规模的最大值为67.521，最小值为0.003，说明不同上市公司每年通过定向增发方式筹集的资金规模存在较大的差异。第一大股东持股比例的均值为34.147，说明一股独大现象在上市公司中比较普遍。资产负债率的均值为0.457，盈利能力指标均值为0.041。

表 6 – 2   相关变量的描述性统计结果

变量	平均值	标准差	最小值	中位数	最大值	观测数
RDIN	0.068	0.107	0.000	0.044	1.558	1 976
RDTA	0.033	0.042	0.000	0.025	0.811	1 976
Proceed-A	0.671	2.424	0.003	0.268	67.521	1 976
Owner	34.147	14.593	4.310	32.305	89.990	1 976
Lev	0.457	0.205	0.020	0.460	1.300	1 976
Roa	0.041	0.057	−0.590	0.040	0.860	1 976
Size	21.935	1.211	18.390	21.760	27.550	1 976
Q	2.988	3.024	0.160	2.120	42.390	1 976
$CFt/At-1$	0.064	0.265	−3.250	0.050	5.410	1 976
$St/At-1$	0.978	1.487	0.030	0.700	27.820	1 976

（二）相关性分析

表 6 – 3 列示了各变量间的 Pearson 相关系数。可以看出 Proceed-A 与 RDIN 的相关系数为 0.312，Proceed-A 与 RDTA 的相关系数为 0.367，且均在 1% 的显著性水平上显著，由此可知定向增发规模与上市公司创新投入之间显著正相关，H6 – 1 得到初步验证。创新投入强度与财务杠杆 Lev 显著负相关，说明高负债的公司，财务风险较大，净资产较低，则外部融资成本更高，所以抑制了其创新投入水平。托宾 Q 值与创新投入强度 RDIN 和 RDTA 显著正相关，说明公司的市场价值较高的时候，公司会采取积极的投资行为。现金流量比率 CFt/At – 1 与创新投入强度 RDIN 和 RDTA 的相关系数均为正数且显著，表明上市公司内部现金持有越多，越有利于进行持续的创新投入。由于部分变量间的相关系数大于 0.5 且显著，为进一步检测变量间可能存在的多重共线性问题，测试不同模型中解释变量和控制变量的方差膨胀因子（VIF），总体而言，模型中变量的 VIF 值均小于 10，因此不存在严重的多重共线性。

表6-3

变量间的相关系数检验

变量	RDIN	RDTA	Proceed-A	Owner	Lev	Roa	Size	Q	CFt/At-1	St/At-1
RDIN	1.000	—								
RDTA	—	1.000								
Proceed-A	0.312***	0.367***	1.000							
Owner	-0.106***	-0.054**	-0.042*	1.000						
Lev	-0.239***	-0.195***	-0.063***	0.094***	1.000					
Roa	-0.008	0.098***	-0.068***	0.033	-0.359***	1.000				
Size	-0.247***	-0.226***	-0.234***	0.178***	0.507***	-0.073***	1.000			
Q	0.341***	0.310***	0.262***	-0.069***	-0.392***	0.240***	-0.471***	1.000		
CFt/At-1	0.125***	0.208***	0.530***	-0.001	-0.060***	0.031	-0.102***	0.127***	1.000	
St/At-1	0.068***	0.197***	0.491***	0.000	0.053**	-0.061***	-0.110***	0.062***	0.313***	1.000

注：***、**、*分别表示在1%、5%和10%的统计水平上显著。

（三）回归分析

1. 定向增发规模与企业创新

对 H6-1 检验的回归结果如表 6-4 所示。回归结果表明，定向增发规模的回归系数分别为 0.276 和 0.279，且均在 1% 的显著性水平上显著，充分证明定向增发规模与企业创新投入存在显著的正相关关系，即上市公司通过定向增发的股权再融资方式筹集的资金越多，创新投入强度越大。定向增发作为一种有效的外部融资渠道，能够缓解创新投入面临的融资约束，为上市公司创新投入提供强有力的资金支持。

表 6-4　　　　　　　　定向增发规模与企业创新的回归结果

变量	RDIN	RDTA
Proceed-A	0.276 ***	0.279 ***
	(10.43)	(10.79)
Lev	-0.123 ***	-0.037
	(-4.70)	(-1.47)
Roa	-0.126 ***	0.025
	(-5.54)	(1.12)
Size	0.004	0.008
	(0.15)	(0.27)
Q	0.212 ***	0.161 ***
	(7.99)	(6.20)
CFt/At-1	-0.025	0.005
	(-1.05)	(0.22)
St/At-1	-0.060 **	0.081 ***
	(-2.58)	(3.59)
年份	控制	控制
行业	控制	控制
R^2	0.297	0.331
Adj R^2	0.266	0.302
F value	9.74	11.4
N	1 976	1 976

注：括号内的数字为双尾检验的 t 值；*** 、** 分别表示在 1%、5% 的统计水平上显著。

对于企业价值的托宾 Q 值，回归系数为 0.212（0.161），且均在 1% 水平上显著，说明托宾 Q 值与创新投入之间呈现出显著的正相关关系。这说明在中国的上市公司中，样本公司 Q 值对创新投入的决定发挥着作用。也就是说，样本公司 Q 值在一定程度上表现了上市公司的投资机会，股票市场作为前瞻性的市场，这种功能在我国股票市场上在逐渐发挥着越来越大的功能。

财务杠杆 Lev 与创新投入负相关，这与本章的理论分析一致。资产负债率代表着公司的净资产规模和净财富值，较高的资产负债率，表示公司的财务风险比较大，借贷能力比较弱，同时，传递给市场中投资者的信号是公司净财富较少，因此外部的融资成本就高于其他公司，抑制了创新投入水平。

2. 大股东控制权与企业创新

本章以全样本第一大股东持股比例的均值 34.15 为基准，将低于均值和高于（含等于）均值的样本分别划分为低控制权组和高控制权组，将各组的样本与其对应的创新投入强度分别回归，得到表 6-5 的结果。从回归结果可以看出，高控制权组样本量占比 46.1%，低控制权组样本量占比 53.9%。高控制权组的回归系数为 0.043（0.126），尽管并非都显著，但也在一定程度上说明高控制权与创新投入正相关，即大股东控制权高于（含等于）34.15 时，第一大股东持股比例越高，上市公司的创新投入强度越大。低控制权组的回归系数为 -0.205（-0.155），且均显著，说明低控制权与企业创新投入之间存在显著的负相关关系，当上市公司的控制权低于 34.15 时，第一大股东的持股比例越高，研发投入强度越低。从整体水平来看，大股东控制权与上市公司创新投入之间呈现"U"型关系，即第一大股东持股比例低于 34.15 时，由于壕沟效应的作用，随着持股比例提高，上市公司创新投入强度不断降低；当第一大股东持股比例高于（含等于）34.15 时，在趋同利益的作用下，上市公司创新投入强度随着持股比例的增加而不断提高。

3. 定向增发、大股东控制与企业创新

根据表 6-6 的回归结果可知，在高控制权下，定向增发规模与大股东控制权的交乘项和上市公司创新投入强度的回归系数分别为 1.124（2.771），且均在 1% 的显著性水平上显著；在低控制权下，定向增发规模与大股东控制权的交乘项和上市公司创新投入强度的回归系数分别为

−0.515（−0.485），同时也都在1%的显著性水平上显著。由此可知，大股东控制权处于低控制权组时，大股东的侵占效应占上风，会削弱定向增发规模对上市公司创新投入的促进作用；大股东控制权处于高控制权组时，大股东对上市公司的创新投资持支持态度，会强化定向增发规模对创新投入的显著促进作用。

表6-5　　　　　　　　　大股东控制权与企业创新的回归结果

变量	RDIN		RDTA	
	高控制权	低控制权	高控制权	低控制权
Owner	0.043 (1.08)	−0.205 *** (−2.91)	0.126 *** (3.34)	−0.155 ** (−2.26)
Lev	−0.176 *** (−4.62)	−0.091 ** (−2.33)	−0.051 (−1.42)	−0.018 (−0.48)
Roa	−0.176 *** (−5.18)	−0.133 *** (−4.09)	−0.062 * (−1.93)	0.035 (1.10)
Size	0.011 (0.30)	−0.056 (−1.16)	−0.027 (−0.77)	−0.031 (−0.65)
Q	0.237 *** (5.60)	0.259 *** (6.93)	0.200 *** (4.99)	0.205 *** (5.62)
CFt/At − 1	0.096 *** (3.56)	0.076 ** (2.12)	0.216 *** (8.48)	0.016 (0.44)
St/At − 1	0.052 * (1.70)	0.012 (0.36)	0.200 *** (6.95)	0.186 *** (5.69)
年份	控制	控制	控制	控制
行业	控制	控制	控制	控制
R^2	0.298	0.266	0.447	0.259
Adj R^2	0.233	0.211	0.396	0.203
F value	4.60	4.84	8.75	4.66
N	911	1 065	911	1 065
N%	46.1%	53.9%	46.1%	53.9%

注：括号内的数字为双尾检验的 t 值；***、**、* 分别表示在1%、5%和10%的统计水平上显著。

表 6-6 定向增发、大股东控制与企业创新的回归结果

变量	RDIN		RDTA	
	高控制权	低控制权	高控制权	低控制权
Proceed-A	-0.799 *** (-6.12)	0.871 *** (9.80)	-2.275 *** (-22.87)	0.753 *** (8.54)
Proceed-A × Owner	1.124 *** (8.24)	-0.515 *** (-6.07)	2.771 *** (26.65)	-0.485 *** (-5.75)
Owner	-0.018 (-0.47)	-0.058 (-0.86)	-0.067 ** (-2.32)	-0.018 (-0.27)
Lev	-0.1582 *** (-4.43)	-0.101 *** (-2.77)	-0.015 (-0.57)	-0.029 (-0.80)
Roa	-0.105 *** (-3.35)	-0.112 *** (-3.73)	0.074 *** (3.08)	0.039 (1.31)
Size	0.0085 (0.26)	0.008 (0.17)	-0.029 (-1.17)	0.017 (0.37)
Q	0.200 *** (5.13)	0.236 *** (6.39)	0.116 *** (3.91)	0.198 *** (5.41)
CFt/At-1	-0.048 (-1.36)	-0.023 (-0.67)	0.078 *** (2.91)	-0.061 * (-1.77)
St/At-1	-0.040 (-1.13)	-0.062 * (-1.87)	0.157 *** (5.82)	0.138 *** (4.16)
年份	控制	控制	控制	控制
行业	控制	控制	控制	控制
R^2	0.304	0.317	0.644	0.282
Adj R^2	0.279	0.297	0.631	0.261
F value	11.98	15.48	49.70	13.11
N	911	1 065	911	1 065
N%	46.1%	53.9%	46.1%	53.9%

注：括号内的数字为双尾检验的 t 值；*** 、** 、* 分别表示在 1%、5% 和 10% 的统计水平上显著。

五、进一步分析

在前述研究的过程中，我们发现上市公司的定向增发规模对于创新投

入的影响机制受行业不同的干扰，基于此，本章以 2018 年第三季度证监会对行业分类为基础，将除制造业之外的行业采用一级分类，由于制造业上市公司在全样本中占比较大，对制造业采用二级分类，并且参照鲁桐和党印（2014）[32]的研究，按照劳动力、资本和技术三种生产要素在生产活动中的相对密集度，将全样本上市公司划分为三类：劳动密集型产业、资本密集型产业和技术密集型产业，划分结果如表 6 - 7 所示。

表 6 - 7   按要素密集度的行业分类

劳动密集型		资本密集型	技术密集型
A 农、林、牧、渔业	H 住宿和餐饮业	C22 造纸及纸制品业	C27 医药制造业
B 采矿业	L 租赁和商务服务业	C23 印刷和记录媒介复制业	C34 通用设备制造业
C13 农副食品加工业	N 水利、环境和公共设施管理业	C24 文教、工美、体育和娱乐用品制造业	C35 专用设备制造业
C14 食品制造业	P 教育		C36 汽车制造业
C15 酒、饮料和精制茶制造业	Q 卫生和社会工作	C25 石油加工、炼焦及核燃料加工业	C37 铁路、船舶、航空航天和其他运输设备制造业
C17 纺织业	R 文化、体育和娱乐业		
C18 纺织服装、服饰业	S 综合	C26 化学原料及化学制品制造业	C38 电气机械及器材制造业
C19 皮革、毛皮、羽毛及其制品和制造业		C28 化学纤维制造业	C39 计算机、通信和其他电子设备制造业
C20 木材加工及木、竹、藤、棕、草制品		C29 橡胶和塑料制品业	
C21 家具制造业		C30 非金属矿物制品业	C40 仪器仪表制造业
D 电力、热力、燃气及水的生产和供应业		C31 黑色金属冶炼及压延加工业	C41 其他制造业
E 建筑业		C32 有色金属冶炼及压延加工业	C42 废弃资源综合利用业
F 批发零售业		C33 金属制品业	I 信息传输、软件和信息技术服务业
G 交通运输、仓储和邮政业		K 房地产业	M 科学研究与技术服务业

经过划分后，劳动密集型产业包含上市公司 308 家，共 415 个样本年度数据；资本密集型产业包含上市公司 335 家，447 个样本年度数据；技术密集型产业包含上市公司 764 家，共 1 112 个样本年度数据。在此基础上对三个产业所含上市公司定向增发规模和创新投入强度进行描述性统计分析和回归分析，进而研究不同产业类型中上市公司定向增发规模对创新投入的影响。

从表 6-8 分行业主要变量的描述性统计结果可以看出，劳动密集型产业、资本密集型产业和技术密集型产业上市公司定向增发规模的平均值分别为 0.560、0.656 和 0.710，表明技术密集型产业的融资约束较大，更加依赖定向增发的股权再融资方式，这与实际情况相符。劳动密集型产业、资本密集型产业和技术密集型产业的创新投入强度分别为 0.030（0.014）、0.046（0.026）和 0.091（0.042），说明技术密集型产业的创新投入强度较前两者较高，技术密集型产业的立身之本在于创新，其包含的大部分企业均为高科技企业，技术更新较快，创新投入强度较高。

表 6-8 分行业主要变量的描述性统计

行业分类	变量	平均值	标准差	最小值	中位数	最大值	观测数
劳动密集型	RDIN	0.030	0.082	0.000	0.016	1.525	415
	RDTA	0.014	0.017	0.000	0.009	0.155	415
	Proceed-A	0.560	1.649	0.003	0.239	24.766	415
资本密集型	RDIN	0.046	0.095	0.000	0.033	1.463	447
	RDTA	0.026	0.043	0.000	0.019	0.783	447
	Proceed-A	0.656	1.736	0.005	0.259	22.867	447
技术密集型	RDIN	0.091	0.114	0.000	0.061	1.558	1 112
	RDTA	0.042	0.045	0.000	0.032	0.811	1 112
	Proceed-A	0.710	2.847	0.007	0.293	67.521	1 112

表 6-9 为定向增发规模与创新投入的分行业回归分析结果，从表中数据可以发现劳动密集型产业、资本密集型产业和技术密集型产业的回归系数分别为 0.129（0.127）、0.210（0.032）和 0.373（0.319），表明不同行业中，定向增发规模对上市公司创新投入的促进作用效果不同。总体而言，技术密集型产业中定向增发规模对创新投入的促进作用最强，其次是资本密集型产业，劳动密集型产业最小。

表 6 – 9　　　　　　定向增发规模对创新投入的分行业回归分析结果

变量	劳动密集型		资本密集型		技术密集型	
	RDIN	RDTA	RDIN	RDTA	RDIN	RDTA
Proceed-A	0.129 * (1.93)	0.127 * (1.96)	0.210 *** (2.93)	0.032 (0.39)	0.373 *** (8.84)	0.319 *** (7.97)
Lev	-0.169 *** (-2.69)	-0.141 ** (-2.31)	-0.021 (-0.40)	-0.032 (-0.53)	-0.171 *** (-4.98)	-0.078 ** (-2.38)
Roa	-0.153 *** (-2.68)	-0.022 (-0.39)	-0.058 (-1.27)	0.017 (0.31)	-0.104 *** (-3.46)	0.047 (1.64)
Size	-0.031 (-0.48)	-0.082 (-1.30)	0.071 (1.35)	-0.090 (-1.47)	0.016 (0.43)	0.065 * (1.87)
Q	0.139 ** (2.07)	0.177 *** (2.73)	0.566 *** (11.12)	0.170 *** (2.85)	0.167 *** (4.67)	0.231 *** (6.78)
$CFt/At-1$	-0.011 (-0.18)	-0.055 (-0.96)	-0.032 (-0.73)	0.037 (0.72)	-0.091 ** (-2.38)	0.003 (0.08)
$St/At-1$	-0.104 * (-1.84)	0.068 (1.26)	-0.112 * (-1.79)	0.048 (0.66)	-0.016 (-0.52)	0.167 *** (5.60)
年份	控制	控制	控制	控制	控制	控制
R^2	0.104	0.163	0.349	0.107	0.198	0.277
Adj R^2	0.073	0.134	0.328	0.078	0.188	0.267
F value	3.33	5.57	16.53	3.69	19.36	29.95
N	415	415	447	447	1 112	1 112
N%	21.0%	21.0%	22.6%	22.6%	56.4%	56.4%

注：括号内的数字为双尾检验的 t 值；*** 、** 、* 分别表示在 1%、5% 和 10% 的统计水平上显著。

六、稳健性检验

为考察结果的稳健性，本研究将解释变量定向增发规模用定向增发融资总额取对数（Proceed-ln）来替换，重新做回归分析检验假设 6 - 1 和假设 6 - 3，稳健性检验的结果见表 6 - 10。分析结果可知，虽然各模型的回归系数和 t 值略有变化，模型拟合度有所下降，但相关关系的性质和显著性没有发生实质变化，结论与前文一致，充分说明前文结论是稳定的。

表 6 – 10　　　　　　　　　　　稳健性检验结果

变量	RDIN	RDTA	RDIN		RDTA	
			高控制权	低控制权	高控制权	低控制权
Proceed-ln	0.147 *** (5.64)	0.086 *** (3.34)	0.042 (0.36)	0.482 *** (4.31)	– 0.235 ** (– 2.02)	0.296 *** (2.69)
Proceed-ln × Owner			0.217 (0.44)	– 1.720 *** (– 2.92)	1.321 *** (2.73)	– 1.228 ** (– 2.12)
Owner			– 0.235 (– 0.36)	3.557 *** (2.75)	– 1.657 ** (– 2.53)	2.535 ** (1.99)
Lev	– 0.122 *** (– 4.60)	– 0.035 (– 1.34)	– 0.165 *** (– 4.33)	– 0.115 *** (– 3.04)	– 0.023 (– 0.60)	– 0.039 (– 1.06)
Roa	– 0.150 *** (– 6.54)	– 0.001 (– 0.05)	– 0.160 *** (– 4.91)	– 0.121 *** (– 3.87)	– 0.028 (– 0.86)	0.035 (1.12)
Size	– 0.110 *** (– 3.38)	– 0.071 ** (– 2.22)	– 0.055 (– 1.29)	– 0.127 ** (– 2.54)	– 0.081 * (– 1.92)	– 0.052 (– 1.05)
Q	0.237 *** (8.78)	0.197 *** (7.41)	0.260 *** (6.35)	0.228 *** (6.26)	0.246 *** (6.06)	0.191 *** (5.32)
CFt/At – 1	0.078 *** (3.59)	0.114 *** (5.31)	0.080 *** (2.89)	0.063 * (1.8)	0.211 *** (7.73)	0.008 (0.23)
St/At – 1	– 0.005 (– 0.21)	0.152 *** (6.76)	0.019 (0.59)	– 0.028 (– 0.83)	0.184 *** (5.78)	0.173 *** (5.20)
年份	控制	控制	控制	控制	控制	控制
行业	控制	控制	控制	控制	控制	控制
R^2	0.269	0.294	0.224	0.254	0.327	0.228
Adj R^2	0.237	0.263	0.195	0.232	0.302	0.204
F value	8.48	9.60	7.90	11.37	13.32	9.81
N	1 976	1 976	911	1 065	911	1 065
N%	100%	100%	46.1%	53.9%	46.1%	53.9%

注：括号内的数字为双尾检验的 t 值；*** 、** 、* 分别表示在 1% 、5% 和 10% 的统计水平上显著。

七、研究结论与展望

本章基于 2010 ~ 2017 年深沪两市 A 股上市公司的数据，实证研究定向增发规模对上市公司创新投入的作用，以及大股东控制权如何影响定向增发规模对创新投入的作用。研究结果表明，定向增发规模对上市公司创新投入有显著的促进作用，大股东控制权能够调节定向增发规模对上市公司创新投入的促进作用。除此之外，对大股东控制权与创新投入的关系进行进一步分组研究发现：大股东控制权对上市公司创新投入的影响分为两个层次：一是低控制权下的壕沟效应，大股东为了自身的私有收益，侵占中小股东的利益，违背公司价值最大化的原则放弃使企业获取长期收益的创新项目，进而降低了创新投入强度；二是高控制权下的利益趋同效应，大股东持股比例达到一定水平时，会主动承担风险，进行创新投入，从而提高了创新投入强度。

本章的结论有一定的现实意义：（1）在创新投入需要持续大量资金，而内部资金不足时，可以选择股权再融资方式获取资金，尤其是定向增发方式；（2）应推动公司的其他大股东积极参与公司治理，发挥对大股东应有的制衡作用，借由微观治理机制的作用提高上市公司的创新投入强度，促进中国企业的技术创新与发展。

研究不足及展望：本章对缺失的数据进行手动收集和整理，期间可能存在误差。除此之外，在数据的处理上，主要筛选了披露创新投入数据的样本，未披露创新投入数据的样本未必就没有创新投入，可能出于保护公司的利益而未披露，因此也可能导致研究结果存在些许偏差。

参考文献

［1］叶志强，崔惠贤，蔡旺春. 定向增发能够提高研发支出水平吗？［J］. 科技进步与对策，2018（22）：101－106.

［2］Fang V W, Tian X, Tice S. Does Stock Liquidity Enhance or Impede Firm Innovation? ［J］. The Journal of Finance, 2014, 69（5）：2085－2125.

［3］Hoskisson R E, Hitt M A, Johnson R A, Grossman W. Conflicting Voices：The Effects of Institutional Ownership Heterogeneity and Internal Governance on Corporate Innovation Strategies ［J］. The Academy of Management Journal, 2002, 45（4）：697－716.

［4］韩美妮，王福胜. 信息披露质量、银行关系和技术创新［J］. 管理科学，2017, 30（5）：136－146.

［5］Hall B H, Lerner J. The Financing of R&D and Innovation ［J］. Handbook of the Economics of Innovation, 2010（1）：609－639.

［6］Myers S C, Majluf N. Corporate Financing and Investment Decisions when Firms Have Information that Investors Do Not Have ［J］. Journal of Financial Economics, 1984 (13): 187 - 224.

［7］Fama E F, French K R. Testing trade of and pecking order predictions about dividends and debt ［J］. Review of Financial Studies, 2002, 15 (1): 1 - 3.

［8］黄少安, 张岗. 中国上市公司股权融资偏好分析 ［J］. 经济研究, 2001 (2): 12 - 27.

［9］陆正飞, 叶康涛. 中国上市公司股权融资偏好解析——偏好股权融资就是缘于融资成本低吗? ［J］. 经济研究, 2004 (4): 50 - 59.

［10］刘桂春, 叶陈刚. 内部控制视角下融资约束与研发效率关系研究 ［J］. 科技进步与对策, 2017 (15): 20 - 26.

［11］严湘. 股权再融资偏好对上市公司研发投资的影响研究 ［D］. 湖南: 湖南大学工商管理学院, 2015.

［12］刘波, 李志生, 王泓力, 杨金强. 现金流不确定性与企业创新 ［J］. 经济研究, 2017 (3): 166 - 180.

［13］段海艳. 不同来源金融资本对企业研发投入的影响研究——以中小板上市公司为例 ［J］. 科技进步与对策, 2016 (14): 88 - 92.

［14］张一林, 龚强, 荣昭. 技术创新、股权融资与金融结构转型 ［J］. 管理世界, 2016 (11): 65 - 80.

［15］李汇东, 唐跃军, 左晶晶. 用自己的钱还是用别人的钱创新? ——基于中国上市公司融资结构与公司创新的研究 ［J］. 金融研究, 2013 (2): 170 - 183.

［16］钟凯, 程小可, 肖翔, 郑立东. 宏观经济政策影响企业创新投资吗——基于融资约束与融资来源视角的分析 ［J］. 南开管理评论, 2017 (6): 4 - 14.

［17］杨建君, 王婷, 刘林波. 股权集中度与企业自主创新行为: 基于行为动机视角 ［J］. 管理科学, 2015, 28 (2): 1 - 11.

［18］李健, 杨蓓蓓, 潘镇. 政府补助、股权集中度与企业创新可持续性 ［J］. 中国软科学, 2016 (6): 180 - 192.

［19］任海云. 股权结构与企业 R&D 投入公司的实证研究——基于 A 股制造业上市公司的数据分析 ［J］. 中国软科学, 2010 (5): 126 - 135.

［20］苏文兵, 徐东辉, 梁迎弟. 经理自主权、政治成本与 R&D 投入 ［J］. 财贸研究, 2011 (3): 136 - 146.

［21］陈隆, 张宗益, 杨雪松. 上市企业公司治理结构对技术创新的影响 ［J］. 科技管理研究, 2005 (9): 141 - 145.

［22］白艺昕, 刘星, 安灵. 所有权结构对 R&D 投资决策的影响 ［J］. 统计与决

策，2008（5）：131 – 134.

［23］Li Y，Guo H，Yi Y. Ownership concentration and product innovation in Chinese firms：The mediating role of learning orientation ［J］. Management and Organization Review，2010（6）：77 – 100.

［24］张西征. 中国企业所有权结构对研发投资影响的研究 ［J］. 管理学报，2013（10）：1492 – 1501.

［25］唐跃军，左晶晶. 所有权性质、大股东治理与公司创新 ［J］. 金融研究，2014（6）：177 – 192.

［26］杨建君，王婷，孙丰文. 大股东控制与技术创新间关系的研究综述 ［J］. 科技管理研究，2014（4）：204 – 210.

［27］王志强，张玮婷，林丽芳. 上市公司定向增发中的利益输送行为研究 ［J］. 南开管理评论，2010（3）：109 – 116.

［28］张祥建，徐晋. 股权再融资与大股东控制的隧道效应——对上市公司股权再融资偏好的再解释 ［J］. 管理世界，2005（11）：30 – 39.

［29］刘林. 股权融资偏好模型分析与治理改进设计 ［J］. 金融研究，2006（10）：49 – 64.

［30］赵玉芳，余志勇，夏新平，汪宜霞. 定向增发、现金分红与利益输送 ［J］. 金融研究，2011（11）：153 – 166.

［31］章卫东，黄一松，李斯蕾，鄢翔. 信息不对称、研发支出与关联股东认购定向增发股份——来自中国证券市场的经验数据 ［J］. 会计研究，2017（1）：68 – 74.

［32］鲁桐，党印. 公司治理与技术创新：分行业比较 ［J］. 经济研究，2014（6）：115 – 128.

［33］夏芸. 管理者权力、股权激励与研发投资——基于中国上市公司的实证分析 ［J］. 研究与发展管理，2014，26（4）：12 – 22.

［34］杨星，田高良，司毅，M M Fonseka. 所有权性质、企业政治关联与定向增发——基于我国上市公司的实证分析 ［J］. 南开管理评论，2016（1）：134 – 141.

第七章

控股股东股权质押、股价崩盘风险与创新投入

——基于创业板民营上市公司的实证分析

一、引　言

近些年来看，股权质押行为作为一种新的融资方式在中国快速发展开来，控股股东股权质押在中国市场普遍发展。股权质押大大方便了股东进行融资，但同样也会带来巨大的风险。在股价到达"质押平仓线"时，如若股东未在规定时间内解除质押或补缴保证金，那么很大程度上会失去自身对公司的控制权[1]。为了减少控制权转移的风险，控股股东就要为了维稳股价从而采取相应措施。所以企业创新就需要进行长期的、持续的研发投入，而研发投入的大小和滞后性对股价表现造成很大程度上的影响。股权质押对企业创新是起到抑制作用还是促进作用这还是一个有待验证的问题。股权质押为上市公司股权融资提供了便利的渠道，对公司营运资金起到了积极作用，很大程度上对企业创新也起到积极作用。但是，股权质押行为同时也增加了所有权和控制权分离对公司发展产生一定的风险，股东的短视心理也随之增长，对企业的创新发展产生了很大程度的阻碍影响。表7-1为创业板民营上市公司控股股东股权质押年度统计数据。本章通过2015~2018年的创业板民营上市公司数据的分析，验证了控股股东股权质押与创新投入两者的关系。

表 7 − 1 控股股东股权质押年度统计

年份	样本数量	控股股东股权质押公司数量	控股股东股权质押公司占样本比例（%）
2015	454	271	59.69
2016	546	346	63.37
2017	647	429	66.31
2018	646	453	70.12
总计	2 293	1 499	65.37

二、理论分析与研究假设

（一）控股股东股权质押与创新投入

研究显示，控股股东股权质押行为会使股东的控制权发生转移。为了稳定自己的控制权，控股股东需要通过强烈的动机来减少控制权转移的风险[2]。相较于普通的资本投资，创新活动自身有严重的不确定性同时会增加失败的概率，很大程度上会造成公司股价的变动[3]，使控股股东控制权产生转移的风险大大加深。由于公司管理者的短视心理，虽然进行创新很大程度上可以增加公司的竞争力，不过相对于使股票质押的控股股东来说，股东们更着重于短期内尽量减小控制权转移的风险。一旦短时间里创新带来的风险比其带来的收益大，控股股东会采取措施减少风险较高的创新投入。

股权质押行为显现的控制权转移风险使管理人的短视心理更加严重。当股权出现了质押行为之后，控股股东就会面临着短期内偿还借款的压力，因此会将目标主要放在短期经营业绩中，想要进行市值管理，而非进行可以增强企业长期竞争力的创新行为。由于企业创新活动需要经过长时间的研发，并且创新活动还带有很大的不确定因素，管理者不能容忍创新的失败，更不会进行更多的创新活动，进而抑制了企业的创新发展。基于以上分析，本章提出如下假设：

H7 − 1：控股股东股权质押越多，企业创新的投入越少。

（二）控股股东股权质押与股价崩盘风险

从情理之中来说，随着股权质押的增加，公司股价崩盘风险也随之增加。但股价崩盘风险并不是指公司股价真实崩盘，更大程度上是指公司股票收益进行左偏的程度大小[4]。一方面，股东进行股权质押可能会造成股价下跌随之质权人可能会追加担保甚至控制权发生转移，为了减少这种风险股东需要加强对公司的市值管理，从而使公司的业绩得到提升。而且当股东进行了股权质押后，市场在一定程度上会认为股东很大程度上可能会进行市值管理，因此，公司的股票市场认同度也随之增高。所以，公司为了尽量避免股价崩盘带来的风险必须采取措施因而进行市值管理，从而会减少对企业创新的投入。相对于控股股东没有采取股权质押的来说，虽然他们也有机会减小股价崩盘风险，但其股价崩盘风险影响相对较小，起码他们的持股份额不会有大幅度影响，其控股股东的地位也不会轻易被取代，所以没有采取股权质押行为的股东不会尽全力去减小股价崩盘风险。

股权质押在另一方面也显现了控股股东对公司未来发展前景持积极心态，从而经过股权质押行为得来的融资用来满足投资需求。同时很多控股股东进行股权质押是为了支持公司的投资发展与扩张需求。所以，一旦公司控股股东采取了股权质押行为，控股股东希望进行市值管理的心理变得强烈，进一步取得市场的青睐，其股价崩盘风险也会随市值管理而减小。基于以上分析，本章提出如下研究假设：

H7-2：对比控股股东中没有进行股权质押的公司，存在控股股东股权质押的公司股价崩盘风险更低。

（三）控股股东股权质押、股价崩盘风险与创新投入

质权人在股权质押行为中有着重要的角色，他可以帮助公司更有利地进行经营与管理[5]。质权人为了减少贷款带来的风险，同时对债权人的还款进行监督和制约，会首先选择好的公司股权质押标的物用来确保资产的安全性。另外，从出质人的大股东身份来看，其为了可以顺利进行股权质押，必然会对公司的管制更加用心，为了得到能够向质权人进行融资的机会。所以大股东会通过一系列进行市值管理的手段来加强盈余管理，使公司看起来比较优质。与此同时，市值管理很大程度上对外部融资有积极的

正向作用，可以减少对公司利益的侵占[6]，有经验的股东可以选择各种投资行为、减小风险、增加优势从而取得更多的回报[7]，使股票价格同时受到影响。本身控股股东进行股权质押一定程度上就存在着控制权转移的风险，控股股东为了维护自身利益会采取盈余管理、市值管理等措施减少股权质押带来的风险。与此同时，如果公司同时存在较大的股价崩盘风险，控股股东和公司管理者更会采取措施降低股价崩盘风险带来的危害，会选择进行对公司稳定的发展活动。而企业如果进行创新，不仅研发期长，且创新带来的风险高，所以为了尽快缓解股价崩盘带来的负面影响，更不可能进行企业创新，从而大大抑制了企业创新发展。基于以上分析，本章提出如下研究假设：

H7 - 3：与股价崩盘风险较小的公司相比，控股股东股权质押对企业创新投入在股价崩盘风险较大的公司其负相关关系更为显著。

三、研究设计

（一）样本选择与数据来源

本章以 2015 ~ 2018 年创业板民营上市公司作为初始样本。采取了以下样本处理方法：（1）删除了其中的金融行业；（2）删除不足一年的样本值；（3）删除 ST 公司；（4）删除不完整数据。通过国泰安（CSMAR）数据库取得文中所有数据并进行手工整理。共获得 2 293 个样本观测值。本章所有数据的整理、计算和回归过程所使用的软件为 Stata 15.1 和 SPSS 14.2。

（二）变量定义

1. 被解释变量
创新投入：通过采用年末研发投入总额占营业收入的比重（R&D）来对企业的创新投入水平进行测量。本章最后将当期研发投入总额占总资产的比重作为创新投入衡量标准用来进行稳健性检验。

2. 解释变量
控股股东股权质押：借鉴郑国坚的衡量方法，定义 POSR1 为控股股东是否存在股权质押；定义 POSR2 为控股股东股权质押比例。如表 7 -2 所示。

表 7-2		变量定义与度量
变量名称	变量含义	计算方法
R&D	企业创新投入	公司年末研发投入总额与营业收入的比重
POSR1	控股股东是否股权质押	控股股东存在质押为1,反之为0
POSR2	控股股东股权质押率	控股股东股权质押数量与持股数量之比
NCSKEW	股价崩盘风险指标	根据模型3计算得出
FSHR	控股股东持股比例	公司控股股东持股数与公司总股数的比重
STL	短期借款	根据企业年报数据所示
LTL	长期借款	根据企业年报数据所示
SIZE	公司规模	公司年末总资产取自然对数
LEV	资产负债率	年末总负债/总资产
ROA	盈利能力	企业年末净利润除以年末总资产
LAZ	营运效率	流动资产/营业收入
TAT	资产周转率	营业收入/年末总资产
CR	流动比率	流动资产/流动负债
YEAR	年度	年度范围为2015~2018年
INDU	行业	按照证监会行业划分标准确定行业归属

股价崩盘风险:本章借鉴 Chen[9] 等(2001)和 Kim[10] 等(2011)的研究,采用负收益偏态系数(NCSKEW)来衡量股价崩盘风险[11],计算过程如下:

首先,计算回归股票 i 的周收益率数据:

$$R_{i,t} = \alpha_i + \beta_1 R_{m,t-2} + \beta_2 R_{m,t-1} + \beta_3 R_{m,t} + \beta_4 R_{m,t+1} + \beta_5 R_{m,t+2} + \varepsilon_{i,t}$$

$$(7-1)$$

式(7-1)中,$R_{i,t}$ 是指股票 i 在第 t 周考虑现金红利再投资的收益率,$R_{m,t}$ 指的是 A 股所有股票在第 t 周经流通市值加权的平均收益率[12],定义周特质收益率为:

$$W_{i,t} = \ln(l + \varepsilon_{i,t}) \qquad (7-2)$$

负收益偏态系数具体公式为:

$$NCSKEW_{i,t} = -\frac{n(n-1)^{3/2} \sum W_{i,t}^3}{(n-1)(n-2)(\sum W_{i,t}^2)^{3/2}} \qquad (7-3)$$

n 为股票 i 在某年的交易周数。

（三）研究模型

借鉴 Chemmanur 等[13]、Fang 等[14]研究设计，构建以下模型：

（1）为了检测假设 7 - 1 能否成立，控股股东股权质押与创新投入两者的关系，本章构建如下回归模型：

$$R\&D = \alpha + \beta_1 POSR1 + \beta_2 POSR2 + \beta_3 FSHR + \beta_4 STL + \beta_5 LTL + \beta_6 SIZE + \beta_7 LEV$$
$$+ \beta_8 ROA + \beta_9 LAZ + \beta_{10} TAT + \beta_{11} CR + \beta_{12} YEAR + \beta_{13} INDU + \varepsilon \quad (7-4)$$

$R\&D$ 为上市公司的研发投入总额与营业收入的比重来度量，$POSR1$ 和 $POSR2$ 分别是股权质押虚拟变量和股权质押连续变量，如果企业期末存在股权质押行为则 $POSR1$ 取值为 1；反之为 0。根据前文的分析若假设一成立，则 β_1 的系数应显著为负。

（2）为检验假设 7 - 2 中控股股东股权质押与股价崩盘风险的关系，本章构建如下模型：

$$NCSKEW = \alpha + \beta_1 POSR1 + \beta_2 POSR2 + \beta_3 FSHR + \beta_4 STL + \beta_5 LTL$$
$$+ \beta_6 SIZE + \beta_7 LEV + \beta_8 ROA + \beta_9 LAZ + \beta_{10} TAT + \beta_{11} CR$$
$$+ \beta_{12} YEAR + \beta_{13} INDU + \varepsilon \quad (7-5)$$

$NCSKEW$ 是衡量股价崩盘风险的指标，控股股东股权质押变量如何衡量如上所述。这一模型旨在验证股权质押与创新投入之间的关系。若前文假设成立，分组检验后，存在控股股东进行股权质押的 β_1 系数为负，且绝对值更大。

（3）为检验假设 7 - 3，控股股东股权质押、股价崩盘风险与创新投入的关系，本章构建以下回归模型：

$$R\&D = \alpha + \beta_1 POSR1 + \beta_2 POSR2 + \beta_3 NCSKEW + \beta_4 POSR1 \times NCSKEW$$
$$+ \beta_5 POSR2 \times NCSKEW + \beta_6 FSHR + \beta_7 SLT + \beta_8 LTL + \beta_9 SIZE$$
$$+ \beta_{10} LEV + \beta_{11} ROA + \beta_{12} LAZ + \beta_{13} TAT + \beta_{14} CR + \beta_{15} YEAR$$
$$+ \beta_{16} INDU + \varepsilon \quad (7-6)$$

模型（7 - 3）中 $POSR1 \times NCSKEW$ 和 $POSR2 \times NCSKEW$ 为股权质押与股价崩盘风险的交互项，通过股价崩盘风险的交互性，验证其三者的关系。如若假设 7 - 3 成立，则 β_1 系数为负。

四、实证结果与分析

（一）描述性统计

表 7-3 是文中所有变量所体现的描述性统计结果。根据表 7-3 可知，企业创新投入 R&D 的均值为 0.060，中位数为 0.050，标准差为 0.039。根据 *POSR*1 数据可知，有 65.4% 的公司的控股股东进行了股权质押活动，说明通过股权质押进行融资的行为在创业板上是比较常见的。由 *POSR*2 数据可知，控股股东股权质押比例的平均值是 0.612，最大值是 1，说明在所选样本中，存在着控股股东全部质押的情况。

表 7-3   描述性统计

变量名	样本数	均值	中位数	最大值	最小值	标准差
R&D	2 293	0.060	0.050	0.238	0.005	0.039
POSR1	2 293	0.654	0	1	0	0.429
POSR2	2 293	0.612	0	1	0	0.367
NCSKEW	2 293	0.006	−0.070	2.42	−4.045	1.158
FSHR	2 293	29.834	21.571	92.604	0.138	12.863
STL	2 293	3.171	5.189	90.432	0	4.484
LTL	2 293	1.807	0.651	85.341	0	2.868
SIZE	2 293	21.376	22.913	24.761	18.961	0.868
LEV	2 293	0.333	0.326	1.687	0.276	0.177
ROA	2 293	0.039	0.041	0.526	−1.629	0.108
LAZ	2 293	1.382	1.284	4.704	0.341	0.741
TAT	2 293	0.459	0.425	1.449	0.06	0.223
CR	2 293	2.997	1.903	18.016	0.601	3.132

（二）相关性分析

表 7-4 为检验模型中主要使用的变量之间的相关系数矩阵。分析如下：*POSR*1、*POSR*2 与 R&D 均在 1% 的水平上呈显著负相关，这说明控股股东股权质押的行为对企业创新投入会产生显著的负面影响，该结果既支持了假设 7-1 也支持了假设 7-2。其中，短期借款、长期借款、公司规

表 7 - 4

Pearson 相关性分析

	R&D	POSR1	POSR2	NCSKEW	FSHR	STL	LTL	SIZE	LEV	CR
R&D	1.000									
POSR1	-0.174***	1.000								
POSR2	-0.193***	0.633***	1.000							
NCSKEW	-0.142**	-0.116**	-0.124**	1.000						
FSHR	-0.129***	-0.106***	-0.124***	-0.068***	1.000					
STL	-0.130***	-0.569***	-0.337***	-0.456***	-0.326***	1.000				
LTL	-0.114***	-0.399***	-0.463***	-0.479***	-0.511***	0.523***	1.000			
SIZE	0.191***	-0.586***	-0.613***	-0.074***	0.504***	0.659***	0.549***	1.000		
LEV	-0.249***	-0.274***	-0.396***	0.54**	-0.397***	0.480***	0.333***	0.453***	1.000	
CR	-0.350***	-0.473***	-0.507***	0.323***	-0.174***	-0.246***	-0.156***	-0.332***	-0.563***	1.000

注：括号内为 t 值；***、** 分别表示在 1%、5% 的统计水平上显著。

模、资产负债率与流动比率都与企业创新投入呈显著负相关。股权质押的同时面临着短期内要偿还借款的问题，所以公司会减少风险较大的创新投入，而采取稳定的措施偿还借款，所以为了降低企业整体的风险，公司不会选择风险大且时期长的企业创新活动。Pearson 相关性分析的结果符合预期假设，接下来通过回归分析进行实证检验。

（三）主要实证结果与分析

1. 控股股东股权质押对企业创新的影响

对于假设 7-1 的检验结果如表 7-5 所示。在民营企业中，$POSR1$ 与 $POSR2$ 系数同为负数，且在 1% 水平上显著。说明控股股东股权质押与创新投入有着显著的负相关影响。在国企数据中显示 $POSR1$ 与 $POSR2$ 系数同为负，但没有显著性影响。所以，民营企业控股股东股权质押对创新投入的负相关比国有企业更为显著。控制变量中除了公司规模与资产周转率其他系数均为负，且在 1% 水平上显著。说明其对企业创新投入呈负相关影响。结合表 7-5 综合来看，得到的回归结果支持假设 7-1，假设 7-1 成立。

表 7-5　　　　　　　　　　　假设 7-1 的检验结果

变量	R&D（1）		R&D（2）	
	国企	民营	国企	民营
POSR1	-0.019 （-3.24）	-0.003 *** （-4.72）		
POSR2			-0.032 （-2.13）	-0.002 *** （-3.92）
FSHR	-0.001 *** （-0.98）	-0.002 *** （-1.32）	-0.001 *** （-1.07）	-0.002 *** （-1.53）
STL	-0.005 ** （-2.21）	-0.013 *** （-4.87）	-0.007 ** （-2.78）	-0.015 *** （-5.01）
LTL	-0.004 ** （-2.09）	-0.007 *** （-4.31）	-0.005 ** （-2.13）	-0.008 *** （-4.74）
SIZE	0.048 ** （2.47）	0.019 *** （-3.46）	0.042 *** （2.50）	0.027 *** （-3.87）

续表

变量	R&D（1）		R&D（2）	
	国企	民营	国企	民营
LEV	− 0.074 *** （− 3.27）	− 0.031 *** （− 4.37）	− 0.081 *** （− 3.96）	− 0.033 *** （− 4.70）
ROA	− 0.023 ** （− 5.89）	− 0.019 *** （− 4.85）	− 0.025 ** （− 6.47）	− 0.017 *** （− 4.21）
LAZ	− 0.007 *** （− 2.67）	− 0.005 *** （− 1.65）	− 0.008 *** （− 2.91）	− 0.005 *** （− 1.93）
TAT	0.078 ** （3.41）	0.012 （1.98）	0.093 ** （3.77）	0.013 （1.72）
CR	− 0.005 （− 4.57）	− 0.002 *** （− 3.04）	− 0.007 （− 4.98）	− 0.002 *** （− 3.12）
INDU	YES	YES	YES	YES
YEAR	YES	YES	YES	YES
N	2 293	2 293	2 293	2 293
R^2	0.464	0.316	0.487	0.324

注：括号内为 t 值；*** 、** 分别表示在 1%、5% 水平上显著。

2. 股价崩盘风险与控股股东股权质押的影响

对于假设 7 − 2 的回归结果如表 7 − 6 所示。我将数据分组进行分析，分为存在控股股东进行了股权质押的公司和控股股东没有进行股权质押的公司。分析表 7 − 6 可知：表 7 − 6（1）列显示，考虑存在控股股东进行股权质押的公司在不考虑控制变量的情况下，POSR2 对 NCSKEW 的系数为 − 0.033，在 5% 水平上显著，表 7 − 6（2）列显示，存在控股股东股权质押的公司在考虑控制变量的情况下，POSR2 对 NCSKEW 的系数为 − 0.049，在 5% 水平上显著。在不存在控股股东进行股权质押的行为下，表 7 − 6（3）列显示，在不考虑控制变量的情况下，POSR1 对股价崩盘风险 NCSKEW 的系数为 − 0.027，在 9% 水平上显著。表 7 − 6（4）列显示，在考虑控制变量的情况下，POSR1 对股价崩盘风险 NCSKEW 的系数为 − 0.043，且在 5% 的水平上显著。根据数据分析所得，当控股股东进行股权质押时，股权质押对股价崩盘风险呈更高的负相关关系，假设 7 − 2 通过了检验。

表 7 - 6　　　　　　　　　假设 7 - 2 的检验结果

变量	NCSKEW		NCSKEW	
	存在股权质押组		不存在股权质押组	
	（1）	（2）	（3）	（4）
POSR2	- 0.033 ** （- 1.38）	- 0.049 ** （- 2.22）	- 0.027 * （- 1.17）	- 0.043 ** （- 2.03）
FSHR		- 0.002 （- 1.21）		- 0.001 （- 1.03）
STL		- 0.007 *** （- 3.74）		- 0.005 *** （- 3.09）
LTL		- 0.005 *** （- 2.53）		- 0.004 *** （- 2.11）
SIZE		0.063 *** （6.32）		0.047 *** （5.53）
LEV		- 0.098 *** （- 3.23）		- 0.067 *** （- 2.58）
ROA		- 0.088 *** （- 4.13）		- 0.074 *** （- 3.25）
LAZ		- 0.064 *** （- 3.02）		- 0.043 *** （- 2.14）
TAT		- 0.083 *** （- 4.09）		- 0.069 *** （- 3.13）
CR		- 0.054 *** （- 2.74）		- 0.047 *** （- 2.18）
INDU	YES	YES	YES	YES
YEAR	YES	YES	YES	YES
N	2 293	2 293	2 293	2 293
R^2	0.041	0.053	0.033	0.046

注：括号内为 t 值；*** 、** 、* 分别表示在 1%、5% 和 10% 的统计水平上显著。

3. 股价崩盘风险对控股股东股权质押与创新投入关系的影响

通过表 7 - 7 可得到假设 7 - 3 的回归结果。分析股价崩盘风险后把表中数据划分成股价崩盘风险小组和股价崩盘风险大组。表 7 - 7 （1）列显示，在股价崩盘风险小组不考虑控制变量的情况下，POSR2 与 POSR2 × NCSKEW 系数都为负，且在 1% 水平上显著。表 7 - 7 （2）列显示，在股价崩盘风险小组考虑控制变量情况下，*POSR2* 与 *POSR2* × NCSKEW 系数也同为负，并在1%水平上显著。分析表7－7我们不难看出在股价崩盘风险大组其回归结果同样呈负相关，且在1%水平上显著。但从表内数据来看，股价崩盘风险大组的回归系数绝对值大于股价崩盘风险小组，因此股价崩盘风险大组中控股股东股权质押对创新投入的负相关更加明显，假设7－3得到了支持。

表7－7　　　　　　　　假设7－3的检验结果

变量	股价崩盘风险小组		股价崩盘风险大组	
	R&D（1）	R&D（2）	R&D（3）	R&D（4）
POSR2	－0.006*** （－3.86）	－0.003*** （－3.11）	－0.009*** （－4.37）	－0.007*** （－4.01）
POSR2 × NCSKEW	－0.007*** （－4.14）	－0.004*** （－3.43）	－0.010*** （－4.45）	－0.008*** （－4.27）
FSHR		－0.002*** （－2.63）		－0.003*** （－2.84）
STL		－0.008*** （－7.63）		－0.012*** （－8.14）
LTL		－0.004*** （－6.32）		－0.007*** （－7.97）
SIZE		－0.021*** （－1.33）		－0.022*** （－1.46）
LEV		－0.003*** （－4.37）		－0.004*** （－4.89）
ROA		－0.009*** （－6.28）		－0.012*** （－6.74）
LAZ		－0.004*** （－2.03）		－0.005*** （－2.35）
TAT		0.013*** （1.94）		0.015*** （2.17）
CR		－0.003*** （－3.78）		－0.003*** （－3.96）
INDU	YES	YES	YES	YES
YEAR	YES	YES	YES	YES
N	2 293	2 293	2 293	2 293
R^2	0.274	0.281	0.297	0.283

注：括号内为 t 值；*** 表示在1%的统计水平上显著。

（四）进一步分析

在股价崩盘风险对控股股东股权质押与创新投入的影响下，我进一步分析了在存在控股股东进行股权质押率高低差异的情况下，控股股东股权质押对创新呈现什么样的影响。我将数据分为两大组，一组为股价崩盘风险小组，另一组为股价崩盘风险大组，其中我又在两组下细分了，控股股东进行股权质押率低组与股权质押率高组。分析结果如表 7-8 所示，在股权质押率高组，POSR2 系数均为负数，股价崩盘风险小组系数为 -0.007，股价崩盘风险大组系数为 -0.009，且在两组中都在 1% 水平上显著。在股权质押率低组，股权质押率对创新投入没有显著影响。可见，相对于股价崩盘风险小的情况下，股价崩盘风险大时，股权质押率较高对创新投入的负相关更为显著。也就是说，控股股东股权质押率越高，企业创新投入水平就越低。

表 7-8　　　　　　股权质押比例、股价崩盘风险与企业创新

变量	股价崩盘风险小组		股价崩盘风险大组	
	R&D	R&D	R&D	R&D
	股权质押率低组	股权质押率高组	股权质押率低组	股权质押率高组
POSR2	-0.003 (-0.79)	-0.007 *** (-2.98)	-0.007 (-1.23)	-0.009 *** (-3.14)
POSR2 × NCSKEW	-0.003 (-2.09)	-0.004 *** (-2.36)	-0.003 (-2.11)	-0.005 *** (-2.74)
FSHR	-0.001 *** (-0.97)	-0.002 *** (-1.74)	-0.002 *** (-1.63)	-0.003 *** (-2.04)
STL	-0.011 *** (-3.01)	-0.015 *** (-3.89)	-0.014 *** (-3.27)	-0.018 *** (-4.03)
LTL	-0.003 *** (-1.93)	-0.007 *** (-2.32)	-0.005 *** (-2.17)	-0.008 *** (-2.56)
SIZE	0.054 *** (5.33)	0.023 *** (3.74)	0.058 *** (5.69)	0.025 *** (3.83)

续表

变量	股价崩盘风险小组		股价崩盘风险大组	
	R&D	R&D	R&D	R&D
	股权质押率低组	股权质押率高组	股权质押率低组	股权质押率高组
LEV	-0.076 *** (-7.46)	-0.067 *** (-7.14)	-0.078 *** (-7.97)	-0.069 *** (-7.26)
ROA	-0.068 *** (-4.69)	-0.054 *** (-3.15)	-0.063 *** (-4.04)	-0.055 *** (-3.21)
LAZ	-0.004 *** (-3.55)	-0.006 *** (-4.16)	-0.005 *** (-3.85)	-0.007 *** (-4.37)
TAT	0.081 (5.09)	0.057 (3.32)	0.074 (4.57)	0.063 (3.44)
CR	-0.002 (-1.86)	-0.003 *** (-2.17)	-0.002 (-1.93)	-0.003 *** (-2.61)
INDU	YES	YES	YES	YES
YEAR	YES	YES	YES	YES
N	2 293	2 293	2 293	2 293
R^2	0.231	0.251	0.233	0.264

注：括号内为 t 值；*** 表示在1%的统计水平上显著。

（五）稳健性检验

1. 内生性检验

为了检验股权质押了的公司和股权没有进行质押的公司存在的差别，本文采用 PSM 为解决这一问题。按照营运效率、公司规模、资产周转率、控股股东持股比例、流动比率进行控股股东是否进行了股权质押一一配对，得到的回归结果如表 7-9 所示。其中 POSR 用来进行股权质押的衡量。如表所示，POSR 与 R&D 仍呈显著负相关，POSR × CRASH 与 R&D 也呈显著负相关。所以，在内生性检验后，本章的回归结论依旧不变。

表7-9 PSM 回归结果

变量	R&D（1）	R&D（2）
POSR	−0.003 *** （−4.87）	−0.002 *** （−4.63）
POSR × CRASH		−0.004 *** （−4.57）
控制变量	YES	YES
INDU	YES	YES
YEAR	YES	YES
N	4 586	4 586
R²	0.051	0.053

注：括号内为 t 值；*** 表示在1%的统计水平上显著。

2. 其他稳健性检验

其次使用变量替代方法进行稳健性检验。改用当年研发投入占总资产的比重（Rdint）来衡量企业的创新投入重新进行回归分析如表7-10所示。采用收益率上下波动比率（DUVOL）对股价崩盘风险数值进行衡量。根据前文股价崩盘风险模型基础，公式如下：

$$
\text{DUVOL}_{i,t} = \log \frac{(n_u - 1) \sum_{\text{down}} W_{i,t}^2}{(n_d - 1) \sum_{\text{up}} W_{i,t}^2} \tag{7-7}
$$

其中，n_u 和 n_d 表示公司 t 的股价周特有收益率 $W_{i,t}$ 大于和小于其年平均收益率的周数。DUVOL 的值越大股价崩盘风险越大。

回归结果如表7-10和表7-11所示。分析重新回归的结果表明，控股股东股权质押与企业创新投入仍然表现负相关的关系，同时在受到股价崩盘风险的影响下，R&D（2）列为股价崩盘风险大列，控股股东股权质押对创新投入的负相关比 R&D（1）列更为显著。本文假设依旧成立。

表7-10 检验结果

变量	Rdint
POSR1	−0.003 *** （−3.67）
POSR2	−0.002 *** （−3.49）

续表

变量	Rdint
控制变量	YES
INDU	YES
YEAR	YES
N	2 293
R^2	0.269

注：括号内为 t 值；*** 表示在1%的统计水平上显著。

表7－11 检验结果

变量	R&D（1）	R&D（2）
POSR2	− 0.003 *** （− 3.31）	− 0.005 *** （− 5.67）
POSR2 × DUVOL	− 0.004 *** （− 3.53）	− 0.006 *** （− 5.93）
控制变量	YES	YES
INDU	YES	YES
YEAR	YES	YES
N	2 293	2 293
R^2	0.277	0.286

注：括号内为 t 值；*** 表示在1%的统计水平上显著。

五、结　　论

　　本章为研究控股股东股权质押与企业创新的影响，通过对 2015～2018 年创业板民营上市公司的数据进行实证分析，阐述了企业创新与控股股东股权质押活动两者之间的关系。该论文以股价崩盘风险着手，首先探讨了控股股东股权质押和股价崩盘风险的内部联系。其次在受到股价崩盘风险时，控股股东股权质押对企业的创新投入又会产生什么样的变化。总结概括出以下结论：（1）控股股东股权质押会使企业创新发展受到抑制。（2）相比控股股东没有设置股权质押的企业而言，采取了股权质押的企业，股价崩盘风险相对较低。（3）在对比股价崩盘风险大和风险小的企业中可以得到，风险大的企业采取股东股权质押会对企业创新的抑制变得更加严重。

本章的研究有着重要的现实意义：第一，以控股股东的角度分析，股权质押的信息披露应受到严格把控，从而避免资本市场的过度解读带来的金融市场的融资环境不断恶化；第二，以上市公司的角度分析，需要加强企业自身核心竞争力，改善公司融资环境，同时加强企业创新能力，完善监管监督体系，建立在股权质押方面的风险防范体系；第三，从国家而言，创建良好的市场环境，尽量减少投资者和公司之间的信息不确定性，不但给予企业更加优秀的创新环境与技术支持，同时应该大力促进企业的可持续发展，在实体经济的长期发展道路中进一步迈进。

参考文献

［1］李常青，李宇坤，李茂良．控股东股权质押与企业创新投入［J］．金融研究，2018（7）：143-157.

［2］王雄元，欧阳才越，史震阳．股权质押、控制权转移风险与税收规避［J］．经济研究，2018（1）：138-152.

［3］杨鸣京，程小可，钟凯．股权质押对企业创新的影响研究——基于货币政策不确定性调节效应的分析［J］．财经研究，2019（2）：139-152.

［4］谢德仁，郑登津，崔宸瑜．控股股东股权质押是潜在的"地雷"吗？——基于股价崩盘风险视角的研究［J］．管理世界，2016（5）：128-140.

［5］王斌，宋春霞．大股东股权质押、股权性质与盈余管理方式［J］．华东经济管理，2015（8）：118-128.

［6］李旎，郑国坚．市值管理动机下的控股股东股权质押融资与利益侵占［J］．会计研究，2015（5）：42-49.

［7］赵袁军，余红心，正凯．股权转让与创业资本投资回报关系研究——基于产业关联性视角［J］．证券市场导报，2017（4）：20-28.

［8］郑国坚，林东杰，林斌．大股东股权质押、占款与企业价值［J］．管理科学学报，2014，17（9）：72-87.

［9］Chen Joseph，Hong Harrison and Stein Jeremy C. Forecasting Cashes：Trading Volume，Past Returns and Conditional Skewness in Stock Prices［J］．Journal of Financial Economics，2001（61）：345-381.

［10］Kim Jeong Bon，Li Yinghua and Zhang Liandong. CFOs versus CEOs：Equity Incentives and Crashes［J］．Journal of Financial Economics，2011（101）：713-730.

［11］王化成，曹丰，叶康涛．监督还是掏空：大股东持股比例与股价崩盘风险［J］．管理世界，2015（2）：45-57，187.

［12］江轩宇. 税收征管，税收激进与股价崩盘风险［J］. 南开管理评论，2013
（5）：152 – 160.

［13］Chemmanur T J，Loutskina E，Tian X. Corporate venture capital，value creation，and innovation［J］. Review of Financial Studies，2014，27（8）：2434 – 2473.

［14］Fang V W，Tian X，Tice S. Does stock liquidity enhance or impede firm innovation?［J］. Journal of Finance，2014，69（5）：2085 – 2125.

经理控制权对企业创新的影响研究

第八章

现金持有、高管任期与研发投入平滑

一、引　言

内生增长理论认为，经济持续增长的决定性因素是科技进步。经济之所以能够持续稳定地增长，是因为人类在生产生活的过程中不停地进行发明创造、研究开发，不断地推动技术进步，从而保证了经济的持续发展。20 世纪 90 年代初，熊彼特提出了"创新理论"，他认为生产技术的进步以及生产方式的一系列改革在推动经济发展的过程中起到了至关重要的作用。他强调创新实质上是一种"创造性积累"，是线性的和连续性的活动，而这种活动的主体便是"企业家"。企业只有通过研发创新活动不断学习不断进步，才能在竞争如此激烈的现代化社会中站稳脚跟，而经济发展正是由企业的持续创新来推动的。信息技术革命的发展推动了知识型社会的形成，创新的重要性进一步得到了科学界的认识，无论是经济发展还是社会进步，创新在其中都扮演了举足轻重的角色。近几年来，各国都不断加大研发创新的投入力度，我国也充分认识到了创新在经济社会以及国家实力方面所发挥的重要作用，不断地加大研发投入，努力保证创新的持续性与稳定性（见图 8-1）。

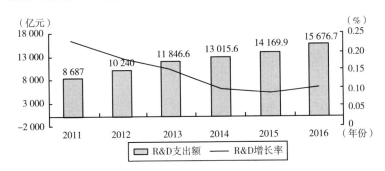

图 8-1　2011~2016 年 R&D 支出额及 R&D 增长率变化

资料来源：作者整理。

从图 8 - 1 可以看出，2010 ~ 2016 年我国的研发投入一直呈现稳定增长的趋势，研发投入（R&D）增长率在 2011 ~ 2014 年出现了下降趋势，但从 2014 年开始逐渐上升，总体上没有太大的变动。

党的十九大报告多次强调创新对我国的重要性，创新在我国的经济、文化、社会体系中均起着十分关键的作用。报告制定了截至 2035 年我国要位居前列创新型国家的目标，变"中国制造"为"中国智造"，全社会都要努力推动创新驱动战略的实施。创新的主要参与者是企业，同时，R&D 投入是保证创新发展的重要因素，那么怎样保持稳定的 R&D 投入是学者及企业关注的重要问题。[1] R&D 投入由于自身特殊性主要依赖于企业内部资金，一直以来，企业内部持有现金都是保证持续性研发投入的重要资金来源。另外，企业的持有现金很可能会对研发起到重要的平滑作用，外部融资由于受到市场不稳定性的影响存在较大的变动性，此时，企业内部的持有现金对这种变动带来的冲击将起到重要的平滑作用。除了资金带来的影响外，R&D 投入同样也受到企业高管投入决策的重要影响，不同任期的高管随着管理经验的增加以及人生目标的转变，所做出的投入决策也在发生着变化。本章在借鉴国内外学者研究的基础之上，实证检验了高科技上市公司现金持有以及高管任期异质性对研发平滑的影响。

本章的学术贡献有：首先，基于自由现金流理论实证检验了现金持有对研发投入的平滑作用。其次，基于高层梯队理论引入高管任期这一调节变量，检验了高管既有任期与预期任期长短对现金持有研发平滑作用的影响。再次，通过对现金持有量的分组检验了现金持有对高管任期调节作用的影响。最后，本章通过对研发投入强度、任期长短以及总经理和董事长任期的进一步分组检验，发现研发投入强度越大，高管任期越长，现金持有对研发投入的平滑作用越显著；现阶段总经理与董事长的任期能够显著调节现金持有的研发平滑效应，总经理的任期对公司的现金持有与研发投入决策有着更加紧密的联系。

本章其他部分的结构如下：第二部分为本章的理论基础，并在此基础上提出本章的研究假设；第三部分为样本选择、变量设计以及模型构建；第四部分为回归检验与分析；第五部分为稳健性检验；最后是本章的研究结论。

二、理论分析与研究假说

(一) 现金持有与研发投入平滑

企业的创新活动往往因信息技术、外部环境变化、政策、经济等一系列不确定的因素而面临较高的风险，其中以资金的不确定性最为关键，只有持续稳定的研发资金才能保证创新活动的顺利进行。[1]一方面我国资本市场以及外部融资环境目前发育不够成熟，外部融资渠道少、门槛高、风险大，[2]加上研发活动由于不确定性高、信息不对称等自身存在的特性，导致创新活动很难从外部金融市场获得充足的资金从而依赖于企业的内部资金；另一方面，创新是一个持续性的过程，一旦由于财务风险等原因导致资金链断裂，创新活动被迫中断，这将会给企业带来巨大的冲击，即使后续研发重新开始进行，企业的损失也将会是难以估量的，也就是说，创新活动的调整成本很高。[3]因为创新活动具有连贯性，前期的研发与后期的研发紧密相连，一旦企业受到财务危机被迫中断创新活动，那么之前所做的研究很可能会付之一炬。除此之外，一般来说企业会将50%以上的研发投入用来支付技术人员的薪酬，这些人员掌握着企业的核心技术，一旦流失，对人力资本的投入将无法挽回，而任何原因造成的研发中断情况都有可能造成技术人员的流失。因此，保持研发投入的稳定性、持续性是企业生存发展的重要战略之一。[4]

詹森提出的"自由现金流量假说"认为企业的管理者为了追求自身利益通常会滥用企业的现金资源，也就是所谓的自由现金流的"代理成本"。[5]自由现金流量指的是企业由生产活动产生的现金流量，这部分资金是企业已经保证了后续投入需要之后剩余的现金流量，是分配给企业管理者支配的并不影响企业正常生产活动的一部分资金，是企业持有现金的重要组成部分。企业经理人员对自由现金流的使用将直接影响到企业的投入计划进而影响到企业价值。[6]根据优序融资理论，自由现金流作为企业内部资金具有流通性高、调整成本低以及使用权高度自由等特点，是经理人员在企业面对财务问题、调整投入计划时首先考虑使用的资金。货币需求理论认为企业是为了把握更好的投入机会才会持有现金（Keynes，1936）[7]。

具有创新需求的公司会提高其现金持有（Kamien，1978）[8]。随着人们对持有现金认识的不断深入，越来越多的学者注意到了企业持有现金在平滑研发投入方面所起到的作用，并从不同的角度进行探讨。首先，学者们发现了利用现金持有进行研发平滑的行为在某些特定类型的企业中更为明显。例如，刘瑞等以80家沪深两市A股高科技行业上市公司为样本进行研究，检验结果证明高科技行业非常注重保持研发的平滑性；[9]吴淑娥分析我国生物医药上市公司数据后同样证明了此类企业通常会利用持有现金使得企业的研发投入能够保持在一个稳定的状态。[10]以上研究表明，高科技企业会更加频繁地使用持有现金来保持研发投入平滑。其次，学者们针对高科技企业利用持有现金平滑研发投入的动因给出了进一步的解释。对美国制造类企业数据进行分析后发现，此类企业易于发生财务变动，因此需要利用持有现金稳定研发投入（Brown，2011）[11]；唐清泉等对我国高科技上市公司的R&D投入进行实证检验后发现，由于严重的信息不对称问题，因此R&D投入往往得不到债权人的支持只能依靠内部资金；[12]卢鑫等则认为由于融资约束的存在，使得中国高新技术产业的研发资金不得不依赖于内部持有现金。[13]总结学者们的观点后会发现，主要是我国金融市场不完善以及高科技企业内部的信息不对称、财务风险频发等原因，使得高科技企业倾向于利用内部持有现金对研发投入进行平滑。最后，学者们针对现金持有对研发投入产生的平滑效应给出了大量实证、直接性的证据。例如，鞠晓生运用我国上市公司数据研究发现企业倾向于运用内部资金来支持和平滑研发投入；[14]杨兴全等以2005~2007年工业企业数据为样本，发现公司持有现金具有平滑研发投入的作用；[15]曾义等以沪深两市A股上市公司2007~2013年数据为样本，通过实证检验发现企业会利用持有现金对创新进行平滑；[16]梁彤缨等运用5年中国工业上市公司数据对现金持有与研发平滑进行了综合分析后发现现金持有很大程度上支撑和保证了研发投入活动的持续性稳定性。[17]企业的持有现金能够对研发投入起到良好的平滑作用，这与持有现金的特性密切相关。企业的持有现金属于企业的内部自由现金流，调整成本低且调整的自由度高，一旦企业的研发投入遭遇财务风险而发生变动，高管会利用企业的持有现金投入到研发活动中去，从而保持研发活动的持续性、稳定性。因此，企业的现金持有与研发投入变动总体上应是负相关关系，只有二者的变动方向相反，才能证明现金持有能够平滑企业的研发投入。在关注现金持有绝对量与研发变动关系的同时，还应考虑现金持有变动量（增加量或减少量）对研发投入变动量的影响。因为只有当企业持有大量、稳定的现金时，才能保证研发投入的持续稳定，一旦企业的现金持有发生较大的变动，不能及时稳定地投入到企业的研发创新中去，造成资金短缺，就会对研发平滑产生严重的影响。根据以上相关文献与理论分析，提出本章的第一个假设。

H8 – 1a：现金持有越多，越利于持续地进行研发投入。

H8 – 1b：现金持有变动量越小，越有利于保持研发平滑。

（二）高管任期、现金持有与研发投入平滑

高层梯队理论认为，由于每个管理者拥有着不同的特质，因此他们对于事物往往存在不同的理解与认识。也就是说不同的任期、文化程度、海外背景、年龄阶段的管理者有着不同的认识层次与价值判断标准，他们对于企业的发展有着不同的看法，这种不同的认知水平影响着他们所作出的战略决策，从而影响到企业的发展。如果在研究企业行为时没有考虑到高管团队的异质性，就无法全面深入地了解这些行为出现的原因及背后的意义。由于自由现金流存在代理成本，当企业自由现金流过多时，高管可能会为了增加控制权或牟取私人利益而出现过度投入等行为，但这种行为会随着年龄以及任期的增长逐渐发生变化。[18]国内许多学者指出随着高管任期的增加，高管的关注点逐渐从个人利益的获取转移到公司价值的实现上来，此时，高管与股东之间的代理冲突便能得到一定程度上的缓和，自由现金流的代理成本也会相应下降。[19,20]由于高管特性与其战略经济决策密切相关，本章选取高管任期异质性作为切入点，探讨高管任期长短对现金持有以及研发平滑的影响。

企业通常会选择通过持有一定数量的现金来应对可能发生的财务风险或较好的投入机会，高科技企业由于外部融资成本较高，因此更加依赖企业的内部资金。[21]企业的高管随着任期的增加对企业持有现金的认识会不断深入，对其利用方式和持有动机也会相应地发生改变。高管的任期越长，其管理经验越丰富，越关注企业的长期利益。为了使企业保持持续稳定的发展，有经验的管理者通常会选择提高现金的持有量来应对未来可能发生的财务危机，或者利用持有现金对一些较好的投入项目进行投入；而

相对来说任期较短的高管，由于管理经验的缺乏，不会过多关注企业持有现金的价值，在遭遇财务危机带来的融资约束情况时，往往只能"量入为出"，根据企业的经营状况选择投入的项目。高管任期对现金持有决策的影响将直接影响到企业的研发投入。目前，国内外对高管任期和创新的研究主要集中在任期与研发投入强度方面，学者们通过研究发现高管任期与企业研发投入具有显著相关性。高管任期与企业创新之间存在相关关系（Camelo，2005）[22]；高管既有任期越长，企业的研发投入强度越大（Luo，2014）[23]；刘运国等检验了我国2001~2004年454个上市公司的样本后发现高管任期与R&D支出呈显著正相关关系，即高管任期越长的公司，R&D支出越高。[24]高管任期分为"既有任期"与"预期任期"，两种任期都对研发投入有一定的影响。张兆国等通过研究我国上市公司样本数据后发现，高管"既有任期"在一定时期内促进了研发投入，"预期任期"与研发投入正相关；[25]陈华东以我国A股类上市公司为样本，研究发现高管"预期任期"能够对企业创新活动起到正向调节的作用。[26]

"既有任期"指的是高管的在位履职时间，任期较短的高管倾向于对薪酬奖励的追求，经济人假说认为，高管一切行为都是基于自身利益最大化进行的，为了短期内创造更大的价值，高管会更多地对一些具有"立竿见影"收益效果的项目进行投入。而既有任期较长的高管在薪酬已经达到一定的水平之后，更多地开始追求地位、尊重以及自我价值的实现，他们会更加关注企业的长远利益，会通过持有更多的现金来应对未来可能发生的财务风险，相应地也会更加注重创新这种能够有益于企业长远发展的项目。同时既有任期越长说明高管工作的时间越长，其积累的工作经验越丰富，那么其自信心、工作热情、认知能力、学习能力以及思维开放程度都会得到显著提高。高管对风险的恐惧会随着应对风险能力的提升而下降，当企业的研发投入因为遭遇财务风险而发生变动时，经验丰富的高管将更熟练也更倾向于利用企业的持有现金对研发投入进行补充以保证研发投入的平滑性。基于以上分析，本章提出如下假设：

H8-2a： 高管既有任期正向调节了现金持有的研发平滑效应。

"预期任期"指的是高管对未来任职情况的合理估计，实际上代表着高管继续任职时间的长短。由于创新带来的收益具有滞后性，当高管的预期任期较长时，其能预期到R&D投入将继续为自己及企业带来收益，此时就会有动力保持 R&D 投入的持续性和平滑性，会持续增加和利用持有现金来促进企业创新活动的顺利进行。相反，当高管的预期任期较短，也就是高管意识到自己即将离任的时候，便会产生一系列"短视行为"。这时高管的关注点便会从如何增加企业的收益转移到如何增加自己的私人利益方面。期望理论指出，人的积极性被调动的大小取决于期望值与效价的乘积。也就是说，一个人越有把握完成自己的目标，达到自己的既定目的，就越有动力和积极性去尝试各种方法。当高管的预期任期较长时，他们会积极推动企业创新活动的进行，当创新活动遇到风险时，也会通过资金调整等方式努力保持研发投入活动的稳定持续性，因为他们有足够的时间得到创新项目所产生的效益回报。但当高管的预期任期较短时，他们对创新项目带来的回报率期望值会下降，因为创新项目具有一定的滞后性，他们无法保证在离任前能够享受到这些项目所带来的效益，那么便会失去保持研发平滑稳定性、持续性的动力。国内外的学者们也从实证研究上证明了这一心理学理论。安塔（Anta）等研究发现董事长的预期任期会通过改变董事长的心理以及行为选择从而对企业的创新活动产生影响；[27] 张兆国等以我国 2011~2015 年沪深两市 A 股类上市公司为样本，研究发现高管预期任期与公司的创新绩效显著正相关。[28] 另外，当预期任期较短时，前文提到的声誉方面的激励作用也会相应地降低，因为随着离任的接近，高管的努力与企业的长期利益之间的关系会逐渐减弱，此时高管创新改革以及保持企业现金持有的动力会有所下降，其平滑研发投入的行为便会相应逐渐地减少。据此提出如下假设：

H8 - 2b：高管预期任期正向调节了现金持有的研发平滑效应。

一方面，高管任期长短对现金持有的研发平滑效应会产生调节作用；另一方面，现金持有量的大小也会反过来影响到这种调节作用。企业的持有现金主要来源于企业的自由现金流，而自由现金流最大的特点就在于"自由"二字。是指将经营活动所产生的现金流除去满足主要业务运转需要的资金后剩余的能被企业自由分配的现金。虽然自由现金流理论指出过多的现金流可能会导致过度投入等问题，但大量实证研究表明当企业拥有充足的现金储备时，管理者能够通过调动这些财务资源从而更好地抵御财务风险并把握有价值的投入机会。对法国上市公司 CFO 调查研究发现拥有较高资金储备的企业在面对金融危机时其投入计划受到的影响较小（Bancel，2011）[29]；曾爱民等通过实证研究发现持有较高现金的具有财务柔性的企业，CEO 在面对金融冲击时拥有更强的资金调动能力，从而能够更好地抵御金融风险并把握住创新研发等较好的投入机会。[30]由此可见，企业现金持有量能够显著影响到高管在平滑研发投入方面的能力，因此在研究高管任期对研发平滑带来的调节作用时，如果不能够考虑到现金持有量的大小并加以比较的话，就不能全面深入地了解三者之间的关系。当企业的自由现金流充足时，高管在面对研发变动时能够及时调动这部分资金去平滑研发投入，保持创新稳定性，此时高管任期对现金持有平滑研发投入效应的调节作用会较为明显。相反，当企业的自由现金流不充足时，当由于财务风险等原因导致研发投入发生变动时，高管就被迫需要通过成本较高的外部融资渠道筹集资金平滑研发投入或者受资金限制降低研发投入以维持公司主要业务的运营，那么此时高管任期对现金持有的研发平滑效应所带来的调节作用就会降低很多。根据以上逻辑分析，提出本章的假设：

H8 - 3：现金持有越高，高管任期对研发平滑的调节作用越显著。

三、研究设计

（一）研究样本与数据来源

本章选取 2010~2016 年高科技行业上市公司为样本。自 2007 年新会计准则实施后，高科技行业由于需要进行大量的创新活动，研发强度较高，需要持续稳定的研发投入，因此这类行业的研发投入数据较为完整，便于整理和研究。根据中华人民共和国国家统计局 2013 年公布的高科技行业分类标准，本章选取了化学原料及化学品制造业、医药制造业、仪器仪表制造业、航空航天设备制造业、计算机通信设备制造业、信息技术服务业、科学技术服务业这 7 个行业进行研究。由于国家认定的高科技企业普遍享有 15% 的税收优惠，因此从上述行业中手动选取了享有 15% 税收优惠的企业。通过剔除 ST 和 *ST 公司以及相关数据缺失的公司之后最终得到634 个公司 7 年共 4 198 个观测值。运用 Stata 14.0 软件进行数据处理。本章数据来自国泰安数据库及上市公司年度财务报告。

（二）变量设计

（1）研发投入变动。为了保证数据的稳健性，本章采用两种变量来衡量研发投入的变动性。一是用（本期研发投入 – 上期研发投入)/平均总资产，二是用（本期研发投入 – 上期研发投入)/营业收入来衡量。

（2）现金持有。即利用本期现金及现金等价物平均持有量/平均总资产来衡量企业的现金持有比率。

（3）现金持有变动。即利用（本期现金持有 – 上期现金持有)/平均总资产来衡量企业的现金持有变动率。

（4）高管任期。本章的高层管理人员主要包括总经理、副总经理、董事长、副董事长以及财务总监等。高管任期分为"既有任期"与"预期任期"。既有任期为高管在位履职的时间，由于论文研究的是整个高管团队任期，因此借鉴韩静等的做法，[31]选取高管团队任期平均数作为测度指标。预期任期则为高管预计离职的时间。对预期任期借鉴张兆国的做法，[26]采用下列公式衡量：

$$\text{ETenure} = (\text{Tenure}_{\text{industry}} - \text{Tenure}) + (\text{Age}_{\text{industry}} - \text{Age}) \qquad (8-1)$$

式（8-1）中，Tenure 表示公司高管截止统计年份时任职的年限；$\text{Tenure}_{\text{industry}}$ 表示公司所属行业的所有高管截止统计年份时任职的平均年限；$\text{Tenure}_{\text{industry}}$ 与 Tenure 之差表示在任期维度上的高管的任职预期。也就是以行业高管平均任职年限为基准，其与截止统计年份的企业高管任职平均年限之差可以在一定程度上预测企业高管在截止统计年份时剩下的任职年限。Age 表示公司高管截止统计年份时的年龄；$\text{Age}_{\text{industry}}$ 表示公司所属行业的所有高管截止统计年份时的平均年龄。$\text{Age}_{\text{industry}}$ 与 Age 之差表示在年龄维度上的高管的任职预期。也就是以行业高管平均年龄为基准，其与截止统计年份的企业高管平均年龄之差也可以在一定程度上预测企业高管在截止统计年份时剩下的任职年限。这两个维度的任职预期之和即为高管预期任期。虽然以年龄之差代表高管预期任期的做法还有待商榷，但这种预测方式目前运用得最为广泛，因此，本章承袭了这一做法。由于存在高管人员变更现象，若统计期间发生更替现象，则以截止统计期间仍在职的高管为准。均以"月份"为单位。

（5）总经理既有任期，即总经理实际任职时间的平均数。总经理预期任期为总经理估计任职时间，计算方法同式（8-1），但将所有高管变量替换为总经理变量。

（6）董事长既有任期，即董事长实际任职时间的平均数。董事长预期任期为董事长估计任职时间，计算方法同式（8-1），但将所有高管变量替换为董事长变量。

（7）控制变量。根据相关文献，本章选用企业规模、投入机会、成长性、股利支付率、企业负债、股权融资以及行业年度作为控制变量。上述变量的定义如表8-1所示。

表8-1 变量定义

变量类型	变量名称	符号	变量定义
被解释变量	研发投入变动量	$\Delta R\&D1$	（本期研发投入 - 上期研发投入）/平均总资产
		$\Delta R\&D2$	（本期研发投入 - 上期研发投入）/营业收入
解释变量	现金持有	CF	本期现金及现金等价物平均持有量/平均总资产
	现金持有变动量	ΔCF	（本期现金持有 - 上期现金持有）/平均总资产
	高管既有任期（月份）	Tenure	实际任职时间（平均数）
	高管预期任期（月份）	ETenure	估计任职时间，计算方法如下：$EGTenure = (GTenure_{industry} - GTenure) + (Age_{industry} - Age)$
	总经理既有任期（月份）	MTenure	总经理实际任职时间（平均数）
	总经理预期任期（月份）	METenure	总经理估计任职时间，计算方法同式（8-1）
	董事长既有任期（月份）	CTenure	董事长实际任职时间（平均数）
	董事长预期任期（月份）	CETenure	董事长估计任职时间，计算方法同式（8-1）
控制变量	企业规模	Size	企业总资产对数
	成长性	Grow	营业收入增长率
	投入机会	TQ	市场价值/重置成本
	股利支付率	Div	每股股利/每股净收益
	企业负债	Debt	期末负债总额/期末资产总额
	股权融资	Equity	筹资活动产生的现金流/期末总资产
	年度变量	$\sum Year$	7年数据设置6个年份虚拟变量
	行业变量	$\sum Industry$	7个行业设置6个行业虚拟变量

（三） 模型建立

根据本章的研究思路，为了考察现金持有与研发投入变动的关系，建立如下模型：

$$\Delta R\&D(1,2) = \beta_0 + \beta_1 CF + \beta_2 Size + \beta_3 Grow + \beta_4 TQ + \beta_5 Div + \beta_6 Debt$$
$$+ \beta_7 Equity + \sum Year + \sum Industry + \varepsilon \qquad (8-2)$$

为了考察现金持有变动与研发投入变动之间的关系，在模型（8-2）的基础上加入了现金持有变动量，建立了如下模型：

$$\Delta R\&D(1,2) = \beta_0 + \beta_1 CF + \beta_2 \Delta CF + \beta_3 Size + \beta_4 Grow + \beta_5 TQ + \beta_6 Div$$
$$+ \beta_7 Debt + \beta_8 Equity + \sum Year + \sum Industry + \varepsilon \qquad (8-3)$$

为了考察管理者既有任期对现金持有研发平滑的调节作用，在模型（8-2）的基础上加入了既有任期与现金持有及现金持有变动量的交乘项，建立了如下模型：

$$\Delta R\&D(1,2) = \beta_0 + \beta_1 CF + \beta_2 Tenure + \beta_3 Tenure \times CF + \beta_4 Tenure$$
$$\times \Delta CF + \beta_5 Size + \beta_6 Grow + \beta_7 TQ + \beta_8 Div + \beta_9 Debt$$
$$+ \beta_{10} Equity + \sum Year + \sum Industry + \varepsilon \qquad (8-4)$$

为了考察管理者预期任期对现金持有研发平滑的调节作用，在模型（8-2）的基础上加入了预期任期与现金持有及现金持有变动量的交乘项，建立了如下模型：

$$\Delta RD(1,2) = \beta_0 + \beta_1 CF + \beta_2 ETenure + \beta_3 ETenure \times CF + \beta_4 ETenure$$
$$\times \Delta CF + \beta_5 Size + \beta_6 Grow + \beta_7 TQ + \beta_8 Div + \beta_9 Debt$$
$$+ \beta_{10} Equity + \sum Year + \sum Industry + \varepsilon \qquad (8-5)$$

四、实证研究

（一） 描述性统计

表8-2是各变量的描述性统计。表中数据显示，高科技行业上市公司

研发投入变动量小，研发投入变化量占总资产和营业收入之比的均值分别为 0.26% 和 1.8%，且标准差较小，说明高科技行业较为注重研发的平滑性和稳定性，会采取措施保证研发资金的持续投入。这是由于相比于其他行业来讲，高科技行业的立足之本就在于创新，只有不断对产品进行改革与创新，企业才能获得长足的发展。高科技行业的现金持有量较高，在总资产中最高可达到 49.3%，均值也达到了 32.8%，说明高科技企业会保持较高的现金持有来应对未来各种不确定的财务风险。现金持有变动量标准差较大，说明目前我国高科技企业现金持有并不稳定，这可能与我国并不完善的金融市场体系相关。高管既有任期较长，平均能达到 5 年以上且差异较小。这可能是由于对于高科技公司而言，其高管任期越长，对企业的核心技术信息了解得越多，为了保证核心技术不外泄，也为了使高管能更好地做出决策，高科技类公司一般会刻意保持管理成员的稳定性。高管预期任期较低且差异相对较大。

表 8 - 2　　　　　　　　　　　变量的描述性统计

变量	平均值	标准差	最大值	最小值	观测数
ΔR&D1	0.0026	0.023	0.0152	0.0019	4 198
ΔR&D2	0.0180	0.019	0.0573	− 0.0372	4 198
CF	0.3280	0.132	0.4930	0.1320	4 198
ΔCF	0.0300	0.163	2.1690	− 1.4190	4 198
Tenure（月份）	64.245	0.273	198.759	23.178	4 198
ETenure（月份）	15.412	1.057	38.000	0.000	4 198
MTenure	74.748	35.384	144.000	1.000	4 198
METenure	17.300	12.444	41.496	1.000	4 198
CTenure	95.584	42.858	166.324	1.000	4 198
CETenure	17.847	12.322	41.023	1.000	4 198
Size	21.368	0.0951	27.145	16.757	4 198
TQ	3.584	3.535	42.393	0.159	4 198
Grow	0.379	4.427	167.646	− 0.915	4 198
Div	0.297	0.673	15.298	− 11.044	4 198
Lev	0.322	0.289	8.256	0.0752	4 198
Equity	0.031	0.123	0.739	− 1.074	4 198

（二）相关性分析

表8-3是各变量的相关性分析。由表8-3可见，现金持有的回归系数为-0.135（-0.147），并分别在1%和5%的水平上显著，说明现金持有与研发投入变动呈显著负相关；现金持有变动的回归系数为0.004（0.002），在10%的水平上显著，说明现金持有变动与研发投入变动呈正相关关系，二者同向变动。高管既有任期的回归系数为-0.165（-0.103），并在1%和10%的水平上显著，说明高管既有任期与研发投入变动呈负相关关系；高管预期任期的回归系数为-0.079（-0.028），并在1%和10%的水平上显著，说明高管预期任期与研发投入变动呈负相关关系；高管既有任期与现金持有变化量呈显著正相关，预期任期则与现金持有变化量不显著。这些分析结论初步表明，现金持有变化量、既有任期、预期任期以及研发投入之间存在一定的相关性，与前文的理论分析基本一致。同时对所有变量进行了VIF检验，表中数据均值为5.28，最大值为8.73，各项数值大于1，但不存在任何一个数值大于10，说明数据不存在多重共线性问题。

（三）回归分析

1. 现金持有对研发投入变动的平滑作用

表8-4是企业现金持有与研发投入平滑的回归分析。表中数据显示：现金持有与两种方法测度的研发投入变动的回归系数分别为-0.2083和-0.1852，且在5%的水平上显著。说明企业的现金持有量与研发投入的变动方向相反，现金持有会对研发投入产生平滑作用。具体的经济意义为：在其他变量不变的条件下，每当企业增加1单位的现金持有量，研发投入变动则会降低0.2083（0.1852）个单位。即有0.2083（0.1852）个单位具有上升（下降）趋势的研发支出会保持不变。这表明，企业的现金持有越充足，研发投入就能得到越多的资金支持，便会保持相对平稳，在企业的创新活动遭遇财务危机时，企业会调整现金持有补充研发投入，从而对研发起到平滑作用，证明了本章H8-1a。

表 8 - 3

变量间的相关系数检验

变量	ΔR&D1	ΔR&D2	CF	ΔCF	Tenure	ETenure	MTenure	METenure	CTenure	CETenure	Size	TQ	Grow	Div	Lev	Equity
ΔR&D1	1.000															
ΔR&D2	—	1.000														
CF	-0.135***	-0.147**	1.000													
ΔCF	0.004*	0.002*	2.412	1.000												
Tenure	-0.165***	-0.103*	0.632***	0.001	1.000											
ETenure	-0.079**	-0.028*	1.052	-0.012	-0.387	1.000										
MTenure	-0.142**	-0.178**	2.045**	-0.003	-0.153	-0.102	1.000									
METenure	-0.038**	-0.122**	1.732*	0.246	0.291	0.375	-0.027*	1.000								
CTenure	-0.007*	-0.108*	1.973*	0.001	0.314	0.002	0.256	0.042	1.000							
CETenure	-0.012**	-0.053*	0.972*	0.056	0.322	0.047	0.006	0.258	-0.164*	1.000						
Size	-0.146***	-0.075**	-0.013	0.358*	0.014*	0.028	0.457*	0.289	0.002	0.461	1.000					
TQ	0.155***	0.146***	-0.032*	-0.025	-0.027*	0.015	0.186	0.328*	0.103	0.457	-0.292*	1.000				
Grow	-0.01*	-0.172	-0.019	0.187*	-0.021*	-0.003	0.025	0.006	0.017	0.041*	0.038**	-0.061	1.000			
Div	-0.029*	0.013*	0.007	0.452*	0.001	-0.016	0.357	-0.248*	0.234	-0.345	0.009	-0.042*	-0.017	1.000		
Lev	0.493***	0.379**	-0.166**	0.016	-0.213**	0.140*	-0.356	-0.382	0.473	-0.822	0.095**	0.049**	0.034	-0.292*	1.000	
Equity	0.002	0.001	-0.223**	0.862**	-0.036	-0.033	0.473	0.572	-0.238	0.482	0.109**	-0.012	0.030	0.013	0.004	1.000

注: ***、**、* 分别表示在 1%、5% 和 10% 的统计水平上显著。

表 8 – 4   现金持有与研发投入变动

变量	ΔR&D1	ΔR&D2
CF	− 0. 2083 **	− 0. 1852 **
	(− 1. 74)	(− 0. 86)
Size	− 0. 1620 ***	− 0. 0835 **
	(− 7. 15)	(− 2. 73)
TQ	0. 0672 ***	0. 0457 *
	(3. 04)	(1. 93)
Grow	− 0. 1902	− 0. 1321
	(− 0. 87)	(− 0. 74)
Debt	0. 1353 ***	0. 2856 **
	(5. 79)	(4. 62)
Equity	0. 0228 **	0. 1259 **
	(0. 75)	(1. 74)
Div	0. 0097	0. 0058
	(0. 44)	(0. 19)
Year	Yes	Yes
Industry	Yes	Yes
R^2	0. 304	0. 256
F value	30. 24	20. 83
N	4 198	4 198

注：括号内是 t 值；*** 、** 、* 分别表示在 1%、5% 和 10% 的统计水平上显著。

表 8 – 5 检验了高科技企业现金持有变动与研发投入变动之间的关系。表中数据显示：现金持有变动与研发投入变动的回归系数为 0. 1524 (0. 1172)，并且都在 10% 的水平上显著，说明高科技企业的现金持有变动方向与研发投入的变动方向保持一致。当企业的现金持有增加时，研发投入会相应地增加，当现金持有减少时，研发投入也会相应地削减，这再次证明了企业的研发投入与现金持有密切相关。同时也说明了，现金持有变动量越大，研发投入变动越大，越不稳定。当企业的现金持有发生较大变动时，便不能为研发投入提供稳定的、源源不断的资金支持，从而严重地破坏研发投入的平滑性与稳定性。

表 8 - 5　　　　　　　　　　现金持有变动与研发投入变动

变量	ΔR&D1	ΔR&D2
CF	-0.2243 ***	-0.1763 **
	(-2.85)	(-0.64)
ΔCF	0.1524 *	0.1172 *
	(0.48)	(0.39)
Size	-0.1292 ***	-0.1873 ***
	(-4.71)	(-8.02)
TQ	0.0612 *	0.0469 **
	(1.03)	(2.06)
Grow	-0.2985	-0.1088
	(-0.07)	(-0.43)
Debt	0.1496 ***	0.3098 **
	(6.07)	(5.66)
Equity	0.1462 *	0.0963 **
	(1.34)	(1.52)
Div	0.0012	0.0013
	(0.08)	(0.12)
Year	Yes	Yes
Industry	Yes	Yes
R^2	0.185	0.207
F value	11.49	18.26
N	4 198	4 198

注：括号内为 t 值；***、**、*分别表示在1%、5%和10%的统计水平上显著。

2. 高管任期对现金持有研发平滑效应的调节作用

表 8 - 6 是高管既有任期与预期任期对现金持有平滑研发投入作用的影响回归分析。结果显示：（1）加入既有任期调节变量之后，既有任期与现金持有交乘项的符号依旧为负，绝对值变大（0.1852 > 0.1749，0.2053 > 0.1428）并且系数在5%和1%的水平上显著，说明高管既有任期正向调节了现金持有的研发平滑效应。也就是说，在高管既有任期的影响下，现金持有对研发投入的平滑作用进一步加剧，高管在位履职的时间越长，越倾向于利用现金持有平滑研发投入，保持创新的持续性稳定性。同时既有任期与现金持有变动量的交乘项系数依旧为正且显著度明显提升（由原来的在10%水平上显著提升为在5%水平上显著），说明高管任期进一步加剧了

现金持有变动与研发投入变动之间的关系。也就是说，高管任期越长，企业增长的现金持有越能促进研发投入的提升。这可能是由于高管既有任期越长，越关注企业的研发创新，那么新增加的现金持有便会更多地被投入到研发活动中去，从而支持研发投入的持续性与稳定性，符合本章的 H8 -2a。（2）预期任期与现金持有的交乘项系数显著为负，绝对值变大（0. 1678 > 0. 1545，0. 1974 > 0. 1603）并且在 5% 的水平上显著，说明高管预期任期同样正向调节了现金持有对研发投入的平滑效应。具体来说，当高管预期自己剩余任期较短或即将离任时，会出现"短视化行为"，转移资源对一些见效快的投入项目进行投入从而增加自己的业绩或私人利益。同时，预期任期与现金持有变动量的交乘项系数依旧为正且显著度得到提升（由原来的在 10% 水平上显著提升为在 5% 水平上显著），说明高管的预期任期同样加剧了现金持有与变动和研发投入变动之间的关系。也就是说，当高管的预期任期越长，就能享受更多创新项目所带来的收益，那么此时便会更加重视研发投入的平滑持续性，便会较多地使用现金持有对研发投入进行平滑，所以当企业的现金持有增加时，企业的研发投入会进一步增加，与本章的 H8 -2b 相符，也符合张兆国、陈华东等的结论，对"高管预期任期"方面的研究具有补充说明的作用。通过对比既有任期与预期任期的回归系数可以发现，既有任期的回归系数绝对值均高于预期任期（0. 1852 > 0. 1678，0. 2053 > 0. 1974，0. 1437 > 0. 1225，0. 1398 > 0. 1198），说明高科技行业管理者既有任期对研发平滑的调节作用要比预期任期的调节作用显著。

表 8 - 6　　　　　　　　　现金持有、高管任期与研发投入变动

变量	模型 (8 - 3)		模型 (8 - 4)	
	ΔR&D1	ΔR&D2	ΔR&D1	ΔR&D2
CF	- 0. 1749 ** (- 0. 62)	- 0. 1428 ** (- 0. 59)	- 0. 1545 * (- 1. 08)	- 0. 1603 ** (- 0. 64)
Tenure	- 0. 0478 ** (- 0. 12)	- 0. 0229 * (- 0. 08)		
ETenure			- 0. 0103 * (- 0. 02)	- 0. 0024 * (- 0. 30)
Tenure × CF	- 0. 1852 ** (- 2. 05)	- 0. 2053 *** (- 3. 33)		

续表

变量	模型 (8-3)		模型 (8-4)	
	ΔR&D1	ΔR&D2	ΔR&D1	ΔR&D2
ETenure × CF			-0.1678 ** (-1.51)	-0.1974 ** (-1.98)
Tenure × ΔCF	0.1437 ** (0.50)	0.1398 ** (0.46)		
ETenure × ΔCF			0.1225 ** (0.43)	0.1198 ** (0.38)
Size	-0.1529 ** (-6.53)	-0.1745 * (-4.62)	-0.1427 ** (-6.09)	-0.0316 ** (-3.54)
TQ	0.0913 *** (4.12)	0.1145 ** (2.90)	0.0357 ** (1.01)	0.0862 ** (2.46)
Grow	-0.1091 (-0.72)	-0.2017 (-1.63)	-0.0017 (-0.04)	-0.1321 (-0.68)
Debt	0.2857 *** (8.17)	0.1890 *** (6.81)	0.3022 *** (9.86)	0.1723 ** (5.83)
Equity	0.1896 * (1.69)	0.1365 * (1.91)	0.1092 ** (1.24)	0.0028 * (0.32)
Div	0.0032 (0.18)	0.0166 (0.39)	0.1288 (1.05)	0.0912 (0.95)
Year	Yes	Yes	Yes	Yes
Industry	Yes	Yes	Yes	Yes
R^2	0.265	0.208	0.174	0.108
F value	20.58	10.58	9.82	8.56
N	4 198	4 198	4 198	4 198

注：括号内为 t 值；*** 、** 、* 分别表示在1%、5%和10%的统计水平上显著。

表8-7和表8-8检验了不同现金持有量下高管任期对研发平滑调节作用的区别。以现金持有量的均值0.328为基准，高于或等于0.328的为高现金持有企业，低于0.328的为低现金持有企业。分组回归结果显示，现金持有量较高的企业高管既有任期对研发平滑的调节作用更为显著（0.2857＞0.2043，0.2518＞0.2245），预期任期的调节作用也高于低现金持有企业（0.2662＞0.2015，0.2045＞0.1541）。说明企业在持有充足现金的情况下，高管在研发投入发生变动时能更及时地调动内部资金补充研

发投入，从而保持创新的稳定性，验证了本章的假设 8 - 3，更加全面地检验了现金持有、高管任期以及研发平滑之间的关系。

表 8 - 7　　　　高现金持有下高管任期对研发平滑的调节作用

变量	模型（8 - 3）		模型（8 - 4）	
	ΔR&D1	ΔR&D2	ΔR&D1	ΔR&D2
CF	- 0. 2432 *** （- 2. 64）	- 0. 2028 *** （- 1. 97）	- 0. 2218 *** （- 2. 31）	- 0. 1973 ** （- 1. 82）
Tenure	- 0. 0318 * （- 0. 10）	- 0. 0506 ** （- 0. 16）		
ETenure			- 0. 0146 ** （- 0. 08）	- 0. 0215 ** （- 0. 12）
Tenure × CF	- 0. 2857 *** （- 4. 36）	- 0. 2518 *** （- 3. 88）		
ETenure × CF			- 0. 2662 *** （- 3. 91）	- 0. 2045 *** （- 2. 01）
Size	- 0. 0891 ** （- 3. 92）	- 0. 1268 ** （- 4. 47）	- 0. 1027 * （- 3. 65）	- 0. 1532 ** （- 5. 79）
TQ	0. 0478 ** （1. 46）	0. 1027 ** （2. 75）	0. 1346 *** （3. 29）	0. 0721 * （1. 54）
Grow	- 0. 1092 （- 1. 24）	- 0. 1288 （- 1. 05）	- 0. 0912 （- 0. 95）	- 0. 0032 （- 0. 18）
Debt	0. 0017 （0. 04）	0. 0357 （1. 01）	0. 1091 （1. 72）	0. 1545 （2. 08）
Equity	0. 0158 * （0. 49）	0. 0924 * （0. 66）	0. 0228 ** （0. 75）	0. 1259 ** （1. 74）
Div	0. 0097 （0. 44）	0. 0058 （0. 19）	0. 0106 （0. 52）	0. 0062 （0. 20）
Year	Yes	Yes	Yes	Yes
Industry	Yes	Yes	Yes	Yes
R^2	0. 179	0. 208	0. 258	0. 291
F value	15. 69	20. 07	20. 53	25. 42
N	2 546	2 546	2 546	2 546

注：括号内为 t 值；*** 、** 、* 分别表示在 1%、5% 和 10% 的统计水平上显著。

表 8-8　　　　低现金持有下高管任期对研发平滑的调节作用

变量	模型 (8-3)		模型 (8-4)	
	ΔR&D1	ΔR&D2	ΔR&D1	ΔR&D2
CF	-0.1981 *** (-1.89)	-0.1742 ** (-1.47)	-0.2024 ** (-1.74)	-0.1853 ** (-1.65)
Tenure	-0.0129 * (-0.07)	-0.0214 * (-0.13)		
ETenure			-0.0042 ** (-0.03)	-0.0108 * (-0.05)
Tenure × CF	-0.2043 ** (-3.72)	-0.2245 ** (-4.19)		
ETenure × CF			-0.2015 ** (-3.69)	-0.1541 ** (-2.88)
Size	-0.1039 ** (-4.16)	-0.1855 ** (-7.29)	-0.1735 *** (-7.61)	-0.1026 *** (-4.28)
TQ	0.0364 * (1.59)	0.1052 ** (2.75)	0.0782 * (2.81)	0.0653 * (2.94)
Grow	-0.1587 (0.03)	-0.2985 (-0.07)	-0.1356 (0.01)	-0.0973 (-0.90)
Debt	0.1332 ** (4.69)	0.1098 * (3.74)	0.1466 *** (5.86)	0.1913 ** (7.02)
Equity	0.0147 ** (0.39)	0.0223 * (0.46)	0.0184 * (0.32)	0.0175 * (0.30)
Div	0.0124 (0.49)	0.0092 (0.38)	0.0385 (0.46)	0.0298 (0.43)
Year	Yes	Yes	Yes	Yes
Industry	Yes	Yes	Yes	Yes
R^2	0.205	0.176	0.214	0.148
F value	20.04	15.63	20.86	13.29
N	1 652	1 652	1 652	1 652

注：括号内为 t 值；*** 、 ** 、 * 分别表示在 1%、5% 和 10% 的统计水平上显著。

3. 进一步分析

为了使研究更加深入，本章依照研发投入高低对样本进行了分组，以研发投入/平均总资产的均值 0.027 为基准，超过均值的分为"高研发投入组"，低于均值的分为"低研发投入组"。表 8 - 9 的回归结果表明：研发投入较高的企业现金持有回归系数的绝对值较大（0.2859 > 0.1764，0.3279 > 0.2048），这表明研发投入较高的企业现金持有的平滑效应大于与研发投入较低的企业（研发投入较高的企业每增加 1 单位的现金持有，研发变动下降的数值均大于研发投入较低的企业）。同时，高研发投入组中现金持有变动量的系数显著度（在 5% 水平上显著）高于低研发投入组（在 10% 水平上显著）。这是由于研发投入越高的企业，其科技含量高，创新活动频繁，为了保证创新活动的平稳持续性，企业会充分利用持有现金对研发投入进行平滑，此时企业的现金持有与研发投入之间的关系会更加紧密，进一步证明了高科技行业不同于一般的企业，会更加注重企业的研发投入平滑。

表 8 - 9　　　　　　　　　现金持有与研发投入平滑的分组回归

变量	高研发投入		低研发投入	
	$\Delta R\&D1$	$\Delta R\&D2$	$\Delta R\&D1$	$\Delta R\&D2$
CF	- 0.2859 ***	- 0.3279 **	- 0.1764 **	- 0.2048 **
	(- 1.98)	(- 1.58)	(- 0.88)	(- 1.03)
ΔCF	0.1389 **	0.1447 **	0.1092 *	0.0321 *
	(1.02)	(1.46)	(0.29)	(0.08)
Size	- 0.1735 ***	- 0.1026 ***	- 0.1873 ***	- 0.0724 **
	(- 7.61)	(- 4.28)	(- 8.02)	(- 2.13)
TQ	0.0815 **	0.0698 **	0.0469 **	0.0518 *
	(2.83)	(2.45)	(2.06)	(1.73)
Grow	- 0.1874	- 0.1258	- 0.1672	- 0.1088
	(- 0.85)	(- 0.62)	(- 0.74)	(- 0.43)
Debt	0.1426 ***	0.1895 ***	0.0871 *	0.0102 *
	(6.02)	(7.98)	(2.75)	(1.90)
Equity	0.0286 **	0.1072 **	0.0158 *	0.0924 *
	(0.71)	(1.62)	(0.49)	(0.66)
Div	0.0106	0.0062	0.0079	0.0053
	(0.52)	(0.20)	(0.46)	(0.17)

续表

变量	高研发投入		低研发投入	
	ΔR&D1	ΔR&D2	ΔR&D1	ΔR&D2
Year	Yes	Yes	Yes	Yes
Industry	Yes	Yes	Yes	Yes
R^2	0.258	0.291	0.195	0.176
F value	20.53	25.42	15.08	13.32
N	2 253	2 253	1 945	1 945

注：括号内为 t 值；***、**、*分别表示在1%、5%和10%的统计水平上显著。

　　前文通过初步的回归分析得出了高管既有任期与预期任期对保持研发投入平滑具有重要调节作用的结论，接下来在高低研发投入组中对既有任期以及预期任期长短进行分组，一方面探讨研发投入强度不同的企业中高管任期的调节作用有怎样的区别；另一方面是对高管任期的进一步检验，通过划分长短组更加深入细致地探讨高管任期对研发投入平滑的作用。以任期的均值64.245（15.412）为基准，超过均值的为任期较长组，低于均值的为任期较短组。表8-10是研发投入较高组中不同高管任期对企业研发平滑行为的影响。表中数据显示：既有任期越长，企业现金持有对研发投入的平滑作用越显著（0.4856 > 0.2091，0.1872 > 0.1493），数据分别在1%和5%水平上显著；预期任期越长，企业现金持有对研发投入的平滑作用越显著（0.2831 > 0.1085，0.1022 > 0.0059），数据在5%的水平上显著。与前文提出的假设保持一致。

表8-10　　　　　　　　　高研发投入组中高管任期的分组回归

变量	R&D1				R&D2			
	Tenure 长	Tenure 短	ETenure 长	ETenure 短	Tenure 长	Tenure 短	ETenure 长	ETenure 短
CF	-0.4856***	-0.2091*	-0.2831**	-0.1085**	-0.1872**	-0.1493**	-0.1022**	-0.0059**
	(-7.32)	(-5.17)	(-6.04)	(-3.07)	(-1.49)	(-1.25)	(-0.65)	(-0.14)
Size	-0.1805***	-0.1624**	-0.1774**	-0.1543	-0.0831***	-0.0746*	-0.0792**	-0.0573*
	(-6.56)	(-5.32)	(-4.48)	(0.07)	(-6.72)	(-5.97)	(-5.48)	(-3.46)
TQ	0.0649**	0.0588**	0.0438*	0.0364*	0.1052**	0.0984**	0.0973*	0.1047*
	(3.02)	(2.93)	(1.66)	(1.59)	(2.75)	(2.68)	(1.97)	(2.28)

变量	R&D1				R&D2			
	Tenure 长	Tenure 短	ETenure 长	ETenure 短	Tenure 长	Tenure 短	ETenure 长	ETenure 短
Grow	-0.2081	-0.1876	-0.1973	-0.1587	-0.2985	-0.2745	-0.2693	-0.1853
	(-0.95)	(-0.88)	(-0.92)	(0.03)	(-0.07)	(-0.06)	(-0.04)	(-0.30)
Debt	0.1426***	0.1326**	0.1185**	0.1236*	0.1568***	0.1466***	0.1913**	0.1854**
	(4.92)	(3.74)	(2.33)	(2.18)	(6.28)	(5.86)	(7.02)	(6.93)
Equity	0.0208**	0.0342**	0.0147**	0.0223*	0.0298**	0.0173**	0.0045*	0.0026*
	(0.53)	(0.86)	(0.39)	(0.46)	(0.80)	(0.73)	(0.41)	(0.38)
Div	0.0035	0.0068	0.0192	0.0088	0.0237	0.0146	0.0385	0.0298
	(0.18)	(0.30)	(0.54)	(0.46)	(0.35)	(0.28)	(0.46)	(0.43)
Year	Yes	Yes	Yes	Yes	Yes	Yes	Yes	Yes
Industry	Yes	Yes	Yes	Yes	Yes	Yes	Yes	Yes
R^2	0.156	0.148	0.179	0.102	0.247	0.208	0.192	0.101
F value	14.67	13.28	15.69	10.08	18.52	17.55	16.41	9.78
N	1 621	632	1 549	704	1 621	632	1 549	704

注：括号内为 t 值；***、**、*分别表示在 1%、5% 和 10% 的统计水平上显著。

表 8-11 则是研发投入较低组中不同任期对企业研发投入平滑行为的影响。从表中数据可以看出：既有任期越长，企业现金持有对研发投入的平滑作用越显著（0.3058 > 0.1991，0.1528 > 0.1287），数据分别在 5% 和 10% 的水平上显著；预期任期越长，企业现金持有对研发投入的平滑作用越显著（0.2549 > 0.0943，0.0995 > 0.0046），数据在 10% 的水平上显著。综合比较两表后发现，研发投入较高的企业高管不同任期对研发平滑行为影响更为显著，表现为高研发投入组既有任期影响下的现金持有系数绝对值普遍大于低研发投入组（0.4865 > 0.3058，0.2091 > 0.1991，0.1872 > 0.1528，0.1493 > 0.1287）且显著水平更高，预期任期组中数据也呈现相同的结果（0.2831 > 0.2549，0.1085 > 0.0943，0.1022 > 0.0995，0.0059 > 0.0046）。说明企业的研发投入强度越高，企业越注重创新，高水平的研发投入更能促进企业的长期发展。通过分组数据可以发现，高管既有任期与预期任期较长的企业在高强度研发企业中的占比较高，在低研发强度企业中占比较低，这进一步说明了高管既有任期与预期任期越长，越注重企

业的研发强度与研发水平，从而不断提升创新水平，维护创新稳定性，促进企业的长期发展。

表 8 - 11　　　　　　　低研发投入组中高管任期的分组回归

变量	R&D1				R&D2			
	Tenure 长	Tenure 短	ETenure 长	ETenure 短	Tenure 长	Tenure 短	ETenure 长	ETenure 短
CF	- 0. 3058 **	- 0. 1991 *	- 0. 2549 *	- 0. 0943 *	- 0. 1528 **	- 0. 1287 **	- 0. 0995 *	- 0. 0046 *
	(- 4. 25)	(- 3. 08)	(- 4. 18)	(- 0. 83)	(- 1. 45)	(- 0. 93)	(- 1. 02)	(- 0. 35)
Size	- 0. 1650 **	- 0. 1366 *	- 0. 1438 *	- 0. 1206	- 0. 0685 **	- 0. 0724 *	- 0. 0842 *	- 0. 0661 *
	(- 4. 27)	(- 3. 58)	(- 2. 74)	(0. 01)	(- 4. 37)	(- 4. 93)	(- 5. 86)	(- 2. 58)
TQ	0. 0782 *	0. 0653 *	0. 0665 **	0. 0433 *	0. 0846 **	0. 0732 *	0. 0927 *	0. 0529 *
	(2. 81)	(2. 94)	(3. 04)	(1. 52)	(2. 59)	(1. 53)	(2. 05)	(1. 08)
Grow	- 0. 1645	- 0. 0847	- 0. 1356	- 0. 0973	- 0. 2046	- 0. 1649	- 0. 1963	- 0. 1874
	(- 0. 74)	(- 0. 82)	(0. 01)	(- 0. 90)	(- 1. 48)	(- 0. 75)	(- 1. 03)	(- 0. 91)
Debt	0. 1589 **	0. 1432 *	0. 1225 *	0. 0083 *	0. 1332 **	0. 1098 **	0. 1561 **	0. 0852 **
	(2. 26)	(2. 05)	(1. 63)	(1. 44)	(4. 69)	(3. 74)	(6. 05)	(2. 91)
Equity	0. 0198 **	0. 0184 *	0. 0175 *	0. 0089 *	0. 0265 *	0. 0082 *	0. 0062 *	0. 0108 *
	(0. 43)	(0. 32)	(0. 30)	(0. 15)	(0. 56)	(0. 49)	(0. 39)	(0. 52)
Div	0. 0124	0. 0092	0. 0073	0. 0062	0. 0184	0. 0288	0. 0165	0. 0038
	(0. 49)	(0. 38)	(0. 34)	(0. 27)	(0. 32)	(0. 45)	(0. 30)	(0. 16)
Year	Yes	Yes	Yes	Yes	Yes	Yes	Yes	Yes
Industry	Yes	Yes	Yes	Yes	Yes	Yes	Yes	Yes
R^2	0. 267	0. 207	0. 158	0. 129	0. 219	0. 171	0. 109	0. 127
F value	23. 64	19. 86	13. 90	10. 56	10. 57	15. 88	8. 98	9. 42
N	585	1 360	862	1 083	585	1 360	862	1 083

注：括号内为 t 值；**、*分别表示在5%、10%的统计水平上显著。

　　由于总经理和董事长属于拥有公司控制权的最高领导人，是各项投入决策的直接制定者和审批人，因此这两个职位的管理者所具有的特质对企业的研发投入和研发平滑有着特殊的影响。[32]接下来对这两个管理者的任期与研发平滑之间的调节作用做进一步检验，研究当今高科技行业董事长与总经理的任期长短对现金持有研发平滑的影响。具体结果见表 8 - 12 和表 8 - 13。

表 8 - 12　　　　　　　总经理任期、现金持有与研发投入平滑

变量	ΔR&D1	ΔR&D2	ΔR&D1	ΔR&D2
CF	- 0. 2538 ***	- 0. 2049 **	- 0. 1872 ***	- 0. 1647 ***
	(- 1. 83)	(- 1. 65)	(- 1. 46)	(- 1. 35)
MTenure	- 0. 0714 *	- 0. 0526 **		
	(- 0. 10)	(- 0. 16)		
METenure			- 0. 0128 **	- 0. 0279 *
			(- 0. 03)	(- 0. 01)
MTenure × CF	- 0. 3012 ***	- 0. 2746 ***		
	(- 2. 58)	(- 2. 32)		
METenure × CF			- 0. 2498 **	- 0. 1984 ***
			(- 1. 95)	(- 2. 01)
Size	- 0. 1872 ***	- 0. 1429 **	- 0. 1651 **	- 0. 1225 ***
	(- 8. 89)	(- 6. 47)	(- 5. 45)	(- 4. 31)
TQ	0. 0653 *	0. 0819 **	0. 0418 *	0. 0746 *
	(2. 42)	(3. 05)	(2. 06)	(2. 51)
Grow	- 0. 1258	- 0. 1695	- 0. 0846	- 0. 1558
	(- 0. 01)	(- 0. 79)	(- 1. 26)	(- 1. 87)
Debt	0. 0917 **	0. 1672 ***	0. 1349 *	0. 0852 **
	(2. 38)	(5. 91)	(1. 74)	(2. 09)
Equity	0. 0164 *	0. 0045 **	0. 0132 *	0. 0192 *
	(0. 53)	(0. 28)	(0. 46)	(0. 54)
Div	0. 0045	0. 0293	0. 0071	0. 0164
	(0. 20)	(0. 69)	(0. 25)	(0. 43)
Year	Yes	Yes	Yes	Yes
Industry	Yes	Yes	Yes	Yes
R^2	0. 145	0. 179	0. 208	0. 213
F value	13. 62	15. 96	10. 08	10. 47
N	4 198	4 198	4 198	4 198

注：括号内为 t 值；*** 、** 、* 分别表示在1%、5%和10%的统计水平上显著。

表 8 - 13   董事长任期、现金持有与研发投入平滑

变量	ΔR&D1	ΔR&D2	ΔR&D1	ΔR&D2
CF	− 0. 1476 ** (− 1. 04)	− 0. 1907 *** (− 1. 38)	− 0. 2256 ** (− 1. 78)	− 0. 1502 ** (1. 29)
CTenure	− 0. 0489 ** (− 0. 14)	− 0. 1032 * (− 0. 24)		
CETenure			− 0. 0349 * (− 0. 02)	− 0. 00764 ** (− 0. 21)
CTenure × CF	− 0. 2891 *** (− 2. 18)	− 0. 2336 ** (− 1. 75)		
CETenure × CF			− 0. 2315 ** (− 1. 63)	− 0. 1625 ** (− 1. 49)
Size	− 0. 1475 ** (− 5. 08)	− 0. 1644 *** (− 8. 37)	− 0. 1039 ** (− 4. 16)	− 0. 1855 ** (− 7. 29)
TQ	0. 0565 ** (2. 56)	0. 0815 * (1. 57)	0. 0468 * (0. 97)	0. 0612 * (1. 03)
Grow	− 0. 0958 (− 1. 30)	− 0. 1465 (1. 77)	− 0. 1225 (1. 48)	− 0. 0731 (− 0. 92)
Debt	0. 1025 ** (2. 56)	0. 1449 ** (3. 68)	0. 1238 *** (3. 42)	0. 1698 ** (4. 01)
Equity	0. 0057 ** (0. 30)	0. 1023 * (0. 48)	0. 0817 * (0. 43)	0. 0133 * (0. 11)
Div	0. 0173 (0. 35)	0. 0029 (0. 13)	0. 0091 (0. 24)	0. 0045 (0. 20)
Year	Yes	Yes	Yes	Yes
Industry	Yes	Yes	Yes	Yes
R^2	0. 167	0. 143	0. 207	0. 186
F value	14. 58	12. 16	18. 48	16. 42
N	4 198	4 198	4 198	4 198

注：括号内为 t 值；***、**、* 分别表示在 1%、5% 和 10% 的统计水平上显著。

表 8 - 12 数据显示，加入总经理既有任期调节变量后，交乘项的符号依旧为负且绝对值变大（0.3012 > 0.2538，0.2746 > 0.2049），且在1% 水平上显著。说明现阶段高科技行业的总经理既有任期对现金持有的研发平滑效果起到了显著的正向调节作用，也就是说，总经理既有任期越长，越关注企业的创新活动，从而频繁利用企业持有现金对研发投入进行平滑，总经理的预期任期对现金持有的研发平滑效果同样起到了正向调节作用（0.2498 > 0.1872，0.1984 > 0.1647），但作用力度小于既有任期（0.2498 < 0.3012，0.1984 < 0.2746）。

表 8 - 13 数据显示，加入董事长既有任期调节变量后，交乘项的符号依旧为负且绝对值变大（0.2891 > 0.1476，0.2336 > 0.1907），且在1% 和5% 的水平上显著。说明在现阶段的公司持有现金与研发平滑的关系中，董事长既有任期起到了显著的正向调节作用，说明董事长的既有任期长短同样影响到企业的研发平滑行为。董事长的预期任期对现金持有的研发平滑效果同样起到了正向调节作用（0.2315 > 0.2256，0.1625 > 0.1502），但作用力度同样小于既有任期（0.2315 < 0.2891，0.2034 < 0.2336）。综合对比两表数据后发现，总经理任期对现金持有研发平滑的调节作用更为显著（0.3012 > 0.2891，0.2746 > 0.2336，0.2498 > 0.2315，0.1984 > 0.1625），这可能是由于总经理作为公司决策的直接制定与执行者，其任期长短对现金持有研发平滑效应的影响更加明显。

五、稳健性检验

（1）在解释变量方面，由于国内学者对现金持有的变量定义不止一种，本章的现金持有测量方法来自现金流量表（直接法）中的"现金及现金等价物余额"，用这种方式来定义现金持有可能不够全面，因此本章借鉴浦文燕等的做法，用"货币资金与交易性金融资产"来表示企业的现金持有量。[33]具体结果见表 8 - 14，表中数据显示，现金持有与研发投入变动的回归系数依旧为负（ - 0.1975， - 0.1826）且分别在1% 与5% 水平上显著。现金持有变动与研发投入变动的回归系数依旧为正（0.1384，0.0981）且在10% 的水平上显著，回归结果与前文保持一致。

表 8 - 14   现金持有的稳健性检验

变量	R&D1	R&D2
CF	− 0. 1975 *** (− 2. 34)	− 0. 1826 ** (− 2. 06)
ΔCF	0. 1348 * (0. 39)	0. 0981 * (0. 28)
Size	− 0. 1458 *** (− 5. 26)	− 0. 1292 *** (− 4. 71)
TQ	0. 0394 ** (2. 35)	0. 0573 * (1. 49)
Grow	− 0. 1482 (− 0. 81)	− 0. 1836 (− 0. 07)
Debt	0. 1583 ** (5. 92)	0. 1327 * (3. 65)
Equity	0. 0873 * (0. 25)	0. 1054 ** (1. 06)
Div	0. 0062 (0. 23)	0. 0175 (0. 46)
Year	Yes	Yes
Industry	Yes	Yes
R^2	0. 148	0. 207
F value	12. 65	20. 55
N	4 198	4 198

注：括号内为 t 值；*** 、** 、* 分别表示在1%、5%和10%的统计水平上显著。

（2）在被解释变量方面，为了保持回归结果的稳健性，本章的研发投入波动全部采用两种方法测度：一是用（本期研发投入－上期研发投入）／平均总资产；二是用（本期研发投入－上期研发投入）／营业收入来衡量。文中的回归结果显示，两种方式表示的研发投入变动均与本章的解释变量保持显著的相关关系，说明本章的回归结果较为稳健。

（3）在进一步分析中，对研发投入强度的划分采用的是以研发强度均值为分组标准的方法，由于根据均值所划分的研发投入高低组容易受到极端值的影响，因此用四分位数对研发投入高低重新进行衡量，低于四分之一位数的划分为低研发投入组，高于四分之三位数的划分为高研发投入组，从而提高回归结果的准确性与稳健性。检验结果如表 8 – 15 所示，研发投入较高组中现金持有的平滑效应越显著，管理者任期的调节效用越大；总经理和董事长的任期对现金持有的研发平滑效应起到了正向调节作用且总经理的调节作用更为显著。上述回归结果均支持本章各项假设，说明本章的研究假设较为严谨，研究结论具有可靠性。

表 8 – 15　　　　　　　　　研发强度分组回归稳健性检验

变量	高研发投入组		低研发投入组	
	R&D1	R&D2	R&D1	R&D2
CF	− 0.2643 ***	− 0.2331 **	− 0.1988 **	− 0.2073 **
	(3.05)	(1.95)	(1.64)	(1.82)
ΔCF	0.1092 *	0.1128 *	0.0826 *	0.0645 *
	(0.28)	(0.31)	(0.21)	(0.17)
Tenure × CF	− 0.2593 ***	− 0.2688 **	− 0.2074 ***	− 0.1845 **
	(−3.32)	(−3.72)	(−2.57)	(−1.62)
ETenure × CF	− 0.1529 *	− 0.2377 **	− 0.1944 *	− 0.2136 *
	(−0.37)	(−1.98)	(−1.36)	(−1.65)
Tenure × ΔCF	0.1213 **	0.1304 **	0.1073 **	0.0812 **
	(0.85)	(1.01)	(0.63)	(0.57)
ETenure × ΔCF	0.1174 **	0.1025 **	0.0652 **	0.0763 **
	(0.61)	(0.50)	(0.38)	(0.42)
MTenure × CF	− 0.2308 ***	− 0.2559 **	− 0.2438 **	− 0.2159 **
	(−2.25)	(−2.46)	(−2.31)	(−2.10)
METenure × CF	− 0.1389 **	− 0.2091 *	− 0.1677 **	− 0.1563 *
	(−0.76)	(−1.38)	(−0.93)	(−1.02)
CTenure × CF	− 0.1947 **	− 0.2132 **	− 0.2074 **	− 0.1848 *
	(−1.46)	(−2.08)	(−1.69)	(−1.82)
CETenure × CF	− 0.1756 **	− 0.1625 **	− 0.1485 **	− 0.1231 *
	(−1.38)	(−1.29)	(−1.07)	(−0.06)
Size	− 0.1458 ***	− 0.1292 ***	− 0.1855 **	− 0.1745 *
	(−5.26)	(−4.71)	(−7.29)	(−4.62)
TQ	0.0394 **	0.0573 *	0.0862 **	0.0612 *
	(2.35)	(1.49)	(2.46)	(1.03)

变量	高研发投入组		低研发投入组	
	R&D1	R&D2	R&D1	R&D2
Grow	−0.1482 (−0.81)	−0.1836 0.1327*	−0.1356 (0.01)	−0.1091 (−0.72)
Debt	0.1583** (5.92)	0.1327* (3.65)	0.1225* (1.63)	0.1561** (6.05)
Equity	0.0873* (0.25)	0.1054** (1.06)	0.1072** (1.62)	0.0223* (0.46)
Div	0.0062 (0.23)	0.0175 (0.46)	0.0013 (0.12)	0.0088 (0.46)
Year	Yes	Yes	Yes	Yes
Industry	Yes	Yes	Yes	Yes
R^2	0.148	0.207	0.167	0.221
F value	12.65	20.55	15.62	23.59
N	2 253	2 253	1 945	1 945

注：括号内为 t 值；***、**、*分别表示在 1%、5% 和 10% 的统计水平上显著。

六、结论与展望

本章以我国 A 股类高科技行业上市公司为样本，研究了现金持有对研发投入的平滑效应，并考察了高管任期异质性对二者关系的调节作用。结果发现：高科技行业上市公司普遍存在利用现金持有平滑研发投入的情况；稳定的现金持有更加有利于保持研发平滑性。在引入高层梯队理论之后，发现企业高管的既有任期和预期任期都正向调节了现金持有的研发平滑效应，但既有任期的调节效应高于预期任期；现金持有量越高，高管任期对研发平滑的调节作用越显著。进一步区分研发投入强度后发现：研发投入较高的企业更加注重现金持有的平滑效应，且研发投入较高的企业高管任期异质性对研发投入平滑的调节作用更加显著；现阶段总经理和董事长的任期对现金持有的研发平滑效应都起到了显著的调节作用，但总体来说总经理任期对现金持有与研发平滑之间的调节作用更加明显。

本章考察的是高科技行业上市公司现金持有以及高管任期对研发投入

的平滑作用，具有较强的行业针对性，以后的研究可以扩展到不同的行业，探讨其他类型行业中影响研发平滑的主要因素。同时，本章在考察高管任期时只单独对董事长和总经理进行了检验，没有对其他高管任期进行逐一检验，可以考虑在以后的研究中进行对照研究，从而使研究结果更加全面完善。

参考文献

［1］鞠晓生，卢获，虞义华. 融资约束、营运资本管理与企业创新可持续性［J］. 经济研究，2013，48（1）：4－16.

［2］刘波、李志生、王泓力、杨金强. 现金流不确定性与企业创新［J］. 经济研究，2017，52（3）：166－180.

［3］韩剑，严兵. 中国企业为什么缺乏创造性破坏——基于融资约束的解释［J］. 南开管理评论，2013，16（4）：124－132.

［4］Brown J B, Petersen B. Cash Holdings and R&D Smoothing［J］. Journal of Corporate Finance, 2011, 17（3）：694－709.

［5］李汇东，唐跃军，左晶晶. 用自己的钱还是用别人的钱创新？——基于中国上市公司融资结构与公司创新的研究［J］. 金融研究，2013（2）：170－183.

［6］Jensen M C. Agency Costs of Free Cash Flow, Corporate Finance, and Takeovers［J］. Journal of Financial and Quantitative Analysis, 1986, 76（4）：323－329.

［7］刘井建，纪丹宁，王健. 高管股权激励计划、合约特征与公司现金持有［J］. 南开管理评论，2017，20（1）：43－56.

［8］Keynes J M. The general theory of employment, interest and money［M］. London：McMillan, 1936.

［9］Kaimien M I, Schwartz N L. Self-financing of an R&D project［J］. The American Economic Review, 1978, 68（3）：252－261.

［10］刘端，薛静芸，罗勇，陈收. 现金持有、研发投入平滑和产品市场竞争绩效——基于中国高科技行业上市公司的实证［J］. 系统管理学报，2015，24（5）：717－726.

［11］吴淑娥，仲伟周，卫剑波，黄振雷. 融资来源、现金持有与研发平滑——来自我国生物医药制造业的经验证据［J］. 经济学（季刊），2016，15（2）：745－766.

［12］Brown J R, Petersen B C. Cash Holdings and R&D Smoothing［J］. Journal of Corporate Finance, 2011, 17（3）：694－709.

［13］唐清泉，徐欣. 企业R&D投入与内部资金——来自中国上市公司的研究

[J]. 中国会计评论, 2010, 8 (3): 341 – 362.

[14] 卢馨, 郑阳飞, 李建明. 融资约束对企业 R&D 投入的影响研究——来自中国高新技术上市公司的经验证据 [J]. 会计研究, 2013 (5): 51 – 58, 96.

[15] 鞠晓生. 中国上市企业创新投入的融资来源与平滑机制 [J]. 世界经济, 2013, 36 (4): 138 – 159.

[16] 杨兴全, 李万利, 韩建强. 产品市场竞争与现金持有创新平滑效应——基于融资约束和产权性质视角的实证研究 [J]. 软科学, 2016, 30 (5): 82 – 86.

[17] 杨兴全, 曾义. 现金持有能够平滑企业的研发投入吗？——基于融资约束与金融发展视角的实证研究 [J]. 科研管理, 2014, 35 (7): 107 – 115.

[18] 梁彤缨, 苏德贵, 金镇城. 政府资助、现金持有与企业研发平滑研究 [J]. 科技进步与对策, 2016, 33 (8): 86 – 92.

[19] 张会丽, 陆正飞. 现金分布、公司治理与过度投入——基于我国上市公司及其子公司的现金持有状况的考察 [J]. 管理世界, 2012 (3): 141 – 150, 188.

[20] 张敦力, 石宗辉, 郑晓红. 自由现金流量理论发展的路径、挑战与机遇 [J]. 会计研究, 2014 (11): 61 – 66, 97.

[21] 刘银国, 焦健, 张琛. 股利政策、自由现金流与过度投入——基于公司治理机制的考察 [J]. 南开管理评论, 2015, 18 (4): 139 – 150.

[22] Malherbe F. Self-fulfilling Liquidity Dry-ups [J]. Journal of Finance, 2014, 69 (2): 947 – 970.

[23] Camelo-Ordaz C, Hernandez-Lara A B, Valle-Cabrera R. The relationship between top management teams and innovative capacity in companies [J]. Journal of Management Development, 2005, 24 (8): 683 – 705.

[24] Luo X V, Kanuri, Andrews M. How Does CEO Tenure Matter? The Mediating Role of Firm-Employee and Firm-Customer Relationships [J]. Strategic Man-agement Journal, 2014, 35 (4): 492 – 511.

[25] 刘运国, 刘雯. 我国上市公司的高管任期与 R&D 支出 [J]. 管理世界, 2007 (1): 128 – 136.

[26] 张兆国, 刘亚伟, 杨清香. 管理者任期、晋升激励与研发投入研究 [J]. 会计研究, 2014 (9): 81 – 88, 97.

[27] 陈华东. 管理者任期、股权激励与企业创新研究 [J]. 中国软科学, 2016 (8): 112 – 126.

[28] Anta M, Pantzalis C, Park J C. CEO decisionhorizon and firm performance: An empirical investigation [J]. Journal of Corporate Finance, 2010, 16 (3): 288 – 301.

[29] 张兆国, 曹丹婷, 向首任. 制度背景、董事长任期与企业技术创新绩效

［J］．中国软科学，2017（10）：114－127．

　［30］Bancel F，Mittoo U R. Financial Flexibility and the Impact of the Global Financial Crisis：Evidence from France ［J］．International Journal of Managerial Finance，2011，7（2）：179－216.

　［31］曾爱民，张纯，魏志华．金融危机冲击、财务柔性储备与企业投入行为——来自中国上市公司的经验证据［J］．管理世界，2013（4）：107－120.

　［32］韩静，陈志红，杨晓星．高管团队背景特征视角下的会计稳健性与投入效率关系研究［J］．会计研究，2014（12）：25－31，95.

　［33］刘亚伟，张兆国．股权制衡、董事长任期与投入挤占研究［J］．南开管理评论，2016，19（1）：54－69.

　［34］蒲文燕，张洪辉．基于融资风险的现金持有与企业技术创新投入的关系研究［J］．中国管理科学，2016，24（5）：38－45.

| 第九章 |

董事会行为特征、管理者权力与企业创新模式

一、引　言

技术创新是经济增长与社会进步的不竭动力，同时也是提高综合国力的战略支撑。熊彼特（1912）首度提出"创新"一词，认为创新是新的生产要素和生产条件的"新结合"[1]，这种"新结合"可以在一定程度上为企业带来新的商机，增强企业的创新活力，获得竞争优势。企业有效利用要素资源又可以生产出较以往质量更高和成本更低的产品[2]，从而保持可持续发展的良好状态。党的十八届五中全会把创新摆在了五大发展理念之首，提出"创新是引领发展的第一大动力"。党的十九大再次强调创新是建设现代化经济体系的战略支撑。在此背景下大力实施创新驱动战略，鼓励企业进行技术创新意义重大，因为只有以企业为主体，才能坚持技术创新的市场导向，有效整合产学研的力量，加快技术创新成果的产业化，提高国家的国际竞争力。同时企业进行技术创新可以推出新产品和新服务，以便更好地适应市场多元化，增强自身核心竞争力，实现利润最大化。

技术创新活动具有研发周期长、投入高和风险不确定特征，但同时具有价值高和不可替代性，可为企业带来巨大财富[3]。技术创新的产出成果可表现在授权的专利数量上。图 9 - 1 反映了 2008 ~ 2015 年中国企业授权的专利总数，受 2008 年金融危机的影响，2008 ~ 2010 年中国宏观经济出现较大的波动，专利的授权受到一些影响，但 2010 年以后专利的授权量大幅度增加，表明我国企业在技术创新产出上取得了较好的成果，对技术创新也越来越重视。技术创新分为探索式创新和开发式创新（Levinthal D A，1993）[4]。探索式创新可以促使企业设计新产品和研发新技术，开发市场新渠道从而满足新兴市场需求。开发式创新着眼于对现有技术和产品进行

细微调整，从而增加顾客附加价值[5]。探索式创新能对企业经济产生巨大影响，从根本上为企业带来新市场的效益，从而在市场竞争中占据有利地位[6]。开发式创新往往不能够为企业开辟新市场，只是对产品和技术的微小调整[6]，其核心竞争力低于探索式创新，但是开发式创新可以通过调整产品和技术更好地满足市场需求，进而提升企业竞争能力[7]。因此，相比于开发式创新，探索式创新的研发周期更长，风险更大。也正是因为创新活动的高风险性，企业在技术创新方式选择上会很谨慎。

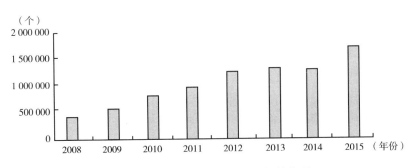

图 9 - 1　2008～2015 年企业授权的专利

资料来源：作者整理。

委托代理问题是现代公司治理中无法避免的环节。袁春生（2009）认为在现代公司权力结构中，经理人与董事会并不是一个简单的连结，而是一个"嵌入式"的合作体。"嵌入式"是指经理通常以内部董事的身份参与董事会决策，并获得董事会授权，代表董事会执行公司决策并管理日常活动[8]。在执行决策过程中，管理者实际上并不局限于被动接受，而是在参与或者共同决策的基础上，履行管理决策职能[8]，这为管理者的自利行为提供了有利条件。两权分离后，股东不能直接介入企业的经营活动中，只能通过与管理者的沟通间接影响企业的技术创新活动。股东的有限理性使得其不可能完全约束管理者的全部行为，若给予管理者一定的权力则会激发其创新潜能和管理才能，强化管理者的创新动机，从而选择适合企业的技术创新方式，降低代理成本。因此，管理者权力如何影响技术创新模式的选择将是我们研究的重点。

本章的主要研究贡献有：第一，采用企业专利申请量衡量企业技术创新，从产出角度研究了管理者权力对创新模式的影响；第二，将企业创新模式分为开发式创新和探索式创新，研究了管理者权力对其选择的影响，

— 171 —

并验证了董事会行为特征在管理者权力与创新模式选择上的调节作用；第三，基于董事会行为特征进一步检验了董事的监督行为与咨询行为对管理者与创新模式选择的影响。

二、文献回顾、理论分析与研究假设

（一）管理者权力与技术创新

管理者在企业技术创新活动中占据着重要地位。20 世纪 70 年代后期，国外学者开始研究管理者权力与技术创新活动的关系。他们对管理者权力的研究与探讨来源于对委托代理理论的深入思考。管理者权力是指管理者执行自身意愿的能力，在公司治理出现缺陷的情况下，管理者所表现出的超出其特定控制权的影响力[9]。两权分离后，股东与管理者之间建立了委托代理关系，股东作为出资人和监督者，不会直接参与企业创新活动决策，管理者却是企业的主要决策者，对企业的创新性行为起着至关重要的作用[10]。管理者与所有者利益越趋一致，管理者对技术创新活动投入的重视程度越高（Jensen and Meckling，1976）[11]。高管的支持力度对技术创新投入至关重要（Nakahara，1997）[12]。苏文兵、李心合等（2010）研究发现管理者权力总体上与企业技术创新投入显著正相关[13]。周杰、薛有志（2008）研究表明总经理持股可有效降低管理者短视倾向，提高技术创新投入[14]。因此，管理者权力是调动管理者进行企业技术创新活动的重要手段，刺激其进行积极的研发投入，而研发活动产生的创新成果又可以在一定程度上增加企业的竞争能力，让股东更加信任管理者，进而给予其更多的权力，如此形成的良性循环更利于企业创新产出的增加。因此，本章提出如下假设：

H9-1：管理者权力与企业技术创新产出正相关。

（二）管理者权力与开发式创新

开发式创新是依靠成熟市场和现有技术，通过对现存技术的改进来提升产品性能，从而使得现存的市场规则、竞争态势得到强化和维持[15]，它是一种连续渐进的创新，周期短，且遵循"跟随—模仿—赶超"的创新逻辑，因此，风险相对较小。两权分离后，股东与企业管理者之间演变成委托—代理的关系，由于信息不对称，股东不能直接决定技术创新活动的投入，而管理者却是企业技术创新活动的决定者。股东可以通过赋予管理者一定程度的自主权来影响其创新行为和创新选择。贾斯汀（2001）进行了中国的管理者和企业家对企业创新及风险承担态度的影响研究，结果表明，与企业家相比，企业的管理者不愿意承担太多的风险来进行创新活动[16]，即企业管理者是风险规避者。当市场外部接管较易发生的条件下，管理者对企业的经营目标短期化时，不愿意从事高风险、长期性的投资（Franks and Mayer，1990）[17]。一旦公司破产或被接管，管理者就无法在金钱或非金钱方面更长时间地牟取自己私人收益，因此，管理者倾向于采取保守的投资策略尽量避免上述现象的发生（Mishra，2011）。许春（2014）在其研究中发现，当企业管理者权力较大时，管理者考虑更多的是自身利益最大化而非企业长期竞争优势[18]。企业管理者专注于使企业的财务报表数据"完美"，更愿意追求短期利益最大化。因此，当管理者被赋予一定的权力时，其为了实现投资人的短期效益期望，满足市场业绩与财务的评价，增加企业当前收入，获取自身报酬及股东信任，他们更愿意选择风险相对小，投资回收期短的创新方式。因此，本章提出如下假设：

H9-2：短期业绩压力较大时，管理者权力与开发式创新正相关。

（三）管理者权力与探索式创新

探索式创新是对现有产品进行改革，幅度大，相对激进，其目的是寻求新的可能性，可以被看作在目标模糊、结果未知的情况下所做的探索，周期长，风险高。企业既要保持一定的长期竞争力，也要在短期获得足够的财务收益（Levinthal and March，1993）。企业要整合开发式创新和探索式创新需要高昂的成本，而且寻求二者的平衡也可能给企业效益带来负面的影响（Menguc and Auh，2008）[19]。两权分离后管理者成为技术创新选择的主要决定者，在企业实际经营过程中，由于组织结构和文化差异，加之探索式创新的高成本、高风险使得管理者不得不慎重选择企业的技术创新方式。探索式创新活动要求管理者打破企业已有的概念或方法，展现一种尝试和转型的行为[20]，经理任期越长、权力越大，他们就会越倾向于用自己的方式和方法经营企业，不会试图改变自己的方式（Hambrick and Fukutomi，1991）。随着管理者任期的延长，其在企业战略方面做出的改变会随之降低（Grimmmm and Smith，1991；Hambrick and Fukutomi，1991）。权力的增加使得企业管理者将过去的成功视为其骄傲的资本，不愿承担太多风险以免影响仕途，对管理也陷入僵化模式[21]，管理者权力的增加，使其对各项投资方式选择更为谨慎和保守，因此，管理者权力可能难以对探索式创新产生明显影响。基于以上分析提出如下假设：

H9 – 3： 管理者权力与探索式创新没有明显显著关系。

（四）董事会的监督行为与管理者权力对技术创新模式选择的影响

由于探索式创新需要对产品进行大幅度改革，回收周期和风险均远高于开发式创新，因此，企业的管理者不太倾向选择激进的创新方式，而是更青睐投资回收期短的开发式创新。委托代理理论认为，由于市场信息的不对称和契约的不完备性，在企业技术创新决策过程中，委托人与代理人之间存在利益目标不一致从而导致代理人产生机会主义行为，增加代理成本[22]。钱德勒认为企业的委托代理问题可以通过赋予管理者一定的权力得到缓解，而董事会的首要职责就是监督管理层，对企业的重大决策进行全局监控，并对公司长远发展战略的制定负最终责任，关注企业的可持续发展，从而保护股东权益。因此，管理者是否转变对企业创新模式的选择倾向，董事会的监督行为起着至关重要的作用，代理理论认为增加董事会独立性有利于提高董事会的监督职能，从而避免管理者在决策上的短视行为。因而董事会的独立性是衡量董事会监督效率的重要因素。由于管理者的任期较短并肩负短期业绩压力，往往倾向于选择投资回收期短的开发式创新，从而创造良好的短期绩效，为他们的职位升迁增加砝码。而探索式创新的投入并不能增加短期绩效，甚至不利于财务报表的"完美"。因此，管理者需要董事会进行监督以避免在创新模式选择上的风险规避，导致企业失去长远发展的机会。一方面，具有监督职责的独立董事的职业生涯并不依赖管理层，同时在技术创新选择中会保持独立性和制衡性，能够更客观公平地评价管理者的经营表现[23]，他们更可能关注企业的长远发展，具有较强的风险偏好[24]，并尽力寻求开发式创新和探索式创新二者给企业带来的绩效平衡点；另一方面，监督董事不受管理层的控制，更有可能质疑和挑战管理层的战略决策[24]，从而抑制管理者在探索式创新选择上的懈息。因此，本章提出如下假设：

H9 -4a：董事会的监督行为正向调节管理者权力与探索式创新的关系。

H9 -4b：董事会的监督行为正向调节管理者权力与开发式创新的关系。

（五）董事会的咨询行为与管理者权力对技术创新模式选择的影响

董事会另一个重要功能就是为管理者提供战略咨询和建议[25]。企业的非执行董事可以为管理者提供有利的咨询建议，促进管理者做出有利于提高公司价值的决策（Cook and Wang，2011）[26]。非执行董事不在企业担任具体职务，但是熟悉企业的经营状况和业务能力，非执行董事是使企业与外部环境进行信息和资源交流的媒介，他们不仅能帮助企业建立与供应商和客户间的关系，还能为企业带来外部企业的运作经验[27]，为企业战略决策提供咨询和建议。桂荷发等在研究非执行董事与股东、管理层冲突时指出，非执行董事可以为企业收集很多外部信息，降低信息不对称[28]。企业的非执行董事能在一定程度上减弱内部人和投资者的信息不对称，减少企业所面临的创新不确定性，对市场发展做出更准确预测，进而促进企业技术创新[29]。诚然，管理层可以从非执行董事中获得其他企业的经营理念和战略投资经验，为风险较小的开发式创新提供更多咨询建议，但是探索式创新需要整合大量信息资源，管理者需要花费巨大的时间和精力分析那些从非执行董事处获得的相关信息的价值性，根据企业实际情况做出创新选择，权力较大的管理者在进行企业项目抉择时倾向于较少采纳他人的建议（Faleye，2013）[30]。且绝大部分非执行董事的建立服务于个人目的，是董事高管共谋自身利益的渠道[31]；且非执行董事旨在实现管理层自身利益最大化[32]；非执行董事虽然存在信息交流上的优势，但并不足以弥补代理冲突加剧所带来的负面影响[28]。非执行董事作为一种非正式层级，越来越受到企业的关注，虽然非执行董事可以为企业提供战略咨询和传递外部信息，但当非执行董事们各执己见时董事会决策很容易产生过程损失[24]，影响管理者对技术创新模式的选择。因此，本章提出如下假设：

H9 -5a：董事会的咨询行为正向调节管理者权力与开发式创新的关系。

H9 -5b：董事会的咨询行为对管理者权力与探索式创新关系的调节作用不显著。

三、研究设计

（一）样本选择与数据来源

本章选择 2010~2015 年深圳证券交易所进行交易的 A 股上市公司为样本，研究中衡量管理者权力方面的指标、董事会行为特征指标及控制变量均来自国泰安数据库，专利数据为手工收集，数据来源于国家知识产权局。剔除金融、保险类上市公司；剔除 ST、*ST 的上市公司；剔除极端或异常值数据；剔除数据信息不全的上市公司，最终选取 2010~2015 年共计 787 家企业的混合研究样本。数据处理采用 Excel 2003、SPSS 17.0 和 Stata 12.1 统计软件。

（二）变量设计

1. 被解释变量

胡原木（2012）在研究技术创新投入与产出关系时，将企业专利申请数作为衡量技术创新产出的指标[33]。前期研究中，学者们通常使用主观数据衡量技术创新，向企业竞争对手发放问卷来获得企业的开发式创新和探索式创新（Poorkavoos，2016)[34]，尹惠斌对探索式创新绩效的测度设定五个相关指标，并采用问卷调查收集数据[35]。近几年，一些学者考虑数据的客观性与代表性，提出用专利数据衡量开发性与探索性创新。钟昌标、黄远渐等（2014）在研究中将发明创造的申请量作为衡量探索式创新的指标，将实用新型和外观设计专利申请量之和作为衡量开发式创新的指标[36]。李小静等（2015）在研究中也用不同类型专利申请数来衡量企业开发式创新和探索式创新[37]。因此，本章借鉴以上学者对技术创新的衡量方法：用企业申请的专利数量衡量技术创新产出，用发明专利的申请量衡量探索式创新，用实用新型和外观设计专利申请量之和衡量开发式创新。

2. 解释变量

管理者权力。由于管理者权力的复杂性，很多现有文献均采用多维度间接指标对其进行测量。本章借鉴国内学者谢佩洪（2017)[38]、王茂林（2014)[39]、夏芸（2014）的做法[3]，采用职位权、所有权、运作权和经理任期来测量管理者分类权力，并借鉴权小锋等（2010）的做法[40]，将职位权、所有权、运作权和经理任期按照主成分分析方法合成管理者权力指标。

3. 调节变量

（1）董事会的监督行为。独立董事的重要职责是监督管理层的行为，保护投资者利益，因此用独立董事人数在董事会规模中占的比例作为董事监督行为的替代变量。

（2）董事会的咨询行为。非执行董事可以为企业提供咨询建议[26]。因此用董事会成员中非执行董事人数作为董事咨询行为的替代变量。

4. 控制变量

为减少其他变量对企业技术创新的影响，引入企业规模、股权集中度、股权制衡度、资产收益率、营业利润率、资产负债率和经理年龄为控制变量。具体说明如表9-1所示。

表9-1　　　　　　　　　　　　变量设计

变量类型	变量名称	变量符号	变量定义
被解释变量	技术创新产出	Innov	企业申请的专利数
	开发式创新	DI	实用新型专利和外观设计专利申请量之和
	探索式创新	EI	发明创造专利申请量
解释变量	职位权	Led	经理兼任董事长的，取值为1，否则为0
	所有权	Mo	总经理是企业前十大股东之一取值为1，否则为0
	运作权	Ope	（经营活动现金净流量 - 资本性支出）/期初总资产
	经理任期	Tenure	经理自上任以来的任职年限
	管理者权力	Power	以上四个权力维度指标的主成分合成指标
调节变量	董事会的监督行为	Mon	独立董事人数/董事会规模
	董事会的咨询行为	Adv	董事会成员中非执行董事人数
控制变量	企业规模	Size	企业总资产的自然对数
	股权集中度	Cr5	前五大股东持股比例之和
	股权制衡度	Z	第二至第五大股东持股比例之和与第一大股东持股比例的比值
	资产收益率	Roa	净利润/总资产
	营业利润率	Opr	营业利润/营业收入
	资产负债率	Lev	期末负债/期末总资产
	经理年龄	Age	经理实际年龄

（三）模型设计

本章设计以下回归模型来检验所提假设：

（1）检验管理者权力对技术创新产出的影响：

$$\text{In}nov_{it} = a_0 + a_1 power + a_2 size + a_3 Cr5 + a_4 roa + a_5 opr$$
$$+ a_6 lev + a_7 Age + \varepsilon \qquad (9-1)$$

（2）检验管理者分类权力对开发式创新和探索式创新的影响：

$$DI\,(EI)_{it} = a_0 + a_1 led + a_2 mo + a_3 ope + a_4 tennure + a_5 size + a_6 Cr5$$
$$+ a_7 roa + a_8 opr + a_9 lev + a_{10} Age + \varepsilon \qquad (9-2)$$

（3）检验管理者权力对开发式创新和探索式创新的影响：

$$DI\,(EI)_{it} = a_0 + a_1 power + a_2 size + a_3 Cr5 + a_4 roa + a_5 opr$$
$$+ a_6 lev + a_7 Age + \varepsilon \qquad (9-3)$$

（4）检验董事会的监督行为对开发式创新和探索式创新的影响：

$$DI\,(EI)_{it} = a_0 + a_1 mon + a_2 size + a_3 Cr5 + a_4 roa + a_5 opr$$
$$+ a_6 lev + a_7 Age + \varepsilon \qquad (9-4)$$

（5）检验董事会的监督行为对管理者权力与开发式创新和探索式创新的影响：

$$DI\,(EI)_{it} = a_0 + a_1 mon \times power + a_2 size + a_3 Cr5 + a_4 roa$$
$$+ a_5 opr + a_6 lev + a_7 Age + \varepsilon \qquad (9-5)$$

（6）检验董事会的咨询行为对开发式创新和探索式创新的影响：

$$DI\,(EI)_{it} = a_0 + a_1 adv + a_2 size + a_3 Cr5 + a_4 roa + a_5 opr$$
$$+ a_6 lev + a_7 Age + \varepsilon \qquad (9-6)$$

（7）检验董事会的咨询行为对管理者权力与开发式创新和探索式创新的影响：

$$DI\,(EI)_{it} = a_0 + a_1 adv \times power + a_2 size + a_3 Cr5 + a_4 roa$$
$$+ a_5 opr + a_6 lev + a_7 Age + \varepsilon \qquad (9-7)$$

四、实证结果

（一）描述性统计

相关的描述性统计结果如表9-2所示。由表9-2可知，技术创新产出的均值为70.443，四分位数和标准差均较大，表明样本公司在技术创新产出方面存在较大差异。开发式创新的均值为57.116，探索式创新的均值为13.328，两个指标的标准差差异较大，说明样本公司更注重开发式创新，对风险较大的探索式创新投入程度相对较小。管理者权力的均值为1.407，最大值为5.363，表明在不同样本公司中管理者权力大小明显不同。在职位权、所有权、运作权和经理任期方面，样本公司间均存在较大差异。从运作权方面看，样本公司的现金流量净额平均只占总资产的5%，说明企业管理者可以自由支配的资源很少；从所有权方面看，只有33.7%的样本公司总经理持股，表明经理持股在样本公司中还不普遍；在职位权方面，样本公司中有73.1%的经理兼任董事；在经理任期方面，经理平均在职年限为3.417。样本公司中，董事会咨询行为的替代变量非执行董事人数的均值为4.8，董事会监督行为的替代变量独立董事比例的均值为35.3%。

表9-2　　　　　　　　　　主要变量的描述性统计

变量	均值	标准差	中位数	最大值	最小值	样本量
Innov	70.443	244.689	11	2 869	0	787
DI	57.116	199.110	9	2 551	0	787
EI	13.328	51.443	1	2 483	0	787
Power	1.407	1.042	1.075	5.363	0.058	787
Ope	0.051	0.083	0.044	0.471	-0.351	787
Mo	0.337	0.473	0	1	0	787
Led	0.731	0.324	1	1	0	787
Tenure	3.417	2.896	2	15	0	787
Mon	4.809	1.409	6	6	3	787
Adv	0.353	0.374	0.220	0.897	0.067	787
Cr5	0.470	0.150	0.461	0.914	0.108	787
Roa	0.057	0.783	0.027	20.788	-6.764	787

续表

变量	均值	标准差	中位数	最大值	最小值	样本量
Lev	0.573	1.049	0.544	29.493	0.069	787
Z	0.467	0.476	0.274	2.613	−0.955	787
Opr	0.374	0.059	0.364	0.6	0.25	787
Size	22.634	1.334	22	26	17	787
Age	49.257	6.322	49	75	31	787

（二） Pearson 相关系数矩阵

表 9 - 3 给出了主要研究变量的 Pearson 相关系数。从表 9 - 3 的相关关系来看，技术创新产出和开发式创新均与运作权、职位权、经理任期及经理持股显著正相关，与管理者权力显著正相关，即管理者权力与技术创新产出呈正相关关系，管理者权力越大，企业越倾向开发式创新。探索式创新与管理者权力正相关不显著、与经理运作权和经理任期负相关但不显著，与职位权和经理持股显著正相关，但是显著程度较开发式创新低，说明管理者权力对探索式创新影响较小。然而表 9 - 3 仅仅是简单的相关系数，其结果的可靠程度仍需多元线性回归结果来验证。

表 9 - 3　　　　　　　　　主要研究变量的相关系数矩阵

变量	Innov	DI	EI	Power	Ope	Led	Tenure	Mo	Adv	Mon
Innov	1									
DI	0.918 **	1								
EI	0.617 **	0.254 **	1							
Power	0.15 **	0.177 **	0.017	1						
Ope	0.098 **	0.129 **	−0.017	0.06	1					
Led	0.100 **	0.082 *	0.082 *	0.018	−0.067	1				
Tenure	0.119 **	0.149 **	−0.004	0.784 **	0.059	−0.036	1			
Mo	0.175 **	0.168 **	0.093 **	0.299 **	0.035	0.003	0.131 **	1		
Adv	0.019	0.000	−0.045	0.121 **	−0.001	0.023	−0.119 **	−0.051	1	
Mon	0.068	−0.059	−0.049	0.017	0.000	−0.038	0.025	−0.019	−0.018	1

注：** 、* 分别表示在 5% 、10% 的统计水平上显著。

回归之前考察了模型中变量间的多重共线性问题，发现所有回归模型的被解释变量与解释变量及控制变量间的方差膨胀因子（VIF 值）均小于2，表明模型不存在多重共线性，对回归结果没有显著影响。

（三）全样本回归

全样本回归结果如表9-4和表9-5所示。表9-4模型（9-1）中技术创新产出与管理者权力在5%的水平上显著正相关，表明管理者权力与技术创新产出正相关，因此，假设9-1成立。模型（9-2）中，管理者运作权、职位权和经理任期与开发式创新分别在5%、1%、1%水平上显著正相关，探索式创新与职位权在1%水平上显著正相关，但相比于开发式创新的职位权，探索式创新的回归系数小于开发式创新。

表 9 - 4　　　　管理者权力与管理者分类权对技术创新的回归结果

变量	模型 （9 - 1）	模型 （9 - 2）	
	Innov	DI	EI
Power	0.071 ** （2.10）		
Ope		0.076 ** （2.35）	- 0.039 （- 1.11）
Led		0.110 *** （3.43）	0.092 *** （2.62）
Tenure		0.088 *** （2.66）	- 0.020 （- 0.55）
Mo		0.003 （0.08）	0.028 （0.71）
Cr5	- 0.104 *** （- 3.06）	- 0.111 *** （- 3.23）	- 0.035 （- 0.93）
Roa	0.049 （1.45）	0.047 （1.41）	0.013 （0.34）
Lev	0.071 ** （2.09）	0.069 ** （2.06）	0.025 （0.67）

续表

变量	模型 (9-1)	模型 (9-2)	
	Innov	DI	EI
Z	0.103 *** (3.16)	0.073 ** (2.22)	0.103 *** (2.89)
Opr	0.013 (0.41)	0.025 (0.77)	0.024 (0.69)
Size	0.425 *** (12.10)	0.423 *** (11.49)	0.198 *** (4.91)
Age	-0.024 (-0.70)	-0.012 (-0.34)	-0.043 (-1.15)
N	787	787	787
Adj-R^2	0.193	0.205	0.049
F	24.55	19.383	4.654
常数项	-0.000 (-0.00)	-0.000 (-0.00)	-0.000 (-0.00)

注：括号内为 t 值；*** 、** 分别表示在 1%、5% 的统计水平上显著。

表9-5模型（9-3）检验管理者权力对开发式创新和探索式创新的影响，回归结果显示：管理者权力与开发式创新在 1% 水平上显著正相关，而与探索式创新的回归系数不具有统计意义上的显著性，表明管理者权力对企业的探索式创新没有显著影响。在理论上，这可能是因为探索式创新投入大、周期长、风险高，而企业管理者又肩负着业绩压力，其追求的是一种"最满意利润"而非"最大利润"，探索式创新活动一旦失败，不但影响企业业绩，管理者还会面临降职减薪的风险。因此，假设9-2和假设9-3成立。模型（9-4）检验董事会的监督行为对开发式创新和探索式创新的影响，董事会的监督行为与开发式创新和探索式创新均在 1% 的水平上显著正相关，且探索式创新的系数高于开发式创新的系数，说明董事的监督行为对企业的开发式创新和探索式创新有一定的促进作用。模型（9-5）使用董事会的监督行为特征和管理者权力的交乘进行检验，结果显示，董事会的监督行为对管理者权力与探索式创新的交乘项在 1% 水平上显著正相关，对管理者权力与开发式创新的交乘项在 1% 水平上显著正相关，表明董事会的监督行为对管理者权力与探索式创新有正向的调节

作用，H9 - 4a 成立，同时董事会的监督行为对管理者权力与开发式创新也有正向调节作用，说明董事会的监督行为可以使管理者转变对探索式创新的规避行为，因此，H9 - 4b 成立。

表 9 - 5　董事会监督行为对管理者权力与开发和探索的调节作用

变量	模型（9-3）		模型（9-4）		模型（9-5）	
	DI	EI	DI（1）	EI（1）	DI（2）	EI（2）
Power	0.096 *** (2.82)	-0.016 (-0.43)				
Mon			0.125 *** (3.84)	0.130 *** (3.68)		
Mon × Power					0.224 *** (6.77)	0.114 *** (3.09)
控制变量	控制	控制	控制	控制	控制	控制
常数项	-0.000 (-0.00)	0.000 (0.00)	-0.000 (-0.00)	0.000 (0.00)	-0.000 (-0.00)	0.000 (0.00)
Adj-R^2	0.192	0.041	0.199	0.048	0.230	0.044
F	24.35	5.187	25.456	6.005	30.270	5.487
观测样本	787	787	787	787	787	787

注：括号内为 t 值；*** 表示在1%的统计水平上显著。

表 9 - 6 模型（9 - 6）检验董事会的咨询行为对开发式创新和探索式创新的影响，咨询行为与开发式创新和探索式创新均在1%水平上显著正相关，且开发式创新的系数高于探索式创新的系数，说明董事会的咨询行为对企业的开发式创新和探索式创新有一定的促进作用。模型（9 - 7）使用董事会的咨询行为和管理者权力的交乘进行检验，咨询行为对管理者权力与开发式创新的交乘项在1%水平上显著正相关，且交乘回归系数大于管理者与开发式创新的回归系数，表明董事会的咨询行为正向调节管理者权力与开式创新，H9 - 5a 成立，而董事会的咨询行为对管理者权力与探索式创新的交乘项回归系数不具有统计意义上的显著性，说明董事会的咨询行为对管理者权力与探索式创新的没有显著调节作用，因此，H9 - 5b 成立。

表 9 – 6　　　　董事会咨询行为对管理者权力与开发和探索的调节作用

变量	模型（9 – 3）		模型（9 – 6）		模型（9 – 7）	
	DI	EI	DI(3)	EI(3)	DI(4)	EI(4)
Power	0.096 *** (2.82)	– 0.016 （– 0.43）				
Adv			0.115 *** (3.55)	0.103 *** (2.93)		
Adv × Power					0.153 *** (4.57)	0.025 (0.69)
控制变量	控制	控制	控制	控制	控制	控制
常数项	– 0.000 （– 0.00）	0.000 (0.00)	– 0.000 （– 0.00）	– 0.000 （– 0.00）	0.000 (0.00)	0.000 (0.00)
Adj-R^2	0.192	0.041	0.197	0.051	0.205	0.041
F	24.35	5.187	25.076	6.296	26.354	5.226
观测样本	787	787	787	787	787	787

注：括号内为 t 值；*** 表示在 1% 的统计水平上显著。

（四）进一步分析

为了更好地考察董事会的监督行为和咨询建议行为对企业管理者权力与技术创新模式选择的影响，本章进一步按照董事监督行为和咨询行为将样本均分为两组进行分组检验。表 9 – 7 按照董事会监督行为的替代变量独立董事比例均值分为监督行为低组和高组，回归结果显示，在董事高监督行为环境下，管理者与探索式创新的系数在 5% 水平上显著正相关，与开发式创新的系数在 10% 水平上显著正相关；而在董事低监督行为环境下，管理者与探索式创新的系数没有显著作用，与开发式创新的系数在 10% 水平上显著正相关。说明董事会的监督行为越高，管理者在技术创新模式选择上会平衡开发式创新和探索式创新，且更注重选择探索式创新。我们分析其主要的原因有：当企业董事会的监督行为低时，其对管理者的监督和激励十分有限，导致管理者在面对创新模式选择时，更多地考虑企业短期绩效，从而选择保守的创新模式；但是当企业董事会的监督行为高时，他们在激励和监督管理者的力度上也相应增加，同时具有监督行为的独立董事的高比例有利于客观公平地向股东评价管理者为企业绩效作出的贡献，一定程度上减小了管理者的短期业绩压力，从而抑制了管理者在探索式创新选择上的懈怠。

表 9 – 7　　　　　基于董事会监督行为高低的样本分组回归结果

变量	董事会监督行为低组				董事会监督行为高组			
	DI（1）	EI（1）	DI（2）	EI（2）	DI（1）	EI（1）	DI（2）	EI（2）
Power	0.095 * （1.76）	– 0.008 （– 0.14）			0.426 * （1.82）	0.535 ** （2.16）		
Ope			– 0.018 （– 0.35）	– 0.051 （– 0.93）			0.125 *** （2.84）	0.016 * （0.33）
Led			0.071 （1.33）	0.108 * （1.89）			0.148 ** （3.58）	0.131 *** （2.97）
Tenure			0.120 ** （2.26）	– 0.009 （– 0.16）			– 0.019 （– 0.40）	0.044 （1.01）
Mo			– 0.075 （– 1.36）	0.054 （0.93）			0.029 （0.59）	– 0.003 （– 0.06）
控制变量	控制	控制	控制	控制	控制	控制	控制	控制
常数项	– 0.000 （– 0.00）	– 0.000 （– 0.00）	– 0.000 （– 0.00）	0.000 （0.00）	– 0.000 （– 0.00）	0.000 （0.00）	– 0.000 （– 0.00）	0.000 （0.00）
Adj-R^2	0.151	0.039	0.157	0.047	0.216	0.109	0.259	0.135
F	8.338	2.695	6.594	2.492	14.860	8.929	14.084	7.423
观测样本	332	332	332	332	455	455	455	455

注：括号内为 t 值；*** 、** 、* 分别表示在 1%、5% 和 10% 的统计水平上显著。

表 9 – 8 按照董事会咨询行为的替代变量非执行董事人数的均值分为董事会咨询行为低组和高组，回归结果显示，在董事会咨询行为低组中，管理者权力与开发式创新在 1% 水平上显著正相关；在董事会咨询行为高组中，管理者权力与开发式创新在 5% 水平上显著正相关，且无论董事会咨询行为的替代变量非执行董事人数多还是少，管理者权力与探索式创新均不具有统计意义上的显著性，表明企业董事会咨询行为的存在并不能影响管理者对探索式创新的选择。我们分析其主要原因有：董事会咨询行为主要为管理者提供不同企业不同行业的投资经验和传递外部资源，充当着咨询建议的角色，对管理者的监督力度也不大，且企业对咨询行为董事的激

励力度较低。一方面探索式创新的战略选择需要整合大量的外部信息，管理者需要花费时间和精力分析非执行董事们提供的各类信息，在监督力度有限的情形下，管理者会出现风险懈怠的态度；另一方面，当董事会中咨询行为董事人数大于特定数量时，他们会变得忙碌而降低有效外部信息的传输效率[41]，从而影响管理者在探索式创新模式上的选择。

表9-8   基于董事会咨询行为的样本分组回归结果

变量	董事会咨询行为低组				董事会咨询行为高组			
	DI(1)	EI(1)	DI(2)	EI(2)	DI(1)	EI(1)	DI(2)	EI(2)
Power	0.163*** (3.24)	0.079 (1.44)			0.096** (2.11)	-0.029 (-0.58)		
Ope			-0.014 (-0.27)	0.047 (0.84)			0.101** (2.34)	-0.057 (-1.18)
Led			-0.045 (-0.85)	-0.022 (-0.38)			0.020 (0.46)	-0.007 (-0.15)
Tenure			0.187*** (3.64)	0.107* (1.91)			0.084* (1.92)	-0.032 (-0.64)
Mo			-0.070 (-1.36)	-0.100* (-1.80)			0.024 (0.48)	0.063 (1.1)
控制变量	控制	控制	控制	控制	控制	控制	控制	控制
常数项	-0.000 (-0.00)	-0.000 (-0.00)	0.000 (0.00)	-0.000 (-0.00)	-0.000 (-0.00)	-0.000 (-0.00)	-0.000 (-0.00)	-0.000 (-0.00)
Adj-R²	0.214	0.064	0.217	0.071	0.233	0.055	0.239	0.055
F	13.084	4.063	9.985	3.489	17.333	4.120	13.221	3.268
观测样本	357	357	357	357	430	430	430	430

注：括号内为 t 值；***、**、*分别表示在1%、5%和10%的统计水平上显著。

五、稳健性检验

为考察本章实证结果的稳健性，参照汉布里克和芬克尔斯坦（1987）、张长征（2006）的做法，我们用年营运资金与年营业收入的比值作为管理者运作权的替代指标，并重新构建管理者权力，对上述研究结果进行稳定性检验。回归结果如表9-9和表9-10所示。其结果与前文基本一致，表明了研究结论具有较高的可靠性。

表 9 - 9　　　　　　　　　　　　**稳健性检验 1**

变量	模型 （9 - 1）	模型 （9 - 2）		模型 （9 - 4）		模型 （9 - 5）	
	Innov	DI(1)	EI(1)	DI(2)	EI(2)	DI(3)	EI(3)
Power	0.080 ** (2.1)	0.105 *** (2.77)	- 0.015 (- 0.35)				
Mon				0.125 *** (3.84)	0.130 *** (3.68)		
Mon × Power						0.107 *** (3.31)	0.093 *** (2.64)
控制变量	控制	控制	控制	控制	控制	控制	控制
N	787	787	787	787	787	787	787
Adj-R^2	0.193	0.192	0.041	0.199	0.048	0.199	0.047
F	24.546	24.307	5.179	25.456	6.005	18.782	4.549
常数项	- 0.000 (- 0.00)	- 0.000 (- 0.00)	0.000 (0.00)	- 0.000 (- 0.00)	0.000 (0.00)	- 0.000 (- 0.00)	- 0.000 (- 0.00)

注：括号内为 t 值；*** 、** 分别表示在 1% 、5% 的统计水平上显著。

表 9 - 10　　　　　　　　　　　　**稳健性检验 2**

变量	模型 （9 - 2）		模型 （9 - 6）		模型 （9 - 7）	
	DI(1)	EI(1)	DI(4)	EI(4)	DI(5)	EI(5)
Power	0.105 *** (2.77)	- 0.015 (- 0.35)				
Adv			0.115 *** (3.55)	0.103 *** (2.93)		
Adv × Power					0.065 * (1.71)	0.002 (0.04)
控制变量	控制	控制	控制	控制	控制	控制
N	787	787	787	787	787	787
Adj-R^2	0.192	0.041	0.197	0.051	0.179	0.041
F	24.307	5.179	25.076	6.296	22.416	5.239
常数项	- 0.000 (- 0.00)	0.000 (0.00)	- 0.000 (- 0.00)	- 0.000 (- 0.00)	- 0.000 (- 0.00)	0.000 (0.00)

注：括号内为 t 值；*** 、* 分别表示在 1% 、10% 的统计水平上显著。

六、结　论

本章基于代理理论和资源依赖理论的视角，考察了管理者权力对技术创新模式选择的影响，同时检验了董事会行为特征对二者的调节作用，并进一步分析了董事会监督行为的高低和咨询行为的高低对管理者与技术创新模式选择的影响。研究发现，第一，管理者权力与技术创新产出显著正相关，与开发式创新显著正相关，相比于开发式创新，管理者权力对探索式创新影响不显著，其中，以董事和经理"两职合一"表示的职位权、企业经营活动现金净流量表示的运作权和经理任期均与开发式创新行为显著正相关，而只有职位权与探索式创新行为正相关。第二，董事会的监督行为正向调节管理者权力对技术创新模式的选择，董事会的咨询行为对管理者与开发式创新有正向调节作用，对管理者与探索式创新调节作用不显著。第三，企业董事会的监督行为越高，将有效抑制管理者在探索式创新行为选择上的懈怠，而企业董事会咨询行为的高低并不能有效改变管理者对探索式创新行为的选择。

董事会是连接管理者与股东的重要桥梁，有效的董事会治理可以对管理层起到一定的监督和咨询作用，降低委托代理成本。随着经济全球化，激烈的国际竞争迅速国内化，大量引进技术的国内企业面对国外同行竞争时暴露出了自身的不足和弱点，企业技术自立是获得市场长期竞争优势的重要保障，而管理者权力的合理安排是董事会治理和技术自立的焦点，现有的公司制度下，适当提高董事会的监督行为，可以抑制管理者在技术创新模式选择上的懈怠，同时具有咨询行为的董事人数的设置不宜过多，因为董事咨询行为在监督方面的力度还很有限。企业还可以适当降低管理者的短期业绩压力，提高和赋予管理者相应的企业股份，使得管理者更加注重企业的长期发展，逐渐青睐探索式创新，只有当管理者的努力得到相应补偿时，才能充分激发他们的创新激情。

参考文献

[1] Schumpeter J A. The Theory of Economic Development [M]. Cambridge，MA：Harvard University Press，1912.

［2］O' Sullivan M. The Innovative Enterprise and Corporate Governance Cambridge ［J］. Journal of Economics，2000，24（4）：393 – 416.

［3］夏芸. 管理者权力、股权激励与研发投资［J］. 研究与发展管理，2014，26（4）：12 – 22.

［4］Levinthal D A，March J G. The myopia of learning［J］. Strategic Management Journal，1993（14）：95 – 112.

［5］Hoonsopon D，Ruenrom G P. The Empirical Study of the Impact of Product Innovation Factors on the Performance of New Products：Radical and Incremental Product Innovation ［J］. The Business Review，2009（12）：155 – 162.

［6］Garcia R，Calantone R. A Critical Look at the Technological Innovation Typology and Innovativeness Terminology：A Literature Review［J］. Journal of Product Innovation Management，2002，19（2）：110 – 132.

［7］Sorescu A B，Spanjol J. Innovation's Effect on Firm Value and Risk：Insights from Consumer Packaged Goods［J］. Journal of Marketing，2008，72（2）：114 – 132.

［8］袁春生. 公司治理中经理自主权的壁垒效应解析. 管理评论，2009，21（12）：48 – 56.

［9］Stulz R. Managerial Discretion and Optimal Financing Policies［J］. Journal of Financial Economics，1990，26（1）：3 – 27.

［10］何玉润，林慧婷，王茂林. 产品市场竞争、高管激励与企业创新——基于中国上市公司的经验证据［J］. 财贸经济，2015（2）：125 – 135.

［11］Jensen M C，Meckling W H. Theory of the Firm：Managerial Behavior，Agency Costs and Ownership Structure［J］. Journal of Financial Economics，1976，3（4）：305 – 360.

［12］Nakahara T. Innovation in a Borderless World Economy［J］. Research Technology Management，1997，40（3）：7 – 9.

［13］苏文兵，李心合，徐东辉，许佳. 经理自主权与 R&D 投入的相关性检验 ［J］. 研究与发展管理，2010，22（4）：30 – 38.

［14］周杰，薛有志. 公司内部治理机制对 R&D 投入的影响［J］. 研究与发展管理，2008，20（3）：1 – 9.

［15］Rosenbusch N，et al. Is Innovation always beneficial? A Meta-Analysis of the Relationship between Innovation and Performance in SMEs［J］. Journal of Business Venturing，2011，26（4）：441 – 457.

［16］Tan J. Innovation and Risk-taking in a Transitional Economy：A Comparative Study of Chinese Managers and Entrepreneurs［J］. Journal of Business Venturing，2001，16

（4）：359 – 376.

［17］Franks J, Mayer C. Capital Markets and Corporate Control：A Study of France, Germany and the UK ［J］. Economic Policy, 1990, 5 （10）：189 – 213.

［18］许春. 打开非相关多元化与企业创新投入关系的黑箱 ［J］. 研究与发展管理, 2014, 26 （4）：1 – 11.

［19］Menguc B, Auh S. The Asymmetric Moderating Role of Market Orientation on the Ambidexterity-firm Performance Relationship for Prospectors and Defenders ［J］. Industrial Marketing Management, 2008, 37 （4）：455 – 470.

［20］王凤彬, 陈建勋. 动态环境下变革型领导行为对探索式技术创新和组织绩效的影响 ［J］. 南开管理评论, 2011, 14 （1）：4 – 16.

［21］薛跃, 陈巧. CEO 特征对 R&D 投入的影响 ［J］. 华东师范大学学报（哲学社会科学版）, 2014 （6）：129 – 138.

［22］杨慧军, 杨建君. 股权集中度、经理人激励与技术创新选择 ［J］. 科研管理, 2015, 36 （4）：48 – 55.

［23］邹海亮, 曾赛星等. 董事会特征、资源松弛性与环境绩效：制造业上市公司的实证分析 ［J］. 系统管理学报, 2016, 25 （2）：193 – 202.

［24］谢永珍, 张雅萌等. 董事会正式、非正式结构对董事会会议频率的影响——非正式沟通对董事会行为强度的调节作用 ［J］. 外国经济与管理, 2015, 37 （4）：15 – 38.

［25］龚辉锋. 咨询董事、监督董事与董事会治理有效性 ［J］. 管理科学学报, 2014, 17 （2）：81 – 94.

［26］Cook D O, Wang H. The Informativeness and Ability of Independent Multi Firm Directors ［J］. Journal of Corporate Finance, 2011, 17 （1）：108 – 121.

［27］陆正飞, 胡诗阳. 股东—经理代理冲突与非执行董事的治理作用——来自中国 A 股市场的经验证据 ［J］. 管理世界, 2015 （1）：129 – 138.

［28］桂荷发, 黄节根. 非执行董事与股东—管理层代理冲突——兼论管理层权力与产权属性对非执行董事治理效应的影响 ［J］. 当代财经, 2016 （12）：55 – 64.

［29］胡诗阳, 陆正飞. 非执行董事对过度投资的抑制作用研究——来自中国 A 股上市公司的经验证据 ［J］. 会计研究, 2015 （11）：41 – 49.

［30］Faleye O, Hoitash R, Hoitash U. Advisory Directors ［R］. Northeastern University, 2013, SSRN：http：//dx doi. org/10. 2139 /ssrn. 1866166.

［31］Masulis R, Wang C, Xie F. Globalizing the boardroom：The effects of foreign directors on corporate governance and firm performance ［J］. Journal of Accounting and Economics, 2012, 53 （3）：527 – 554.

［32］Robert M and T M Whited. 2012 Endogeneity in Empirical Corporate Finance ［J］. Handbook of the Economics of Finance，2012，2（7）：493－572.

［33］胡原木. 技术独立董事可以提高 R&D 产出效率吗？［J］. 南开管理评论，2012，15（2）：136－142.

［34］Poorkavoos M，Duan Y，Edwards J S，et al. Identifying the configurational paths to innovation in SMEs：A fuzzy-set qualitative comparative analysis ［J］. Journal of Business Research，2016，69（12）：5843－5854.

［35］尹惠斌，游达明，刘海运. 环境动态性对探索性学习与突破性创新绩效关系的调节效应研究［J］. 华东经济管理，2014（8）：107－112.

［36］钟昌标，黄远浙，刘伟. 新兴经济体海外研发对母公司创新影响的研究——基于渐进式创新和颠覆式创新视角［J］. 南开经济研究，2014（6）：91－104.

［37］李小静，孙柏. 政府干预对新兴企业技术创新的影响研究［J］. 华东经济管理，2015，29（9）：159－164.

［38］谢佩洪，汪春霞. 管理层权力、企业生命周期与投资效率［J］. 南开管理评论，2017，20（1）：57－66.

［39］王茂林，何玉润等. 管理层权力、现金股利与企业投资效率［J］. 南开管理评论，2014，17（2）：13－22.

［40］权小锋，吴世农，文芳. 管理者权力、私有收益与薪酬操纵［J］. 经济研究，2010（11）：73－87.

［41］Ahn S，Jiraporn P，Kim Y S. Multiple directorships and acquirer return ［J］. Journal of Banking & Finance，2010，34（9）：2011－2026.

经理自主权对公司渐进式创新和突变式创新行为选择的影响

一、引 言

技术创新是经济增长与社会进步的不竭动力，同时也是提高综合国力的战略支撑。熊彼特（1912）首度提出"创新"一词，他认为创新是新的生产要素和生产条件的"新结合"[1]。奥沙利文（2000）指出，创新是成功企业和经济体随着时间的推移改善其绩效并彼此分出高下的核心内容。创新是一种资源开发和利用的过程，借此可以生产出较以往质量更高和成本更低的产品。创新不能被还原成技术的新颖性，事实上还指那些不包含技术开发的过程[2]。陈德球（2016）指出，我国经济发展模式开始从资源消耗型转变为技术创新型[3]，国家大力发展资本市场，鼓励企业进行自主创新，尤其是技术创新，因为技术创新是影响企业生存和发展的重要战略。企业进行技术创新可以推出新产品和新服务，以便更好地适应市场多元化，增强自身核心竞争力，实现利润最大化。

技术创新活动具有研发周期长、投入高和风险不确定特征，但同时具有价值高和不可替代性，可为企业带来巨大财富[4]。技术创新的产出成果可表现在授权的专利数量上。图 10－1 反映了 2008～2014 年中国企业授权的专利总数，受 2008 年金融危机的影响，2008～2010 年中国宏观经济出现较大的波动，专利的授权受到一些影响，但 2010 年以后专利的授权量大幅度增加，表明我国企业在技术创新产出上取得了较好的成果，对技术创新也越来越重视。钱迪等（1998）将技术创新分为突变式创新和渐进式创新[5]。突变式创新可以促使企业设计新产品和研发新技术，开发市场新渠道从而满足新兴市场需求。渐进式创新着眼于对现有技术和产品进行细微调整，从而增加顾客附加价值[6]。突变式创新能对企业经济产生巨大影响，从根本上为企业带来新市场的效益，从而在市场竞争中占据有利地位[7]。渐进式创新往往不能够为企业开辟新市场，只是对产品和技术的微小调整[7]，其核心竞争力低于突变式创新，但是渐进式创新可以通过调整产品和技术更好地满足市场需求，进而提升企业竞争能力[8]。因此，相比于渐进式创新，突变式创新的研发周期更长，风险更大。也正是因为创新活动的高风险性，企业在技术创新方式选择上会很谨慎。

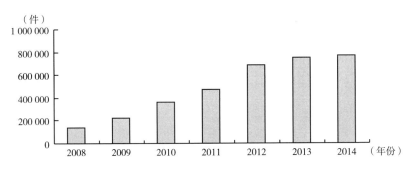

图 10 – 1　2008~2014 年企业授权的专利数量

资料来源：作者整理。

委托代理问题是现代公司治理中无法避免的环节。李有根（2002）认为在现代公司权力结构中，经理人与董事会并不是一个简单的联结，而是一个"嵌入式"的合作体。"嵌入式"是指经理通常以内部董事的身份参与董事会决策，并获得董事会授权，代表董事会执行公司决策并管理日常活动[9]。在执行决策过程中，经理实际上并不局限于被动接受，而是在参与或者共同决策的基础上，履行管理决策职能[9]，这为经理人的自利行为提供了有利条件。两权分离后，股东不能直接介入企业的经营活动中，只能通过与经理人的沟通间接影响企业的技术创新活动。钱德勒（1987）曾指出，现代企业由于两权分离而产生委托代理问题，这一问题可以通过赋予经理一定的自主权得到缓解。委托代理理论认为，由于市场信息的不对称和契约的不完备性，在企业技术创新决策过程中，股东和经理人之间存在利益目标不一致从而导致经理人产生机会主义行为，增加代理成本[10]。股东的有限理性使得其不可能完全约束经理人的全部行为，若给予经理一定的自主权则会激发经理的创新潜能和管理才能，强化经理人的创新动机，从而选择适合企业的技术创新方式，降低代理成本。因此，经理自主权的高低如何影响技术创新方式的选择将是我们研究的重点。

本章的主要研究贡献有：第一，采用企业专利授权量衡量技术创新产出，从产出角度研究了经理自主权对技术创新的影响；第二，将技术创新分为渐进式创新和突变式创新，研究了经理自主权对其选择的影响；第三，进一步将样本分为经理自主权低组和高组、国有企业与民营企业以及按年度进行回归分析，研究发现经理自主权有利于技术创新产出，相比于突变式创新，经理自主权对渐进式创新的影响更大。

本章的结构安排如下：第一部分是引言；第二部分是进行文献回顾和理论分析，并提出研究假设；第三部分是研究设计，包括数据来源、样本选取、变量定义及模型设计；第四部分是实证检验结果和分析；第五部分是稳健性检验；第六部分是结论和建议。

二、文献回顾、理论分析与研究假设

（一）经理自主权与技术创新产出

经理人在企业技术创新活动中占据着重要地位。20 世纪 70 年代后期，国外学者开始研究经理自主权与技术创新活动的关系。他们对经理自主权的研究与探讨来源于对委托代理理论的深入思考。汉布里克和芬克尔斯坦（1987）认为经理自主权是经理对企业运营决策的实际影响效果，其反映经理权力及自主行为空间大小的程度[11]。委托代理关系下，非契约性地游离于大股东监督之外的经理所能获取的对公司的实际操控权即经理自主权。两权分离后，股东与经理人建立了委托代理关系，股东作为出资人和监督者，不会直接参与企业创新活动决策，经理人却是企业的主要决策者。詹森和梅克林（1976）研究表明，管理者与所有者利益越趋一致，管理者对技术创新活动投入的重视程度越高[12]。中原（1997）也认为，高管的支持力度对技术创新投入至关重要[13]。苏文兵和李心合等（2010）研究发现经理自主权总体上与企业技术创新投入显著正相关[14]。李有根等（2002）研究表明经理自主权与经理持股比例呈倒"U"型关系。周杰、薛有志（2008）研究表明总经理持股可有效降低经理人短视倾向，提高技术创新投入[15]。而在技术创新投入与产出方面，施莫克勒（1996）将专利作为衡量技术创新产出的指标，利用行业专利数据研究了技术创新投入与专利产出的关系，发现投入与专利产出表现高度同步效应[16]，杰里·豪斯曼、布朗温霍尔等（1981）通过对美国 128 家企业数据进行分析后发现，企业的专利授权数目与研发投入之间存在很大的相关性[17]。帕维特、阿克斯等（2002）通过研究也发现企业的研发投入会显著影响技术创新产出，且两者之间的相关系数在 0.3~0.6[18]。王等（2012）发现技术创新投入可以给企业带来竞争优势的差异化产品，促进技术创新产出[19]。以上研究表明，经理自主权的提高可以促进技术创新投入，随着技术创新投入的增加，企业的技术创新产出也会随之增加。因此，本章提出如下假设：

H10-1：经理自主权与技术创新产出正相关。

（二）经理自主权与渐进式创新行为

渐进式创新是依靠成熟市场和现有技术，通过对现存技术的改进来提升产品性能，从而使得现存的市场规则、竞争态势得到强化和维持[20]，它是一种连续渐进的创新，周期短，且遵循"跟随—模仿—赶超"的创新逻辑，因此，风险相对较小。两权分离后，股东与企业经理之间演变成委托—代理的关系，由于信息不对称，股东不能直接决定技术创新活动的投入，而经理人却是企业技术创新活动的决定者。股东可以通过赋予经理一定程度的自主权来影响经理人的创新行为和创新选择。贾斯汀（2001）进行了中国的管理者和企业家对企业创新及风险承担态度的影响研究，结果表明，与企业家相比，企业的管理者不愿意承担太多的风险来进行创新活动[21]，即企业经理人是风险规避者。弗兰克斯和迈尔（1990）研究认为，当市场外部接管较易发生的条件下，经理对企业的经营目标短期化时，不愿意从事高风险、长期性的投资[22]。许春（2014）在其研究中发现，当企业经理自主权较大时，经理考虑更多的是自身利益最大化而非企业长期竞争优势[23]。企业经理专注于使企业的财务报表数据"完美"，更愿意追求短期利益最大化。因此，当经理被赋予一定的自主权时，企业经理为了实现投资人的短期效益期望，满足市场业绩与财务的评价，增加企业当前收入，获取自身报酬及股东信任，经理更愿意选择风险相对小，投资回收期短的创新方式。因此，本章提出如下假设：

H10-2：短期业绩压力较大时，经理自主权与渐进式创新正相关。

（三） 经理自主权与突变式创新行为

突变式创新是对现有产品进行改革，幅度大，相对激进，其目的是寻求新的可能性，可以被看作在目标模糊、结果未知的情况下所做的探索，周期长、风险高。很多学者认为，渐进式创新和突变式创新应该并存于企业，尽力寻求二者平衡。莱文塔尔和马奇（1993）认为，企业既要保持一定的长期竞争力，也要在短期获得足够的财务收益。但孟古和奥（2008）认为，企业要整合渐进式创新和突变式创新需要高昂的成本，而且寻求二者的平衡也可能给企业效益带来负面的影响[24]。两权分离后经理成为技术创新选择的主要决定者，在企业实际经营过程中，由于组织结构和文化差异，加之突变式创新的高成本、高风险使得经理人不得不慎重选择企业的技术创新方式。突变式创新活动要求经理人打破企业已有的概念或方法，展现一种尝试和转型的行为[25]，但汉布里克和福富美（1991）研究发现，经理任期越长、权力越大，他们就越会倾向于用自己的方式和方法经营企业，不会试图改变自己的方式。格林姆和史密斯（1991）及汉布里克和福富美（1991）的研究表明，随着经理任期的延长，其在企业战略方面做出的改变会随之降低。权力的增加使得企业经理将过去的成功视为其骄傲的资本，不愿承担太多风险以免影响仕途，对管理也陷入僵化模式[26]，经理自主权的增加，使其对各项投资方式选择更为谨慎和保守，因此，经理自主权可能难以对突变式创新产生明显影响。基于以上分析提出如下假设：

H10 - 3：经理自主权与突变式创新没有显著关系。

三、研究设计

（一） 样本选择与数据来源

本章选择 2010～2015 年深圳证券交易所进行交易的 A 股上市公司为样本，研究中衡量经理自主权方面的指标及控制变量来自国泰安数据库，专利数据为手工收集，数据来源于国家知识产权局。剔除金融、保险类上市公司；剔除 ST、*ST 的上市公司；剔除极端或异常值数据；剔除数据信

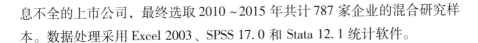

息不全的上市公司，最终选取 2010～2015 年共计 787 家企业的混合研究样本。数据处理采用 Excel 2003、SPSS 17.0 和 Stata 12.1 统计软件。

（二）变量设计

1. 被解释变量

胡原木（2012）在研究技术创新投入与产出关系时，将企业专利授权数作为衡量技术创新产出的指标[27]。鲁桐和党印（2014）也提到产出可以用专利数量来衡量[28]。约翰·哈格杜姆和王（2012）等在研究中指出，企业的专利数是衡量技术创新产出最适合的指标[29]。阿恩特和斯腾伯格（2000）提出发明专利体现企业突变式创新成果，实用新型与外观设计专利体现渐进式创新成果[30]。钟昌标和黄远渐等（2014）在研究企业突变式创新和渐进式创新时，将发明创造的授权量作为衡量突变式创新的指标，将实用新型和外观设计专利授权量之和作为衡量渐进式创新的指标[31]。李小静等（2015）在研究中也用发明创造专利衡量突变式创新，用实用新型和外观设计专利之和来衡量渐进式创新[32]。因此，本章借鉴以上学者对技术创新的衡量方法：用授权的专利数量衡量技术创新产出，用发明专利的授权量衡量突变式创新，用实用新型和外观设计专利授权量之和衡量渐进式创新。

2. 解释变量

经理自主权。由于经理自主权的复杂性，很多现有文献均采用多维度间接指标对其进行测量。本文借鉴国内学者李有根（2003）[33]、陈琪（2013）[34]、苏文兵（2010）[14]、夏芸（2014）的做法[4]，采用职位权，所有权、运作权和经理任期来测量经理自主权，并借鉴权小锋等（2010）的做法[35]，将职位权、所有权、运作权和经理任期按照主成分分析方法合成经理综合自主权指标。

（1）职位权。博伊德（1995）研究发现，经理兼任董事长表明其拥有最大的法定权力，当经理兼任公司副董事长或董事时，表明经理拥有较大的职位权，进而拥有较大的自主权。

（2）所有权。有研究表明，经理持股可以激励经理的努力程度，提高企业技术创新水平[13]。当经理持有企业股份，会更多地考虑股东利益，对创新方式就会谨慎选择。因此，本章采用经理持股从所有权角度衡量经理自主权的大小。

（3）运作权。詹森（1986）认为企业的自由现金流是经理与股东之间代理成本产生的原因之一，企业自由现金流越多，经理可自由支配的资源越多。借鉴苏文兵（2010）、张长征（2006）等学者的做法，本章以企业扣除资本性支出后的经营活动现金净流量衡量经理拥有的运作权大小。

（4）经理任期。吕长江和赵宇恒（2008）用总经理任职年限来衡量管理者的权力大小[34]，本章借鉴其做法，将经理任期作为衡量经理自主权大小的一个指标。

（5）经理综合自主权。将职位权、所有权、运作权和经理任期按照主成分分析方法合成。

3. 控制变量

（1）企业规模。熊彼特（1942）率先提出企业规模与技术创新间的关系。有学者也提出企业规模与创新可能呈倒"U"型关系。本章将企业规模作为控制变量，以总资产的自然对数表示。

（2）股权集中度。代理理论认为股权集中度越高，股东对经理的监督和约束程度越大，经理可行使的权力越低，从而影响技术创新。因此，将股权集中度作为控制变量。

（3）股权制衡度。股东之间的相互牵制可以有效减少大股东侵害中小股东的利益，使得公司任何一个大股东在技术创新选择上都无法单独做出决策，达到股权制衡，对管理层进行有效监督。

（4）资产收益率。有研究表明，企业对技术创新投入的程度与企业的盈利状况正相关。因此，将资产收益率作为控制变量。

（5）独立董事比例。独立董事在技术创新决策中会保持独立性和制衡性，可以防止经理人因短视行为进行高风险项目而损害股东利益，并且独立董事可以给予企业长远战略的建议，提高企业创新效率。

（6）资产负债率。有研究发现，企业的负债水平与创新投入间呈负相关关系。因此，将资产负债率作为控制变量。

（7）经理年龄。汉布里克和梅森（1984）认为，年长的管理者会规避风险，选择风险较小的项目；而年轻的管理者更愿意冒险，在技术创新选择上也相对激进。因此将经理年龄作为控制变量。

变量设计如表10-1所示。

表 10-1 变量设计

变量类型	变量名称	变量符号	变量定义
被解释变量	技术创新产出	Innov	授权的专利数
	渐进式创新	II	实用新型专利和外观设计专利授权量之和
	突变式创新	RI	发明创造专利授权量
解释变量	职位权	Led	经理兼任董事长的，指标值为1，经理兼任副董事长或董事的为0.5，否则为0
	所有权	Mo	经理持股指标值为1，否则为0
	运作权	Ope	（经营活动现金净流量－资本性支出）/期初总资产
	经理任期	Tenure	经理自上任以来的任职年限
	经理综合自主权	Power	将职位权、所有权、运作权和经理任期按主成分分析法合成
控制变量	企业规模	Size	企业总资产的自然对数
	股权集中度	Cr5	前五大股东持股比例之和
	股权制衡度	Z	第二至第五大股东持股比例之和与第一大股东持股比例的比值
	资产收益率	Roa	净利润/总资产
	独立董事比例	Ods	独立董事人数/董事会总人数
	资产负债率	Lev	期末负债/期末总资产
	经理年龄	Age	经理实际年龄

（三）模型设计

本章设计以下三个回归模型来检验所提假设：

（1）检验经理综合自主权对技术创新产出的影响：

$$\text{Innov}_{it} = \alpha_0 + \alpha_1 power + \alpha_2 size + \alpha_3 Cr5 + \alpha_4 z + \alpha_5 roa$$
$$+ \alpha_6 ods + \alpha_7 lev + \alpha_8 Age + \xi \qquad (10-1)$$

（2）检验经理综合自主权对渐进式创新和突变式创新的影响：

$$II(RI)_{it} = \alpha_0 + \alpha_1 power + \alpha_2 size + \alpha_3 Cr5 + \alpha_4 z + \alpha_5 roa$$
$$+ \alpha_6 ods + \alpha_7 lev + \alpha_8 Age + \xi \qquad (10-2)$$

（3）检验经理分类自主权对渐进式创新和突变式创新的影响：

$$II(RI)_{it} = \alpha_0 + \alpha_1 led + \alpha_2 mo + \alpha_3 ope + \alpha_4 tenure + \alpha_5 size + \alpha_6 Cr5$$
$$+ \alpha_7 z + \alpha_8 roa + \alpha_9 ods + \alpha_{10} lev + \alpha_{11} Age + \xi \qquad (10-3)$$

四、实证结果

（一）描述性统计

相关的描述性统计结果如表 10-2 所示。由表 10-2 可知，技术创新产出的均值为 70.443，四分位数和标准差均较大，表明样本公司在技术创新产出方面存在较大差异。渐进式创新的均值为 57.116，突变式创新的均值为 13.328，两个指标的四分位数差异较大，标准差也较大，说明样本公司更注重渐进式创新，对风险较大的突变式创新投入程度相对较小。经理综合自主权的均值为 1.407，最大值为 5.363，表明在不同样本公司中经理自主权大小明显不同。在职位权、所有权、运作权和经理任期方面，样本公司间均存在较大差异。从运作权方面看，样本公司的现金流量净额平均只占总资产的 5%，说明企业经理可以自由支配的资源很少；从所有权方面看，只有 33.7% 的样本公司总经理持股，表明经理持股在样本公司中还不普遍；在职位权方面，样本公司中有 73.1% 的经理兼任董事；在经理任期方面，经理平均在职年限为 3.417。

表 10-2　　　　　　　　　　　主要变量的描述性统计

变量	均值	标准差	1/4 分位值	1/2 分位值	3/4 分位值	最大值	最小值	样本量
Innov	70.443	244.689	4	11	30	2 869	0	787
II	57.116	199.110	3	9	2 6	2551	0	787
RI	13.328	51.443	0	1	4	2 483	0	787
Power	1.407	1.042	0.641	1.075	1.894	5.363	0.058	787
Ope	0.051	0.083	0.007	0.044	0.093	0.471	-0.351	787
Mo	0.337	0.473	0	0	1	1	0	787
Led	0.731	0.324	0	1	1	1	0	787
Tenure	3.417	2.896	1	2	5	15	0	787

变量	均值	标准差	1/4 分位值	1/2 分位值	3/4 分位值	最大值	最小值	样本量
Cr5	0.470	0.150	0.352	0.461	0.567	0.914	0.108	787
Roa	0.057	0.783	0.007	0.027	0.067	20.788	−6.764	787
Lev	0.573	1.049	0.407	0.544	0.665	29.493	0.069	787
Z	0.467	0.476	0.104	0.274	0.714	2.613	−0.955	787
Ods	0.374	0.059	0.333	0.364	0.4	0.6	0.25	787
Size	22.634	1.334	22	22	23	26	17	787
Age	49.257	6.322	46	49	53	75	31	787

（二）Pearson 相关系数矩阵

表 10−3 给出了主要研究变量的 Pearson 相关系数。从表 10−3 的相关关系来看，技术创新产出和渐进式创新均与运作权、职位权、经理任期及经理持股显著正相关，与经理综合自主权显著正相关，即经理自主权与技术创新产出呈正相关关系，经理自主权越大，企业越倾向渐进式创新。H10−1、H10−2 初步得到验证。突变式创新与经理综合自主权正相关不显著、与经理运作权和经理任期负相关不显著，与职位权和经理持股显著正相关，但是显著程度较渐进式创新低，说明经理自主权对突变式创新影响较小，初步验证 H10−3。然而表 10−3 仅仅是简单的相关系数，其结果的可靠程度仍需多元线性回归结果来验证。

表 10−3　　　　　　　　主要研究变量的相关系数矩阵

变量	Innov	II	RI	Power	Ope	Led	Tenure	Mo
Innov	1							
II	0.918**	1						
RI	0.617**	0.254**	1					
Power	0.15**	0.177**	0.017	1				
Ope	0.098**	0.129**	−0.017	0.06	1			
Led	0.1**	0.082*	0.082*	0.018	−0.067	1		
Tenure	0.119**	0.149**	−0.004	0.784**	0.059	−0.036	1	
Mo	0.175**	0.168**	0.093**	0.299**	0.035	0.003	0.131**	1

注：** 、*分别表示在 5%、10% 的统计水平上显著。

回归之前考察了模型中变量间的多重共线性问题，发现三个模型的被解释变量与解释变量及控制变量间的方差膨胀因子（VIF 值）均小于 10，表明模型不存在多重共线性，对回归结果没有显著影响。

（三）全样本回归

全样本回归结果如表 10-4 所示。表 10-4 模型（10-1）中技术创新产出与经理综合自主权在 5% 的水平上显著正相关，表明经理自主权与技术创新产出正相关，因此，假设 10-1 成立。模型（10-2）和模型（10-3）中，渐进式创新与经理综合自主权在 1% 水平上显著正相关，与经理运作权、职位权和经理任期分别在 5%、1%，1% 水平上显著正相关，表明经理自主权越大，越倾向于渐进式创新行为，假设 10-2 得到证实。突变式创新与职位权在 1% 水平上显著正相关，但相比于渐进式创新的职位权，突变式创新的回归系数小于渐进式创新，说明当经理的职位权较大时，更倾向于渐进式创新，而突变式创新与经理综合自主权回归系数不具有统计意义上的显著性，表明经理综合自主权对企业的突变式创新没有显著影响。在理论上，这可能是因为突变式创新投入大、周期长、风险高，而企业经理人又肩负着业绩压力，其追求的是一种"最满意利润"而非"最大利润"，突变式创新活动一旦失败，不但影响企业业绩，经理还会面临降职减薪的风险；还可能是在当前公司治理环境下，许多企业都进入了"引进—模仿—跟随—落后—再引进"的创新模式，即使企业经理拥有较大的自主权，对突变式创新的影响也不明显。因此，假设 10-3 成立。

表 10-4　　经理综合自主权与经理分类自主权对技术创新的回归结果

变量	模型（10-1）	模型（10-2）		模型（10-3）	
	Innov	II	RI	II	RI
Power	0.071 ** (2.10)	0.096 *** (2.82)	-0.016 (-0.43)		
Ope				0.076 ** (2.35)	-0.039 (-1.11)
Led				0.110 *** (3.43)	0.092 *** (2.62)
Tenure				0.088 *** (2.66)	-0.020 (-0.55)

续表

变量	模型（10－1）	模型（10－2）		模型（10－3）	
	Innov	II	RI	II	RI
Mo				0.003 (0.08)	0.028 (0.71)
Cr5	−0.104 *** (−3.06)	−0.106 *** (−3.10)	−0.044 (−1.18)	−0.111 *** (−3.23)	−0.035 (−0.93)
Roa	0.049 (1.45)	0.053 (1.56)	0.015 (0.40)	0.047 (1.41)	0.013 (0.34)
Lev	0.071 ** (2.09)	0.071 ** (2.10)	0.031 (0.84)	0.069 ** (2.06)	0.025 (0.67)
Z	0.103 *** (3.16)	0.074 ** (2.27)	0.104 *** (2.92)	0.073 ** (2.22)	0.103 *** (2.89)
Ods	0.013 (0.41)	0.007 (0.23)	0.017 (0.50)	0.025 (0.77)	0.024 (0.69)
Size	0.425 *** (12.10)	0.423 *** (12.03)	0.197 *** (5.15)	0.423 *** (11.49)	0.198 *** (4.91)
Age	−0.024 (−0.70)	−0.012 (−0.35)	−0.035 (−0.94)	−0.012 (−0.34)	−0.043 (−1.15)
N	787	787	787	787	787
Adj-R^2	0.193	0.192	0.041	0.205	0.049
F	24.55	24.35	5.187	19.383	4.654
常数项	−0.000 (−0.00)	−0.000 (−0.00)	0.000 (0.00)	−0.000 (−0.00)	−0.000 (−0.00)

注：括号内为 t 值；*** 、** 分别表示在1% 、5% 的统计水平上显著。

（四）分组回归分析

为了更好地说明企业经理自主权对渐进式创新和突变式创新的选择差异，本章进一步按照经理综合自主权高低、公司性质和年度进行经理自主权与突变式创新和渐进式创新回归分析。表10－5 Panel A 按照经理综合自主权指数的四分位数分为三组，回归结果显示，经理自主权与渐进式创新系数从10% 显著水平提高到5% 显著水平，且同一显著水平上回归系数增大，表明随着经理自主权的增加，企业经理越倾向于选择渐进式创新。在突变式创新方面，三组的回归系数均不具有统计意义上的显著性且回归系数由正变为负。我们分析其主要的原因有：当经理自主权低时，经理为了自己的业绩和短期目标，会选择风险较小，回收期短的技术创新方式，从而获得股东及董事会的信任；当经理自主权高时，经理虽然持股成为企业股东，但由于涉及自身利益，在技术创新方式上会更加谨慎，因为只有股价上涨，使得其持有的股权价值提高，经理才会获得利益，且经理任期越长，越不敢冒风险，而突变式创新的不确定性和风险性远远高于渐进式创新，一旦失败，股价会下跌，经理的利益将得不到补偿，因此，即使经理拥有较大的自主权，也不会轻易进行突变式创新活动；再者是在当前国内公司制度下，大多数公司不愿意承担风险进行突变式创新，因为相比于渐进式创新，突变式创新需要更大的资本投入和人力投入，不确定性和时间跨度都更大。所以，相比于渐进式创新，即使经理拥有高自主权，其对突变式创新的影响也较小。Panel B 中，国有企业经理综合自主权与渐进式创新在 1% 水平上显著正相关，民营企业经理自主权与渐进式创新在 5% 水平上显著正相关，无论国有企业还是民营企业，经理自主权与突变式创新均不具有统计意义上的显著性，且国有企业经理持股与突变式创新在 10% 水平上显著负相关。这表明，国有企业和民营企业都倾向于渐进式创新，我们分析其主要原因：国有企业经理一般由政府和组织进行任命，对经理的考核不仅是业绩，更多的是考察其是否完成相应的政治目标[37]，而突变式创新的投入和风险比渐进式创新大得多，回收期更长，一旦失败会给他们带来很大麻烦，因此，相比于渐进式创新，国有企业经理在其任职期间对得不到回报的突变式创新缺乏热情，从而不愿意选择突变式创新活动。而对于民营企业经理来说，他们主要关心自己的财富和权力威望，创新活动一旦失败他们将面临降薪、降职等风险，而且民营企业中有很多是家族企业，经理也是家族人员，他们对钱的使用会更加慎重和保守，面对突变式创新活动的高风险性和高不确定性，民营企业经理不会冒险进行，而会选择风险较小的渐进式创新。Panel C 对样本进行年度回归，由于经理平均任期为 3 年，因此将样本分为 3 年期进行对比，2010～2012 年与 2013～2015 年相比，经理综合自主权与渐进式创新的显著度明显提高，但经理综合自主权对突变式创新影响较小，虽然回归系数提高但仍然不具有显著性，表明近年来，企业经理对于渐进式创新活动的重视程度高于突变式创新活动。可能的原因是企业对经理的激励还不够，样本公司经理持股较低，最高仅为6%，远低于相对企业研发效率而言的最佳管理层持股比例，且只有33.67%的经理持有企业股份，高风险的技术创新方式往往伴随管理者的辛勤劳动才能得到一定的回报，若这些回报全归股东所有而经理的努力得不到补偿，则其不愿意从事高风险的突变式创新。

表 10-5　　　　　　基于不同分类方法的样本分组回归结果

	Panel A：根据经理综合自主权分组					
变量	Power∈(0, 0.6413]		Power∈(0.6413, 1.4067]		Power∈(1.4067, 5.3633]	
	II（1）	RI（1）	II（2）	RI（2）	II（3）	RI（3）
Power	0.113*	0.104	0.092**	-0.022	0.108**	-0.008
	(1.66)	(1.52)	(1.67)	(-0.38)	(2.07)	(-0.15)
控制变量	控制	控制	控制	控制	控制	控制
常数项	0.000	0.000	0.000	0.000	0.000	0.000
	(0.00)	(0.00)	(0.00)	(0.00)	(0.00)	(0.00)
Adj-R²	0.114	0.101	0.146	0.019	0.268	0.155
F	4.146	3.765	7.300	1.707	14.386	7.681
观测样本	197	197	297	297	293	293

	Panel B：根据公司性质分为国有、民营两组							
变量	国有				民营			
	II（1）	RI（1）	II（2）	RI（2）	II（1）	RI（1）	II（2）	RI（2）
Power	0.139***	0.008			0.147**	0.064		
	(3.59)	(0.19)			(2.09)	(0.83)		
Ope			0.027	-0.015			0.131*	-0.129
			(0.68)	(-0.38)			(1.76)	(-1.58)
Led			0.110***	0.155***			0.147**	0.062
			(3.02)	(4.08)			(2.05)	(0.79)
Tenure			0.150***	0.027			-0.063	-0.090
			(3.97)	(0.68)			(-0.89)	(-1.16)
Mo			-0.015	-0.071*			0.090	0.144
			(-0.39)	(-1.72)			(1.04)	(1.52)
控制变量	控制	控制	控制	控制	控制	控制	控制	控制
常数项	-0.000	-0.000	-0.000	-0.000	0.000	-0.000	0.000	0.000
	(-0.00)	(-0.00)	(-0.00)	(-0.00)	(0.00)	(-0.00)	(0.00)	(0.00)
Adj-R²	0.215	0.136	0.225	0.160	0.195	0.032	0.193	0.039
F	21.694	12.885	16.966	11.466	5.871	1.674	4.937	1.664
观测样本	605	605	605	605	182	182	182	182

续表

变量	Panel C：根据年限分组							
	2010～2012 年				2013～2015 年			
	II(1)	RI(1)	II(2)	RI(2)	II(1)	RI(1)	II(2)	RI(2)
Power	0.078* (1.71)	0.017 (0.34)			0.102** (2.04)	0.077 (1.42)		
Ope			−0.021 (−0.46)	−0.054 (−1.11)			0.140*** (2.77)	0.006 (0.10)
Led			0.053 (1.15)	0.047 (0.94)			0.172*** (3.46)	0.002 (0.04)
Tenure			0.083* (1.83)	0.002 (0.04)			0.052 (1.05)	0.084 (1.53)
Mo			−0.042 (−0.85)	0.066 (1.23)			0.021 (0.40)	−0.071 (−1.24)
控制变量	控制	控制	控制	控制	控制	控制	控制	控制
常数项	−0.000 (−0.00)	−0.000 (−0.00)	−0.000 (−0.00)	−0.000 (−0.00)	−0.000 (−0.00)	−0.000 (−0.00)	0.000 (0.00)	0.000 (0.00)
Adj-R^2	0.205	0.065	0.205	0.068	0.201	0.060	0.231	0.057
F	14.340	4.616	10.701	3.741	12.668	3.947	11.121	3.039
观测样本	415	415	415	415	372	372	372	372

注：括号内为 t 值；*** 、** 、* 分别表示在 1% 、5% 和 10% 的统计水平上显著。

五、稳健性检验

为考察本章实证结果的稳健性，参照汉布里克和芬克尔斯坦（1987）、张长征（2006）的做法，我们用年营运资金与年营业收入的比值作为经理运作权的替代指标，并重新构建经理综合自主权，对上述研究结果进行稳定性检验。将新构建的经理综合自主权和运作权代入模型（10-1）、模型（10-2）和模型（10-3）中，回归结果如表 10-6 所示。表 10-6 中主要的研究变量的显著性与表 10-4 基本一致，表明了研究结论具有较高的可靠性。

表 10 - 6　　　　　　　　　　稳健性检验

变量	模型（10 - 1）	模型（10 - 2）		模型（10 - 3）	
	Innov	II	RI	II	RI
Power	0.080 ** (2.1)	0.105 *** (2.77)	− 0.015 (− 0.35)		
Ope				0.018 (0.53)	− 0.014 (− 0.37)
Led				0.107 *** (3.31)	0.093 *** (2.64)
Tenure				0.088 *** (2.57)	− 0.019 (− 0.5)
Mo				0.000 (0.00)	0.030 (0.76)
Cr5	− 0.103 *** (− 3.01)	− 0.104 *** (− 3.05)	− 0.044 (− 1.18)	− 0.107 *** (− 3.09)	− 0.038 (− 1.00)
Roa	0.048 (1.41)	0.051 (1.5)	0.015 (0.41)	0.05 (1.47)	0.011 (0.3)
Lev	0.104 *** (2.78)	0.115 *** (3.08)	0.025 (0.61)	0.068 ** (1.99)	0.025 (0.68)
Z	0.104 *** (3.17)	0.075 ** (2.29)	0.104 *** (2.92)	0.074 ** (2.27)	0.103 *** (2.87)
Ods	0.013 (0.42)	0.008 (0.24)	0.017 (0.5)	0.018 (0.56)	0.028 (0.79)
Size	0.424 *** (11.99)	0.421 *** (11.91)	0.197 *** (5.12)	0.435 *** (11.79)	0.191 *** (4.75)
Age	− 0.024 (− 0.7)	− 0.011 (− 0.34)	− 0.035 (− 0.96)	− 0.012 (− 0.34)	− 0.043 (− 1.14)
N	787	787	787	787	787
Adj-R²	0.193	0.192	0.041	0.199	0.047
F	24.546	24.307	5.179	18.782	4.549
常数项	− 0.000 (− 0.00)	− 0.000 (− 0.00)	0.000 (0.00)	− 0.000 (− 0.00)	− 0.000 (− 0.00)

注：括号内为 t 值；*** 、** 分别表示在 1%、5% 的统计水平上显著。

六、结　论

本章考察了经理自主权对技术创新产出及渐进式创新和突变式创新行为选择的影响。研究结果表明：第一，经理自主权与技术创新产出显著正相关，与渐进式创新显著正相关，相比于渐进式创新，经理自主权对突变式创新影响不显著，其中，以董事和经理"两职合一"表示的职位权、企业经营活动现金净流量表示的运作权和经理任期均与渐进式创新行为显著正相关，而与突变式创新行为不相关。表明企业经理职位权越大，任期越长，同时拥有可自由支配资源时，经理更青睐渐进式创新行为。第二，进一步按照经理自主权高低、企业性质及年度分组回归检验结果发现，经理综合自主权越高，企业越倾向于渐进式创新；无论国有企业还是民营企业，经理自主权与渐进式创新均显著正相关，与突变式创新均不显著相关；近年来，企业经理对渐进式创新活动的重视程度高于突变式创新活动。

企业运行总是需要一套基本制度，即公司治理。公司治理是企业技术创新的制度基础，[2,38]良好的公司治理机制使企业追求短期目标和长期目标的均衡，更有利于企业创新机制的长效建立。[39]随着经济全球化，激烈的国际竞争迅速国内化，大量引进技术的国内企业面对国外同行竞争时暴露出了自身的不足和弱点，企业技术自立是获得市场长期竞争优势的重要保障，而经理自主权的合理安排是公司治理和技术自立的焦点，现有的公司制度下，对经理人的权力下放还有待调整，如经理持股比例较低，很多经理不持有公司股份，导致经理人与股东利益的偏离，不愿意选择突变式创新活动。企业可以适当降低经理人的短期业绩压力，提高和赋予经理人相应的企业股份，使得经理更加注重企业的长期发展，逐渐青睐突变式创新，只有当经理人的努力得到相应补偿时，才能充分激发他们的创新激情。

参考文献

[1] Schumpeter J A. The Theory of Economic Development [M]. Cambridge, MA：Harvard University Press，1912.

［2］O'Sullivan M. The Innovative Enterprise and Corporate Governance Cambridge ［J］. Journal of Economics，2000，24（4）：393－416.

［3］陈德球，金雅玲，董志勇. 政策不确定性、政治关联与企业创新效率［J］. 南开管理评论，2016，19（4）：27－35.

［4］夏芸. 管理者权力、股权激励与研发投资［J］. 研究与发展管理，2014，26（4）：12－22.

［5］Chandy R K，Tellis G J. Organizing for Radical Product Innovation：The Overlooked Role of Willingness to Cannibalize ［J］. Journal of Marketing Research，1998，35（4）：474－487.

［6］Hoonsopon D，Ruenrom G P. The Empirical Study of the Impact of Product Innovation Factors on the Performance of New Products：Radical and Incremental Product Innovation ［J］. The Business Review，2009（12）：155－162.

［7］Garcia R，Calantone R. A Critical Look at the Technological Innovation Typology and Innovativeness Terminology：A Literature Review ［J］. Journal of Product Innovation Management，2002，19（2）：110－132.

［8］Sorescu A B，Spanjol J. Innovation's Effect on Firm Value and Risk：Insights from Consumer Packaged Goods ［J］. Journal of Marketing，2008，72（2）：114－132.

［9］袁春生. 公司治理中经理自主权的壁垒效应解析. 管理评论，2009，21（12）：48－56.

［10］杨慧军，杨建君. 股权集中度、经理人激励与技术创新选择［J］. 科研管理，2015，36（4）：48－55.

［11］Hambrick D C，Finkelstein S. Managerial Discretion：A Bridge Between Polar Views of Organizational Outcomes ［J］. Research in Organizational Behavior，1987，9（4）：369－406.

［12］Jensen M C，Meckling W H. Theory of the Firm：Managerial Behavior，Agency Costs and Ownership Structure ［J］. Journal of Financial Economics，1976，3（4）：305－360.

［13］Nakahara T. Innovation in a Borderless World Economy ［J］. Research Technology Management，1997，40（3）：7－9.

［14］苏文兵，李心合，徐东辉，许佳. 经理自主权与 R&D 投入的相关性检验 ［J］. 研究与发展管理，2010，22（4）：30－38.

［15］周杰，薛有志. 公司内部治理机制对 R&D 投入的影响［J］. 研究与发展管理，2008，20（3）：1－9.

［16］Schmookler J. Invention and Economic Growth ［M］. Cambridge，Mass：Harvard University Press，1967.

[17] Zvi Griliches. Patents，R&D and Market Value [J]. Economics Letters，1981 (2)：183 – 187.

[18] Aes Z，Anselinue，Varrga，Attila. Patents and Innovation Counts as Measures of Regional Production of New Knowledge [J]. Research Policy，2002，31 (7)：1069 – 1085.

[19] Wang C，Hong J，Kafouros M，et al. What Drives Outward FDI of Chinese Firms? Testing the Explanatory Power of Three Theoretical Frameworks [J]. International Business Review，2012，21 (3)：425 – 438.

[20] Rosenbusch N，et al. Is Innovation always Beneficial? A Meta-Analysis of the Relationship between Innovation and Performance in SMEs [J]. Journal of Business Venturing，2011，26 (4)：441 – 457.

[21] Tan J. Innovation and risk-taking in a transitional economy：A comparative study of chinese managers and entrepreneurs [J]. Journal of Business Venturing，2001，16 (4)：359 – 376.

[22] Franks J，Mayer C. Capital Markets and Corporate Control：A Study of France，Germany and the UK [J]. Economic Policy，1990，5 (10)：189 – 213.

[23] 许春. 打开非相关多元化与企业创新投入关系的黑箱——基于经理自主权的分析 [J]. 研究与发展管理，2014，26 (4)：1 – 11.

[24] Menguc B，Auh S. The Asymmetric Moderating Role of Market Orientation on the Ambidexterity-firm Performance Relationship for Prospectors and Defenders [J]. Industrial Marketing Management，2008，37 (4)：455 – 470.

[25] 王凤彬，陈建勋. 动态环境下变革型领导行为对探索式技术创新和组织绩效的影响 [J]. 南开管理评论，2011，14 (1)：4 – 16.

[26] 薛跃，陈巧. CEO 特征对 R&D 投入的影响 [J]. 华东师范大学学报（哲学社会科学版），2014 (6)：129 – 138.

[27] 胡原木. 技术独立董事可以提高 R&D 产出效率吗？[J]. 南开管理评论，2012，15 (2)：136 – 142.

[28] 鲁桐，党印. 公司治理与技术创新：分行业比较 [J]. 经济研究，2014 (6)：115 – 128.

[29] Hagedoom J，Wang N. Is There Complementarity or Substitutability between Internal and External R&D Strategies? [J]. Research Policy，2012，41 (6)：1072 – 1083.

[30] Arndt O，Sternberg R. Do Manufacturing Firms Profit from Intraregional Innovation Linkages? An Empirical based Answer [J]. European Planning Studies，2000，8 (4)：465 – 485.

[31] 钟昌标，黄远浙，刘伟. 新兴经济体海外研发对母公司创新影响的研究——基于渐进式创新和颠覆式创新视角 [J]. 南开经济研究，2014 (6)：91 – 104.

[32] 李小静，孙柏. 政府干预对新兴企业技术创新的影响研究 [J]. 华东经济管理，2015，29 (9)：159 – 164.

[33] 李有根，赵锡斌. 国外经理自主权研究及测量 [J]. 外国经济与管理，2003，25 (12)：2 – 6.

[34] 陈琪. 产权性质、经理自主权与研发投资——来自我国中小板上市公司的经验证据 [J]. 中南财经政法大学学报，2013 (5)：123 – 130.

[35] 权小锋，吴世农，文芳. 管理层权力、私有收益与薪酬操纵 [J]. 经济研究，2010 (11)：73 – 87.

[36] 吕长江，赵宇恒. 国有企业管理者激励效应研究——基于管理者权力的解释 [J]. 管理世界，2008 (11)：99 – 109.

[37] 李玲，陶厚永. 纵容之手、引导之手与企业自主创新——基于股权性质分组的经验证据 [J]. 南开管理评论，2013，16 (3)：69 – 79.

[38] Belloc F. Corporate Governance and Innovation：A Survey [J]. Journal of Economic Surveys，2012，26 (5)：835 – 864.

[39] 党印，鲁桐. 企业的性质与公司治理：一种基于创新的治理理念 [J]. 制度经济学研究，2012 (4)：64 – 91.

第五篇

其他财务机制对企业创新的影响研究

第十一章

卖空机制、信息披露质量与企业创新

——基于融券制度的准自然实验

一、引　言

2010 年 3 月 31 日，上交所和深交所公布的首批融资融券交易试点标的，代表我国股市成立 20 多年来首次引入卖空机制，符合条件的投资者可以向证券公司借入证券并卖出。近年来，随着可卖空标的股票数量的不断扩大，卖空机制在我国日益成熟，关于其对企业行为影响的研究也逐步深入。

有批评者称，卖空者通过对证券价格产生不利影响，造成市场大幅波动，并因恐慌性抛售而削弱投资者对实体经济部门的信心，会对社会产生不利影响。然而，大多数学者持有相反观点，他们认为卖空者可以帮助提高市场效率，促进价格发现[1-4]，并防止管理者的财务不当行为[5]。由于卖空者可以通过卖空获得超额投资收益，因此他们比其他投资者更专注于研究企业的财务状况，从而更容易发现企业内部存在的问题。作为金融市场上一种重要的交易机制，学者们开始研究卖空机制对企业产生的治理作用及其带来的经济后果。国内外研究发现，卖空机制作为一项外部治理机制，不仅会加强股价对企业负面信息的反映，影响企业股价及其波动[6]，同时也起到了外部监督的作用，降低了信息不对称的程度，约束了管理层的机会主义行为[7]。

现代企业的两权分离使得股东和管理层之间产生信息不对称，从而导致了委托代理问题。由于信息不对称和委托代理问题的存在，管理层在作出决策时首先考虑的是自身的利益，对于创新，管理层存在严重的"短视行为"，如果将资金运用在企业创新上会威胁到管理层的利益，他们主观上就不愿意将资金用于企业创新，这往往违背了企业价值最大化的目标。

另外，大多数的外部投资者由于事前的信息不对称，对于企业及其项目不了解，不愿轻易地投入资金，或是在投入资金时要求一部分的溢价以补偿风险，这就加大了企业的融资成本，导致企业在创新投入上的融资约束困境。

卖空者为了获利会时刻监督管理层的行为，当管理者为了自身利益而减少创新投入，影响企业的长期发展时，卖空者就会通过卖空企业的股票，造成股价大跌，而股东利益和管理层的薪酬契约往往与股价密切相关，从而促使股东加大对管理层的监督和激励，并增强管理层的自我约束，使得管理层与股东的利益趋于一致，缓解委托代理问题，提高管理层的创新意愿。另外，卖空者在不断收集企业信息的过程中，降低了企业内外部的信息不对称程度，使得外部投资者更加了解企业的情况，在一定程度上缓解了创新项目的融资约束问题。

大多数公司治理机制的产生都是为了缓解信息不对称问题，从而提高信息披露质量[8]。由于卖空机制的存在，管理层会通过披露以应对卖空或其威胁[9]，而信息披露质量的提高有助于进一步降低信息不对称的程度，一方面，能够缓解企业创新项目的融资约束问题；另一方面，能够治理管理层在创新决策上的代理问题[10]，从而促使管理层将资金用于企业创新。因此，本文认为，信息披露质量在卖空机制影响企业创新的过程中起着中介作用。但也有些学者认为，管理者对卖空行为带来的股价下跌敏感，从而影响其投资决策，财务上受限制的小企业会通过减少投资来应对价格的下降[11]。

为了解决内生性问题，本章借助我国引入融资融券制度这一准自然实验，以 2007 ~ 2016 年深交所 A 股上市公司为样本，研究卖空机制是否会影响企业创新，以及信息披露质量在这一影响路径中的作用。研究发现，卖空机制的实施增加了企业的专利申请总量，提高了企业创新水平，具体来说，引入卖空机制促使企业进行探索式创新，而对开发式创新并没有显著影响；另外，卖空机制的实施还可以通过提高企业信息披露质量，进一步促进企业创新。

2007 ~ 2016 年深交所 A 股上市公司中融资融券标的企业的各年平均专利申请量的对数如图 11 - 1 所示。可以看出，融资融券标的企业的专利申请量总体呈逐年增加的趋势，2010 年融资融券制度实施后，增长幅度开始变大，说明其对创新投入的力度加大。

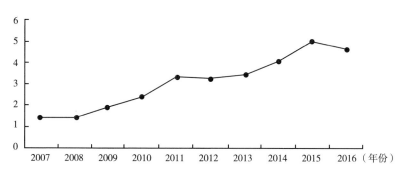

图 11 - 1　2007～2016 年融资融券标的企业各年平均专利申请量的对数

资料来源：国泰安数据库（CSMAR）。

本章的贡献主要体现在以下三个方面：一是为企业创新的影响因素提供了一个新视角。以前的文献大多从企业内部治理因素着手，较少从外部治理机制来分析影响企业创新的因素。本章基于现有关于卖空机制的文献，引入卖空机制这一金融市场上的交易机制，不但分析了卖空机制对企业创新面临的委托代理问题的影响，还分析了其对企业创新面临的融资约束问题的影响，拓宽了企业创新的研究视角。二是拓宽了卖空机制经济后果的研究。以前的研究大多关注卖空机制对于股市定价效率和盈余管理的影响，关于卖空机制对企业创新的影响研究较为欠缺，现有文献也并没有研究其对企业不同创新类型的影响，本章从企业创新的视角出发，分析了卖空机制对企业创新的影响路径，并将企业的创新类型进行划分，研究卖空机制对企业不同创新类型的影响，提供了卖空机制作为外部治理机制的证据。三是为卖空机制对企业创新的影响路径提供了新思路。本章探讨了信息披露质量在这一路径中起的作用，有助于了解卖空机制对企业行为的影响。研究发现，卖空机制的实施通过提高信息披露质量，进一步提高了企业的创新水平，信息披露质量在卖空机制影响企业创新的过程中起到了部分中介的作用。

二、文献回顾

（一）卖空机制与市场定价效率

作为金融市场上的一项重要机制，国内外文献关于卖空机制的研究大多都是从其对市场定价效率的影响开始的。在国外，米勒[12]最早提出卖空限制的存在会降低市场定价效率。他认为，市场的不确定性和风险意味着意见分歧，卖空限制导致对股价存在悲观预期的投资者起初并不参与市场，因此股价仅反映了乐观预期投资者的意见，股价会高于其本身的价值，从而导致市场的定价效率并不高。另外，卖空约束限制了交易的进行，减少了信息交易的数量，因此价格需要更长时间才能适应私人信息[13]，导致较低的价格效率，从而降低市场的分配和信息效率[14]。在之后的研究中，国外学者开始将重点转向放松卖空管制对市场定价效率的影响上。通过使用市场效率指标来探究卖空限制对资本市场有效性的影响，发现在不限制卖空或限制卖空较少的国家或地区，股票价格能够较快地吸收负面的信息（Bris et al.，2006）[15]。卖空限制会减慢股价对于负面信息的反应速度，而引入卖空机制则能够增加股价的有效性，提高市场的定价效率（Saffi and Sigurdsson，2011）[1]。利用我国 2010 年推出的试点计划，使用面板数据，比较了融资融券制度实施前后我国股票价格的变动情况，发现当股票允许卖空后，价格效率上升，而股票收益率波动性下降，说明引入卖空机制使得股票定价效率更高（Chang et al.，2014）[2]。

国内关于卖空机制对市场效率的影响的研究也是从融资融券制度的政策检验开始的。最开始进行研究的学者并没有发现融资融券制度对市场定价效率的促进作用[16,17]。但进一步的研究表明，融资融券制度的实施有助于使高估的股价回落为正常水平，从而提高市场定价效率[3,4]。

（二）卖空机制的治理效应

近年来，对于卖空机制的经济后果，国内外学者的研究方向逐渐从资本市场扩展到了公司治理和企业行为方面。在卖空机制对经理人的影响方面，研究发现，卖空者为了获取利益，会主动地去调查企业经理人，并且有能力发现经理人严重的财务不端行为[5]，他们实施的卖空交易会导致股价下跌，减少经理人的财富，增加其面临的职业风险[18]。因此，卖空机制有助于发现经理人欺诈行为，并有效地约束其自利行为，从而缓解委托代理问题[7]。当企业成为融资融券标的后，其经理人的盈余管理行为会明显减少，表明融资融券制度具有一定的公司治理作用[19]。另外，卖空机制还会影响股东的行为。靳庆鲁等[20]发现，引入卖空机制后，如果企业现有投资机会较差，大股东就更有动机去监督管理层，并使其通过及时调整投资决策来降低被卖空的可能。外部消除卖空限制后，股东通过向经理人提供相对更多的股票期权来凸显薪酬支付，激励管理者采取行动，减轻卖空的不利影响（De Angelis et al.，2017）[21]。

（三）卖空机制与企业创新

国内外关于卖空机制影响企业创新的研究属于起步阶段，现有文献认为卖空机制的治理效应能够有效缓解委托代理问题，提高企业创新水平。利用美国实施 SHO 政策这一事件，研究发现卖空机制能显著提高企业创新的产出（He and Tian，2014）[22]。李春涛等[23]通过实证发现，卖空机制的引入促进了我国 A 股制造业上市公司的创新行为，成为融资融券标的后，公司的创新数量和质量均得到显著提高。权小峰和尹洪英[24]基于 2007 ~ 2014 年我国沪深两市上市公司的研究发现，卖空机制的引入显著提高了公司的创新效率。陈怡欣等[25]认为卖空机制具有"治理效应"和"信息效应"，能够起到公司治理和降低信息不对称的作用，有效地提高了标的企业的总体创新水平。他们的研究都只涉及引入卖空机制对企业创新水平的直接影响，而没有研究其他的影响路径，尤其是对"中介效应"的检验，而这正是本章的研究重心。

（四）信息披露质量与企业创新

企业放弃创新主要是因为信息不对称导致的委托代理问题[26]和融资约束问题[27]。因此，降低信息不对称程度能够在一定程度上减轻这两大问题对创新的阻碍，促进企业对创新的投入。考虑到信息披露质量的提高能够有效降低信息不对称程度，部分学者便开始研究信息披露质量对企业创新的影响，为企业创新的研究提供了一个新视角。研究发现，提高信息披露质量可以降低融资约束和代理成本，从而促进企业研发投入[28]，但银行关系的存在会降低信息披露质量对技术创新产出的促进作用[10]。

三、理论分析与研究假设

（一）卖空机制与企业创新

代理成本的存在会导致企业失去创新机会（Holmstrom，1989）[26]。根据委托代理理论，两权分离使得股东和管理层之间可能产生利益冲突。当管理层面对创新的风险性及不确定性时，往往会产生排斥心理，因为研发的失败会影响其薪酬和声誉，因此，出于规避风险的动机，管理层主观上不愿意把资金投入在结果未知且耗时较长的创新上，而是投入到更多的日常任务中，以便获得更快、更稳定的回报。这就是通常所说的管理层"短视行为"，这种不正当的管理行为不利于企业投资决策，制约企业的长期发展。卖空者发挥的外部监督作用能够减轻投资决策中的管理层短视（He and Tian，2014）[22]。当卖空者发现管理层因为私利而减少对创新的投资，或放弃长期创新项目而影响企业未来的价值时，会选择卖空公司的股票来获得超额投资收益，从而向市场传达被卖空公司内部存在问题的信号，导致股票价格的下跌，影响股东的利益，此时股东会加大对管理层的激励[21]和监督，促使其考虑企业的长期利益，将企业的资金投入到对企业长期发展有利的创新行为中去。另外，卖空机制的存在使得管理层的自利行为更容易被发现，加大了管理层的职业风险和成本[18]。管理层的福利，如薪酬、职位和声誉，也通常与股票价格相关。为了防止卖空带来的不利后果，管理层会更加谨慎地进行经营活动，在进行创新决策时会事先自我约束，减少机会主义行为[7]，提高将资金用于创新活动的意愿，缓解委托代理问题。

由于创新的风险性和不确定性，企业在创新项目上投入更多资金可能会受到更大程度的信息不对称。信息不对称理论认为，管理层往往比企业外部投资者更了解企业的情况，信息的不对称使得投资者的投资意愿较低，可能会要求更高的收益补偿，甚至不愿投入较高的资金，因此融资约束问题是导致企业难以创新的另一个主要原因[27]。由于实施卖空策略的高成本，卖空者在交易决策中会更加谨慎，并且通常比其他市场参与者更加积极地收集企业的信息，这一行为有助于降低其他外部投资者与管理层之间的信息不对称程度，使得投资者更加了解企业的情况，提高投资意愿，缓解创新项目的融资约束问题。因此，本章提出如下假设：

H11-1：相对于未纳入融券名单的企业，卖空机制显著提高了标的企业的创新水平。

（二）卖空机制与信息披露质量

卖空者具有信息中介作用（Pownall and Simko，2005）[29]。卖空者出于获利的动机，会主动收集和挖掘企业未对外公开的负面消息，如果管理层没有及时或合规地披露企业的信息，一旦卖空者发现企业存在虚假活动或隐瞒行为，他们就会将手中持有的证券或股票卖出，这一行为会导致原来未包含全部信息的股价下跌，从而提高市场的定价效率[1-4]。

卖空交易的实施导致的股价下跌会减少管理层的财富，还可能对其职位和声誉产生不利影响，因此，管理层为了减轻卖空交易带来的股价下跌的不利后果，会选择更及时准确地披露企业信息。同时，卖空交易带来的股价下跌也会影响股东的财富，为了应对卖空带来的威胁，股东会加大对管理层的监督和激励[21]，从而提高企业信息披露的质量。另外，根据信息不对称理论与信号传递理论，信息披露向企业外部传达了良好的信号，有助于降低投资者和企业之间的信息不对称，减少投资风险。为了提高利益相关者对企业的信心，管理层也有动机披露关于企业的好消息[9]。因此，本章提出如下假设：

H11-2：相对于未纳入融券名单的企业，卖空机制显著提高了标的企业的信息披露质量。

（三）信息披露质量与企业创新

由于信息不对称的存在，代理问题和融资约束问题是导致企业失去创新机会的主要原因[26,27]。信息披露质量的提高有助于降低企业内外部的信息不对称程度[30]，因此，较高的信息披露质量能够缓解企业创新面临的两大问题，促进企业对创新的投入。一方面，基于委托代理理论，信息不对称程度的降低使得企业外部投资者能够更好地监督企业的活动，从而有效地遏制大股东和管理层的利益侵占行为[8]，提高管理层的创新意愿，降低其放弃具有长期价值的创新项目的概率，减少代理成本，缓解委托代理问题；另一方面，企业披露的信息可以向市场和投资者传递其经营状况，当外部投资者更了解企业的情况之后，其信息劣势和风险相对降低，使企业更容易筹集创新项目所需的资本和降低企业的融资成本，缓解融资约束问题。

综上所述，引入卖空机制后，卖空者可以通过收集和分析标的企业的信息来判断企业是否存在隐瞒信息和虚假披露的情况，当其发现企业信息披露质量较低时，会选择实施卖空交易来获利，这一行为会导致股东和管理层的利益受到损害。因此，为了降低卖空者带来的不利影响，股东会增强对管理层的监督与激励，管理层会约束自己的行为，从而促使管理层提高信息披露质量[31]。信息披露质量的提高进一步降低了外部投资者与管理层之间的信息不对称程度，一方面使代理双方的利益趋于一致，能够更好地约束大股东和管理层，提升管理层的创新意愿，治理管理层在创新决策上的代理问题；另一方面有助于提高外部投资者为企业创新投入资本的意愿，缓解企业创新项目的融资约束问题。因此，本章提出如下假设：

H11 - 3：信息披露质量是卖空机制影响企业创新的中介变量。

四、研究设计

（一）数据来源与样本选择

截至 2016 年 12 月 31 日，融资融券标的股票的范围经历了五次扩容，标的股票数量达到 950 只。深交所每年会对上市公司的信息披露质量进行考评并披露，这为本章的研究提供了一个客观的测度标准，因此本章以深市 A 股上市公司为研究样本，以可卖空公司作为实验组，以不可卖空公司作为控制组，样本期间为 2007 ~ 2016 年，并基于以下标准剔除了部分样本：（1）金融类公司；（2）没有信息披露评级指数的公司；（3）ST 公司；（4）资不抵债的公司；（5）其他财务和治理变量缺失公司。另外，由于样本期间被调出融资融券名单的股票可能对本章结果产生影响，我们也将这些股票剔除。本章信息披露评级信息来自深圳证券交易所网站，其他财务数据、融资融券数据和专利数据均来自 CSMAR 数据库，为防止极端值的干扰，我们在实证分析中对所有连续变量按照 1% 的标准进行了 Winsorize处理。通过整理数据，最终得到 9 918 个公司年度观测值。

（二）变量设计

1. 卖空的测度

本章参考褚剑和方军雄[6]的研究，使用双重差分模型测度融资融券制度实施后的经济后果。引入虚拟变量 List 和 Post，分别表示融资融券标的虚拟变量和时间虚拟变量，当企业属于融券标的时，List 为 1，否则为 0，当企业处于进入融资融券名单之后的年度（含当年），Post 为 1，否则为 0。在此基础上，设定卖空机制交互项 List × Post，其在回归模型中的系数表示相比未纳入融资融券名单的企业，卖空机制对标的企业创新水平的影响。

2. 企业创新水平的测度

国内外现有文献大多采用专利申请数量来衡量企业的创新水平[22,24,25]，因此，本章研究主体部分用 lnPatent 表示企业当年专利申请总量加一后的对数来衡量创新水平。另外，马奇[32]将企业的创新活动进一步分为探索式创新和开发式创新，探索式创新的成本较高、风险较大，但其取得的成果是革命性的，而开发式创新大多是对现有产品的改进、升级，成本较低，但收益更为稳定。我国的专利可以被分为发明专利、实用新型专利和外观设计专利 3 种类型，根据钟昌标等[33]的研究，发明专利相较于实用新型和外观设计专利来说，含有较高的创新成分，符合探索式创新的定义，而实用新型和外观设计专利更符合开发式创新的特性。因此，本章用 lnPatent1 表示企业当年的发明专利申请量加一后的对数，作为衡量探索式创新的指标，用 lnPatent2 表示企业当年的实用新型和外观设计专利申请量之和加一后的对数，作为衡量开发式创新的指标。

3. 信息披露质量的测度

深圳证券交易所每年会组织专家公开对上市公司信息披露质量进行评分，并展示在网站监管信息栏目下。本章手工搜集整理了 2007～2016 年深交所 A 股上市公司的信息披露考评结果，在 2010 年以前，考核结果分为优秀、良好、合格和不合格四个等次，从 2011 年开始，考核结果发生了变化，按信息披露质量由高到低分为 A、B、C 和 D 四个等级，本文参考韩美妮和王福胜[10]把评级指数量化的方法，将"优秀（A）""良好（B）""及格（C）""不及格（D）"分别取值为 4、3、2 和 1，作为衡量信息披露质量的指标，记为 FDQ。

4. 其他控制变量

本章对影响企业创新水平的变量进行控制，具体包括：企业规模（lnSize）、企业成立年限（lnAge）、总资产报酬率（ROA）、资产负债率（Lev）、资本性支出（Capex）、成长机会（Growth）、机构投资者持股比例（Insti）、股权集中度（H5）、董事会独立性（Indpt）。此外，本章在模型中还控制了年度与行业固定效应。变量的具体定义见表 11 - 1。

表 11 - 1   变量定义

变量类型	变量名称	变量符号	变量定义及说明
被解释变量	企业创新	lnPatent	用企业专利申请总量加 1 的自然对数表示
	探索式创新	lnPatent1	用企业发明专利申请量加 1 的自然对数表示
	开发式创新	lnPatent2	用企业实用新型和外观设计专利申请量之和加 1 的自然对数表示
解释变量	融资融券标的	List	虚拟变量。企业属于融资融券标的时，该变量为 1，否则为 0
	融资融券时点	Post	虚拟变量。企业进入融资融券名单之后年度（含当年），该变量为 1，否则为 0
中介变量	信息披露质量	FDQ	采用深交所信息考评结果作为指标变量
控制变量	企业规模	lnSize	以企业总收入额的自然对数表示
	企业成立年限	lnAge	用企业 IPO 年至样本期年限的自然对数表示
	总资产报酬率	ROA	净利润/总资产
	资产负债率	Lev	负债/总资产
	资本性支出	Capex	购买固定资产、无形资产以及其他长期资产所支付的现金/总资产
	成长机会	Growth	（企业当年销售收入 - 上年销售收入）/上年销售收入
	机构投资者持股比例	Insti	机构投资者持股数/总股数
	股权集中度	H5	前 5 大股东持股比例之和
	董事会独立性	Indpt	独立董事人数/董事会总人数

（三）模型设计

1. 卖空机制与企业创新

本章采用双重差分模型来检验卖空机制对企业创新水平的影响。我们使用模型（11 - 1）对 H11 - 1 进行检验。变量 Post 与年度虚拟变量具有高度相关性，因此模型中未加入 Post。研究卖空机制对标的企业创新水平的影响，主要看模型中的 β_2，若 β_2 显著为正，说明企业在纳入融资融券名单后，其专利申请总量显著增加，卖空机制的实施对标的企业的创新水平产生显著的正向影响；反之，则是负向影响。

$$\ln Patent_{i,t} = \alpha + \beta_1 List_{i,t} + \beta_2 List_{i,t} \times Post_{i,t} + \beta_3 \ln Size_{i,t} + \beta_4 \ln Age_{i,t}$$
$$+ \beta_5 ROA_{i,t} + \beta_6 Lev_{i,t} + \beta_7 Capex_{i,t} + \beta_8 Growth_{i,t} + \beta_9 Insti_{i,t}$$
$$+ \beta_{10} H5_{i,t} + \beta_{11} Indpt_{i,t} + \sum Year + \sum Industry + \varepsilon_{i,t}$$

$$(11-1)$$

2. 信息披露质量的中介效应模型

借鉴温忠麟和叶宝娟[34]的中介效应检验方法，本章利用模型（11-2）和模型（11-3）分别对 H11-2 和 H11-3 进行检验。

$$FDQ_{i,t} = \alpha + \beta_1 List_{i,t} + \beta_2 List_{i,t} \times Post_{i,t} + \beta_3 \ln Size_{i,t} + \beta_4 \ln Age_{i,t}$$
$$+ \beta_5 ROA_{i,t} + \beta_6 Lev_{i,t} + \beta_7 Capex_{i,t} + \beta_8 Growth_{i,t} + \beta_9 Insti_{i,t}$$
$$+ \beta_{10} H5_{i,t} + \beta_{11} Indpt_{i,t} + \sum Year + \sum Industry + \varepsilon_{i,t}$$

$$(11-2)$$

$$\ln Patent_{i,t} = \alpha + \beta_1 List_{i,t} + \beta_2 List_{i,t} \times Post_{i,t} + \beta_3 FDQ_{i,t} + \beta_4 \ln Size_{i,t}$$
$$+ \beta_5 \ln Age_{i,t} + \beta_6 ROA_{i,t} + \beta_7 Lev_{i,t} + \beta_8 Capex_{i,t}$$
$$+ \beta_9 Growth_{i,t} + \beta_{10} Insti_{i,t} + \beta_{11} H5_{i,t} + \beta_{12} Indpt_{i,t}$$
$$+ \sum Year + \sum Industry + \varepsilon_{i,t} \qquad (11-3)$$

进行中介效应检验主要看回归系数是否显著。如果模型（11-1）中 List×Post 的回归系数显著，则按中介效应立论，继续用模型（11-2）和模型（11-3）进行检验；如果不显著，则按遮掩效应立论，但无论是否显著，都进行后续的检验。如果模型（11-2）中 List×Post 的回归系数和模型（11-3）中 FDQ 的回归系数均显著，则表明解释变量对被解释变量的影响至少会通过中介变量产生部分影响，即存在中介效应；如果至少有一个不显著，则用 Bootstrap 法检验。再看模型（11-3）中 List×Post 的回归系数，如果仍显著，说明属于部分中介效应；反之，则说明属于完全中介效应。

五、实证分析

（一）描述性统计

表 11-2 列示了主要变量的描述性统计结果。可以看出，lnPatent 的均

值为 0.7087，说明深市 A 股上市企业创新产出较少，创新水平仍较低，最大值为 9.8403，最小值为 0，标准差为 1.4316，说明各企业的创新水平差异较大。FDQ 的均值为 3.0348，说明深市 A 股上市公司的信息披露质量整体为良好（B），信息环境还有待改善。样本平均总资产报酬率为 4.80%，平均资产负债率为 40.17%，资本性支出均值为 0.0585，成长机会均值为 0.2146，机构投资者持股比例的均值为 5.38%，最大值为 43.93%，最小值为 0，说明样本中大部分企业机构投资者持股比例较低。前 5 大股东持股比例之和的均值为 53.05%，股权集中度相对较高。董事会独立性均值为 0.3708，总体上处于较低水平，独立性较差。

表 11-2　　　　　　主要变量描述性统计

变量	观测值	均值	最小值	中位数	最大值	标准差
lnPatent	9 918	0.7087	0.0000	0.0000	9.8403	1.4316
FDQ	9 918	3.0348	1.0000	3.0000	4.0000	0.6214
List	9 918	0.3041	0.0000	0.0000	1.0000	0.4600
Post	9 918	0.1465	0.0000	0.0000	1.0000	0.3536
lnSize	9 918	20.9923	12.6933	20.9097	26.2059	1.3118
lnAge	9 918	1.7155	0.0000	1.7918	3.2581	0.9132
ROA	9 918	0.0480	-0.1290	0.0428	0.2300	0.0545
Lev	9 918	0.4017	0.0424	0.3886	0.8489	0.2061
Capex	9 918	0.0585	0.0003	0.0430	0.2567	0.0536
Growth	9 918	0.2146	-0.5488	0.1306	3.0300	0.4672
Insti	9 918	0.0538	0.0000	0.0319	0.4393	0.0705
H5	9 918	0.5305	0.2011	0.5382	0.8543	0.1505
Indpt	9 918	0.3708	0.2857	0.3333	0.5714	0.0528

（二）相关性分析

表 11-3 列示了相关性分析的结果。可以看出，被解释变量与其余大部分变量间均存在显著相关关系，说明模型设计可靠。各个变量之间相关系数的绝对值均小于 0.5，且在回归分析中 VIF 值均低于 2，VIF 均值为 1.45，表明不存在严重的多重共线性。

表 11-3

Pearson 相关系数矩阵

变量	lnPatent	List×Post	FDQ	lnSize	lnAge	ROA	Lev	Capex	Growth	Insti	H5	Indpt
lnPatent	1.000											
List×Post	0.076***	1.000										
FDQ	0.107***	0.201***	1.000									
lnSize	0.061***	0.386***	0.220***	1.000								
lnAge	-0.104***	0.229***	-0.098***	0.306***	1.000							
ROA	0.061***	0.119***	0.310***	0.107***	-0.170***	1.000						
Lev	-0.073***	0.072***	-0.126***	0.474***	0.410***	-0.350***	1.000					
Capex	0.046***	-0.048***	0.082***	-0.010	-0.300***	0.114***	-0.083***	1.000				
Growth	-0.007	-0.032***	0.020**	0.102***	-0.027***	0.262***	0.045***	0.020**	1.000			
Insti	0.036***	0.076***	0.116***	0.169***	0.114***	0.151***	0.061***	0.064***	0.056***	1.000		
H5	0.006	-0.055***	0.143***	0.076***	-0.367***	0.212***	-0.120***	0.129***	0.082***	-0.015	1.000	
Indpt	0.013	0.043***	-0.010	-0.028**	-0.025*	-0.017	-0.047***	-0.020	0.003	-0.055***	0.027***	1.000

注：***、**、*分别表示在1%、5%的水平上（双尾检验）显著。

结果显示，卖空机制与企业创新的相关系数为 0.076，且在 1% 水平上显著，由此可知，卖空机制与企业创新显著正相关，H11-1 得到初步验证；卖空机制与信息披露质量的相关系数为 0.201，也在 1% 水平上显著，因此，卖空机制与信息披露质量也存在显著正相关关系，H11-2 得到初步验证；信息披露质量与企业创新的相关系数为 0.107，且显著。但前述假设还需要进一步的检验。

（三）回归分析

1. 卖空机制与企业创新：分时段窗口检验

从 2010 年 3 月 31 日我国公布首批融资融券交易试点标的开始，截至 2016 年 12 月 31 日，融资融券标的股票的范围经历了五次扩容，分别是 2011 年 12 月 5 日、2013 年 1 月 31 日、2013 年 9 月 16 日、2014 年 9 月 22 日和 2016 年 12 月 12 日。在融资融券的不同阶段，其实施效果可能存在着差异，因此，本章针对不同阶段分别进行双重差分模型的回归，划分为四个时段，即 2009~2011 年、2010~2012 年、2012~2014 年和 2014~2016 年。回归结果如表 11-4 所示。可以看出，2010 年融资融券启动后，List×Post 的回归系数并不显著；2011 年第一次扩容之后，仍不显著；2012 年才开始显著，系数为正，这表明随着分步扩容的推进，卖空机制对企业创新的影响逐渐显著，相比未纳入融资融券名单的企业，卖空机制显著提高了卖空标的企业的创新水平。试点初期尚不显著的原因可能是可被卖空企业的数量较少且卖空风险较大，尚未被大部分投资者接受，因此卖空机制的效应没有显著发挥，但随着分步扩容的推进，卖空机制对企业创新的正向影响开始显现。

表 11-4　　　　　　　　卖空机制与企业创新的分阶段检验

变量	lnPatent			
	2009~2011 年	2010~2012 年	2012~2014 年	2014~2016 年
常数项	-0.090*** (-3.60)	-0.071*** (-3.10)	-0.033 (-1.63)	0.129*** (5.96)
List	-0.002 (-0.06)	-0.004 (-0.10)	-0.054 (-1.03)	-0.233 (-1.52)

续表

变量	lnPatent			
	2009~2011 年	2010~2012 年	2012~2014 年	2014~2016 年
List × Post	0.035 (0.36)	0.033 (0.39)	0.138 ** (2.25)	0.324 ** (2.12)
lnSize	0.101 *** (4.23)	0.103 *** (4.30)	0.095 *** (4.21)	0.149 *** (5.97)
lnAge	−0.207 *** (−9.50)	−0.180 *** (−8.76)	−0.111 *** (−5.55)	−0.172 *** (−6.82)
ROA	0.008 (0.35)	0.012 (0.54)	−0.016 (−0.80)	0.030 (1.38)
Lev	−0.040 (−1.60)	−0.031 (−1.29)	−0.059 *** (−2.66)	−0.077 *** (−3.18)
Capex	0.021 (1.19)	0.003 (0.15)	0.007 (0.44)	0.075 *** (3.52)
Growth	−0.010 (−0.54)	−0.028 (−1.40)	−0.008 (−0.44)	−0.024 (−1.40)
Insti	0.068 *** (4.01)	0.062 *** (3.57)	0.039 ** (2.27)	0.028 (1.32)
H5	−0.075 *** (−3.73)	−0.066 ** (−3.45)	−0.047 *** (−2.73)	−0.074 *** (−3.77)
Indpt	0.023 (1.26)	0.010 (0.57)	−0.006 (−0.37)	−0.011 (−0.63)
R^2	0.072	0.045	0.018	0.033
Adj-R^2	0.067	0.041	0.015	0.031
N	2 302	2 929	3 896	4 044

注：括号内为 t 值；*** 、** 分别表示在1%、5%的统计水平上显著。

2. 卖空机制、信息披露质量与企业创新

表11-5模型（11-1）列展示了卖空机制对企业创新水平影响的回归结果，模型（11-2）列展示了卖空机制对企业信息披露质量影响的回归结果，模型（11-3）列检验了信息披露质量对卖空机制与企业创新关系的影响。

从表11-5模型（11-1）列可见，在控制行业和年份效应以后，List ×

Post 的回归系数为 0.125，且在 1% 水平上显著，这表明，相对于非标的企业，卖空机制的引入能够显著提高标的企业的创新水平，实证结果支持了 H11 - 1。且规模越大、总资产报酬率越高、资本性支出越多以及机构持股比例越高的企业，其创新水平越高；企业上市时间越长、资产负债率越高、成长性越好、股权集中度越高和董事会独立性越强的企业，其创新水平越低。

从表 11 - 5 模型（11 - 2）列的结果可见，List × Post 的回归系数也在 1% 水平上显著为正，这表明，相对于非标的企业，卖空机制的引入能够显著提高标的企业的信息披露质量，实证结果支持了 H11 - 2。

从表 11 - 5 模型（11 - 2）列和模型（11 - 3）列可以看出，模型（11 - 2）中 List × Post 的回归系数和模型（11 - 3）中 FDQ 的回归系数均在 1% 水平上显著为正，表明卖空机制对企业创新的影响至少会通过信息披露质量产生部分影响，即存在中介效应，而且模型（11 - 3）中 List × Post 的回归系数仍显著为正，说明不是完全中介效应，即信息披露质量在卖空机制影响企业创新的过程中起到了部分中介的作用，实证结果支持了 H11 - 3。

表 11 - 5　　　　　　　卖空机制、信息披露质量与企业创新

变量	模型（11 - 1）	模型（11 - 2）	模型（11 - 3）
	lnPatent	FDQ	lnPatent
常数项	- 0. 325 * （- 1. 84）	- 1. 142 *** （- 6. 88）	- 0. 273 （- 1. 55）
List	- 0. 015 （- 0. 47）	0. 108 *** （3. 68）	- 0. 020 （- 0. 63）
List × Post	0. 125 *** （3. 17）	0. 160 *** （4. 29）	0. 118 *** （2. 99）
FDQ			0. 045 *** （4. 25）
lnSize	0. 079 *** （5. 44）	0. 249 *** （18. 12）	0. 068 *** （4. 59）
lnAge	- 0. 074 *** （- 5. 49）	- 0. 106 *** （- 8. 30）	- 0. 069 *** （- 5. 12）

续表

变量	模型（11-1）	模型（11-2）	模型（11-3）
	lnPatent	FDQ	lnPatent
ROA	0.046 ***	0.203 ***	0.037 ***
	(3.80)	(17.78)	(2.99)
Lev	-0.011	-0.122 ***	-0.005
	(-0.78)	(-9.19)	(-0.38)
Capex	0.022 **	0.036 ***	0.021 *
	(2.11)	(3.61)	(1.96)
Growth	-0.021 **	-0.058 ***	-0.018 *
	(-2.07)	(-5.99)	(-1.81)
Insti	0.034 ***	0.054 ***	0.032 ***
	(3.38)	(5.68)	(3.14)
H5	-0.038 ***	0.023 **	-0.039 ***
	(-3.45)	(2.25)	(-3.55)
Indpt	-0.014	-0.020 **	-0.013
	(-1.43)	(-2.20)	(-1.34)
Year	控制	控制	控制
Industry	控制	控制	控制
R^2	0.124	0.222	0.126
Adj-R^2	0.117	0.215	0.118
N	9 918	9 918	9 918

注：括号内为 t 值；*** 、** 、* 分别表示在1%、5%和10%的统计水平上显著。

3. 卖空机制、信息披露质量与探索式创新

表11-6展示了卖空机制、信息披露质量与探索式创新三者关系的回归结果，从表11-6模型（11-1）列可以看出，List × Post 的回归系数显著为正，这表明，相对于非标的企业，卖空机制的引入对标的企业的探索式创新有显著的促进作用，进一步验证了 H11-1。从表11-6模型（11-2）列和模型（11-3）列可以看出，信息披露质量在卖空机制对探索式创新的影响中依然起着部分中介作用，即卖空机制通过提高企业信息披露质量，促进了探索式创新的产出，H11-2 和 H11-3 得到验证。

表 11 - 6　　　　　　　　卖空机制、信息披露质量与探索式创新

变量	模型 (11 - 1)	模型 (11 - 2)	模型 (11 - 3)
	lnPatent1	FDQ	lnPatent1
常数项	- 0. 364 ** (- 2. 03)	- 1. 142 *** (- 6. 88)	- 0. 313 * (- 1. 74)
List	- 0. 045 (- 1. 42)	0. 108 *** (3. 68)	- 0. 050 (- 1. 57)
List × Post	0. 111 *** (2. 75)	0. 160 *** (4. 29)	0. 103 ** (2. 57)
FDQ			0. 045 *** (4. 13)
lnSize	0. 063 *** (4. 25)	0. 249 *** (18. 12)	0. 052 *** (3. 44)
lnAge	- 0. 085 *** (- 6. 16)	- 0. 106 *** (- 8. 30)	- 0. 080 *** (- 5. 80)
ROA	0. 055 *** (4. 44)	0. 203 *** (17. 78)	0. 046 *** (3. 65)
Lev	- 0. 001 (- 0. 08)	- 0. 122 *** (- 9. 19)	0. 004 (0. 30)
Capex	0. 011 (1. 01)	0. 036 *** (3. 61)	0. 009 (0. 86)
Growth	- 0. 015 (- 1. 47)	- 0. 058 *** (- 5. 99)	- 0. 013 (- 1. 22)
Insti	0. 019 * (1. 89)	0. 054 *** (5. 68)	0. 017 * (1. 65)
H5	- 0. 028 ** (- 2. 51)	0. 023 ** (2. 25)	- 0. 029 *** (- 2. 61)
Indpt	0. 006 (0. 56)	- 0. 020 ** (- 2. 20)	0. 006 (0. 65)
Year	控制	控制	控制
Industry	控制	控制	控制
R^2	0. 090	0. 222	0. 092
Adj-R^2	0. 082	0. 215	0. 083
N	9 918	9 918	9 918

注：括号内为 t 值；***、**、* 分别表示在 1%、5% 和 10% 的统计水平上显著。

4. 卖空机制、信息披露质量与开发式创新

表 11-7 展示了卖空机制、信息披露质量与开发式创新三者关系的回归结果。可以看出，模型（11-1）和模型（11-3）中 List×Post 的回归系数并不显著，即卖空机制对开发式创新没有显著影响。这可能是因为，开发式创新仅仅是对现有产品或技术的延伸，产生的收益是短期的，并不能从根本上实现突破，而卖空者关注的是企业长期发展，因此，企业会将重点放在对于推动企业可持续发展具有更大作用的探索式创新上，对于开发式创新的关注可能较少，因此卖空机制的实施并没有显著地增加企业的实用新型和外观设计专利的申请数量。

表 11-7　　　　　　卖空机制、信息披露质量与开发式创新

变量	模型（11-1）	模型（11-2）	模型（11-3）
	lnPatent2	FDQ	lnPatent2
常数项	-0.489***	-1.142***	-0.458**
	(-2.70)	(-6.88)	(-2.53)
List	-0.060*	0.108***	-0.063**
	(-1.89)	(3.68)	(-1.98)
List×Post	0.024	0.160***	0.019
	(0.58)	(4.29)	(0.48)
FDQ			0.027**
			(2.46)
lnSize	0.015	0.249***	0.009
	(1.02)	(18.12)	(0.56)
lnAge	-0.072***	-0.106***	-0.069***
	(-5.16)	(-8.30)	(-4.94)
ROA	0.041***	0.203***	0.036***
	(3.33)	(17.78)	(2.85)
Lev	0.004	-0.122***	0.007
	(0.25)	(-9.19)	(0.48)
Capex	0.004	0.036***	0.003
	(0.36)	(3.61)	(0.27)
Growth	-0.017	-0.058***	-0.016
	(-1.63)	(-5.99)	(-1.48)
Insti	0.018*	0.054***	0.017
	(1.76)	(5.68)	(1.61)

续表

变量	模型（11-1）	模型（11-2）	模型（11-3）
	lnPatent2	FDQ	lnPatent2
H5	-0.009 (-0.82)	0.023** (2.25)	-0.010 (-0.88)
Indpt	-0.001 (-0.09)	-0.020** (-2.20)	-0.000 (-0.03)
Year	控制	控制	控制
Industry	控制	控制	控制
R²	0.075	0.222	0.076
Adj-R²	0.067	0.215	0.068
N	9 918	9 918	9 918

注：括号内为 t 值；*** 、** 、* 分别表示在 1%、5% 和 10% 的统计水平上显著。

六、稳健性检验

（一）改变企业创新的衡量变量

考虑 3 种不同类别的专利对企业贡献程度的不同，本章参考权小峰和尹洪英[24]的研究，按照 3∶2∶1 的比例，选用发明、实用新型和外观设计专利申请数量加权总数加一的对数来衡量企业创新水平，重新检验本章假设。回归结果如表 11-8 所示，可以看出，实证结果依然支持本章的假设。

表 11-8　　卖空机制、信息披露质量与企业创新：改变企业创新的衡量变量

变量	模型（11-1）	模型（11-2）	模型（11-3）
	lnPatent	FDQ	lnPatent
常数项	-0.428** (-2.39)	-1.142*** (-6.88)	-0.380** (-2.12)
List	-0.051 (-1.62)	0.108*** (3.68)	-0.056* (-1.76)
List × Post	0.095** (2.36)	0.160*** (4.29)	0.088** (2.19)
FDQ			0.043*** (3.91)

续表

变量	模型（11-1）	模型（11-2）	模型（11-3）
	lnPatent	FDQ	lnPatent
lnSize	0.063 ***	0.249 ***	0.052 ***
	(4.24)	(18.12)	(3.47)
lnAge	-0.082 ***	-0.106 ***	-0.078 ***
	(-5.99)	(-8.30)	(-5.65)
ROA	0.057 ***	0.203 ***	0.048 ***
	(4.59)	(17.78)	(3.83)
Lev	-0.001	-0.122 ***	0.004
	(-0.07)	(-9.19)	(0.29)
Capex	0.009	0.036 ***	0.008
	(0.84)	(3.61)	(0.70)
Growth	-0.018 *	-0.058 ***	-0.016
	(-1.73)	(-5.99)	(-1.50)
Insti	0.018 *	0.054 ***	0.016
	(1.80)	(5.68)	(1.57)
H5	-0.023 **	0.023 **	-0.024 **
	(-2.01)	(2.25)	(-2.10)
Indpt	0.005	-0.020 **	0.006
	(0.52)	(-2.20)	(0.61)
Year	控制	控制	控制
Industry	控制	控制	控制
R^2	0.095	0.222	0.096
Adj-R^2	0.087	0.215	0.088
N	9 918	9 918	9 918

注：括号内为 t 值；***、**、*分别表示在1%、5%和10%的统计水平上显著。

（二）基于 PSM 配对样本的双重差分模型

为了克服样本的选择性偏差可能导致的内生性问题，在选择控制组时，我们使用倾向得分匹配（PSM）的方法，选择企业规模、成立年限、总资产报酬率、资产负债率、股权集中度、董事会独立性、年份和行业等作为配对指标，采用 Probit 模型来估计倾向得分，按照倾向值得分最接近的原则，进行核匹配，在原始样本中挑选出企业的基本特征都比较相似的新的实验组和控制组，最终得到 8 700 个观测值。然后，在控制年度和行业效应后，基于新的实验组和控制组进行双重差分模型的回归分析。回归结果如表 11 - 9 所示，可以看出，实证结果依然支持本章的假设。

表 11 - 9　　卖空机制、信息披露质量与企业创新：PSM 配对样本

变量	模型（11 - 1）	模型（11 - 2）	模型（11 - 3）
	lnPatent	FDQ	lnPatent
常数项	- 0.320	- 0.889 ***	- 0.275
	（- 1.53）	（- 4.82）	（- 1.31）
List	- 0.004	0.077 **	- 0.008
	（- 0.11）	（2.50）	（- 0.22）
List × Post	0.111 **	0.236 ***	0.099 **
	（2.53）	（6.14）	（2.26）
FDQ			0.050 ***
			（4.10）
lnSize	0.079 ***	0.189 ***	0.069 ***
	（4.28）	（11.69）	（3.73）
lnAge	- 0.069 ***	- 0.126 ***	- 0.063 ***
	（- 4.44）	（- 9.23）	（- 4.01）
ROA	0.051 ***	0.195 ***	0.041 ***
	（3.67）	（16.07）	（2.92）
Lev	- 0.005	- 0.089 ***	- 0.001
	（- 0.31）	（- 6.10）	（- 0.04）
Capex	0.028 **	0.029 ***	0.026 **
	（2.33）	（2.76）	（2.21）
Growth	- 0.021	- 0.052 ***	- 0.018
	（- 1.62）	（- 4.63）	（- 1.41）
Insti	0.035 ***	0.042 ***	0.033 ***
	（3.19）	（4.31）	（3.00）
H5	- 0.038 ***	0.029 ***	- 0.039 ***
	（- 3.11）	（2.68）	（- 3.23）
Indpt	- 0.019 *	- 0.024 **	- 0.018 *
	（- 1.79）	（- 2.56）	（- 1.68）
Year	控制	控制	控制
Industry	控制	控制	控制
R^2	0.120	0.167	0.121
Adj-R^2	0.111	0.159	0.112
N	8 700	8 700	8 700

注：括号内为 t 值；*** 、** 、* 分别表示在 1%、5% 和 10% 的统计水平上显著。

(三) 删除当年进入融资融券名单的样本

如果企业得知融资融券制度将要实施，可能会提前做出反应，在政策刚实施时企业也可能会采取措施应对，而投资者在制度刚实施时也可能仅抱着观望的态度，因此在企业进入融资融券名单当年的数据可能对最终结果产生影响，所以本章进一步剔除了企业成为融资融券标的当年的观测值，重新对本章假设进行检验。回归结果如表 11-10 所示，可以看出，依然与本章主要结论一致。

表 11-10　卖空机制、信息披露质量与企业创新：删除当年进入名单的样本

变量	模型 (11-1)	模型 (11-2)	模型 (11-3)
	lnPatent	FDQ	lnPatent
常数项	-0.363 ** (-2.00)	-1.138 *** (-6.64)	-0.310 * (-1.70)
List	-0.019 (-0.60)	0.103 *** (3.50)	-0.024 (-0.76)
List × Post	0.151 *** (3.49)	0.193 *** (4.72)	0.143 *** (3.29)
FDQ			0.046 *** (4.25)
lnSize	0.075 *** (5.09)	0.245 *** (17.60)	0.064 *** (4.26)
lnAge	-0.071 *** (-5.17)	-0.106 *** (-8.15)	-0.066 *** (-4.81)
ROA	0.048 *** (3.90)	0.207 *** (17.86)	0.038 *** (3.07)
Lev	-0.015 (-1.05)	-0.120 *** (-8.86)	-0.010 (-0.66)
Capex	0.025 ** (2.32)	0.039 *** (3.82)	0.023 ** (2.15)
Growth	-0.021 ** (-2.04)	-0.059 *** (-6.06)	-0.018 * (-1.78)
Insti	0.034 *** (3.26)	0.055 *** (5.67)	0.031 *** (3.01)

续表

变量	模型（11-1）	模型（11-2）	模型（11-3）
	lnPatent	FDQ	lnPatent
H5	-0.038*** （-3.33）	0.023** （2.13）	-0.039*** （-3.43）
Indpt	-0.011 （-1.07）	-0.018* （-1.95）	-0.010 （-0.99）
Year	控制	控制	控制
Industry	控制	控制	控制
R^2	0.123	0.221	0.124
Adj-R^2	0.115	0.214	0.116
N	9 551	9 551	9 551

注：括号内为 t 值；***、**、*分别表示在1%、5%和10%的统计水平上显著。

七、结　　论

从我国融资融券制度实施试点至今，关于其对我国股票市场的影响始终存在着争议。近几年来，关于卖空机制对公司治理和企业行为方面影响的研究也日渐深入。本章另辟蹊径，以2007～2016年深交所A股上市公司为样本，以企业创新为研究对象，意图分析卖空机制的实施对企业创新的影响，并切入企业信息披露质量视角，分析了信息披露质量在这一影响路径中的作用。研究结论如下：（1）相比未纳入融券名单的企业，卖空机制显著提高了标的企业的创新水平。为了防止卖空者实施卖空交易带来的利益损失，股东会加大对管理层的监督和激励，管理层也会增强自我约束，从而提高其创新意愿。另外，卖空者在收集企业信息的过程中，降低了企业内外部信息不对称程度，在一定程度上缓解了创新项目的融资约束问题。（2）相比未纳入融券名单的企业，卖空机制显著提高了标的企业的信息披露质量。管理层会通过披露更多的信息以应对卖空或其威胁，另外，为了提高利益相关者对企业的信心，管理层也有动机披露关于企业的好消息。（3）信息披露质量在卖空机制影响企业创新的过程中起到了部分中介的作用。当企业为了应对卖空威胁而提高信息披露质量时，进一步降低了信息不对称的程度，能够缓解企业创新项目的融资约束问题和治理管理层在创新决策上的代理问题，从而促使管理层将资金用于企业创新。
(4) 卖空机制仅对企业创新中的探索式创新具有显著的促进作用，而并没
有显著影响开发式创新。

参考文献

［1］Saffi P A C，Sigurdsson K. Price efficiency and shortselling［J］. Review of Financial Studies，2011，24（3）：821 – 852.

［2］Chang E C，Luo Y，Ren J. Short-selling，margin-trading，and price efficiency：Evidence from the Chinese market［J］. Journal of Banking & Finance，2014（48）：411 – 424.

［3］李科，徐龙炳，朱伟骅. 卖空限制与股票错误定价——融资融券制度的证据［J］. 经济研究，2014（10）：165 – 178.

［4］李志生，陈晨，林秉旋. 卖空机制提高了中国股票市场的定价效率吗？——基于自然实验的证据［J］. 经济研究，2015（4）：165 – 177.

［5］Karpoff J M，Lou X. Short sellers and financial misconduct［J］. Journal of Finance，2010（65）：1879 – 1913.

［6］褚剑，方军雄. 中国式融资融券制度安排与股价崩盘风险的恶化［J］. 经济研究，2016（5）：143 – 158.

［7］Massa M，Zhang B，Zhang H. The invisible hand of short selling：Does short selling discipline earnings management？［J］. Review of Financial Studies，2015，28（6）：1701 – 1736.

［8］宋小保. 股权集中、投资决策与代理成本［J］. 中国管理科学，2013（4）：152 – 161.

［9］Chen X，Cheng Q，Ting L，Yue H. Short sellers and corporate disclosures［Z］. Working Paper，2014.

［10］韩美妮，王福胜. 信息披露质量、银行关系和技术创新［J］. 管理科学，2017（5）：136 – 146.

［11］Grullon G，Michenaud S，Weston J. The real effects of short-selling constraints［J］. Review of Financial Studies，2015，28（6）：1737 – 1767.

［12］Miller E M. Risk，uncertainty and divergence of opinion［J］. The Journal of Finance，1977，32（4）：1151 – 1168.

［13］Diamond D W，Verrecchia R E. Constraints on short-selling and asset price adjustment to private information［J］. Journal of Financial Economics，1987，18（2）：277 –

311.

［14］Bai Y, Chang E, Wang J. Asset prices under short-saleconstraints ［Z］. Working Paper, 2006.

［15］Bris A, Goetzmann W N, Zhu N. Efficiency and the bear：Short sales and markets around the world ［J］. Journal of Finnace, 2006 (62)：1029 – 1079.

［16］廖士光. 融资融券交易价格发现功能研究：基于标的证券确定与调整视角 ［J］. 上海立信会计学院学报, 2011 (1)：67 – 76.

［17］许红伟, 陈欣. 我国推出融资融券交易促进了标的股票的定价效率吗？——基于双重差分模型的实证研究 ［J］. 管理世界, 2012 (5)：52 – 61.

［18］Christophe S E, Ferri M G, Hsieh J. Informed trading before analyst downgrades：Evidence from short sellers ［J］. Journal of Financial Economics, 2010, 95 (1)：85 – 106.

［19］陈晖丽, 刘峰. 融资融券的治理效应研究——基于公司盈余管理的视角 ［J］. 会计研究, 2014 (9)：45 – 52.

［20］靳庆鲁, 侯青川, 李刚, 谢亚茜. 放松卖空管制、公司投资决策与期权价值 ［J］. 经济研究, 2015 (10)：76 – 88.

［21］De Angelis D, Grullon G, Michenaud S. The effects ofshort-selling threats on incentive contracts：Evidence from anexperiment ［J］. The Review of Financial Studies, 2017, 30 (5)：1627 – 1659.

［22］He J, Tian X. Short sellers and innovation：Evidence from a quasi – natural experiment ［J］. Social Science Electronic Publishing, 2014.

［23］李春涛, 王立威, 周鹏. 卖空与创新：中国制造业企业加入融券标的的自然实验 ［D］. 中南财经政法大学工作论文, 2016.

［24］权小峰, 尹洪英. 中国式卖空机制与公司创新——基于融资融券分步扩容的自然实验 ［J］. 管理世界, 2017 (1)：128 – 144.

［25］陈怡欣, 张俊瑞, 汪方军. 卖空机制对上市公司创新的影响研究——基于我国融资融券制度的自然实验 ［J］. 南开管理评论, 2018 (2)：62 – 74.

［26］Holmstrom B. Agency costs and innovation ［J］. Journalof Economic Behavior & Organization, 1989, 12 (3)：305 – 327.

［27］Hall B H, Lerner J. The financing of R&D and innovation ［M］. Handbook of the Economics of Innovation, Amsterdam, Netherlands：Elsevier, 2010.

［28］袁东任, 汪炜. 信息披露与企业研发投入 ［J］. 科研管理, 2015 (11)：80 – 88.

［29］Pownall G, Simko P. The information intermediary role of short sellers ［J］. The Accounting Review, 2005, 80 (3)：941 – 966.

［30］孙伟，周瑶. 企业社会责任信息披露与资本市场信息不对称关系的实证研究［J］. 中国管理科学，2012，20（11）：889 – 893.

［31］孙彤，薛爽. 管理层自利行为与外部监督——基于信息披露的信号博弈［J］. 中国管理科学，2019（2）：187 – 196.

［32］March J G. Exploration and exploitation in organizational learning［J］. Organization Science，1991，2（1）：71 – 87.

［33］钟昌标，黄远浙，刘伟. 新兴经济体海外研发对母公司创新影响的研究——基于渐进式创新和颠覆式创新视角［J］. 南开经济研究，2014（6）：91 – 104.

［34］温忠麟，叶宝娟. 中介效应分析：方法和模型发展［J］. 心理科学进展，2014（5）：731 – 745.

第十二章

新松机器人架构一体化创新绩效研究

一、引　言

20世纪80年代以来，随着国际分工的进一步细化和网络状生产方式的不断普及，各国的生产能力都被纳入全球生产网络之中，将原先集中于一国的生产分散到不同国家，每个国家专注于某一生产环节或者专业化生产产品零部件。由此，产品架构理论也开始融入产业分析之中。乌尔里希、朱弗利扎尔等认为产品架构的影响广泛，涵盖组件标准、生产能力、产品研发和绩效等，能够促进产品创新，形成竞争优势，改善供应链管理，并提升企业绩效[1,2]。一体化架构使得物理组件与功能元素之间形成非一对一的复杂映射，产品整体系统功能的实现必然是各组件和功能高度磨合的结果，同时组件间的界面呈现耦合形态[3]，处于典型的技术密集型生产环节。由于制造业产品具有构成复杂、集成度较高、技术含量高等特征[4]，而一体化架构比较强调稳定的产业内分工体系和较强的跨企业技术协调能力[5]，有助于突破模块化架构体系的束缚，既能体现企业复杂产品组成要素之间的变化，又突出了产业体系中利益相关者的彼此作用演变。

目前，国内外学者对复杂产品一体化架构虽已开展相关研究，但仍停留在理论构建与描述层面，很少有学者利用定性或定量的方法对相关理论进行检验，而且对具有不同特征的各类型企业的产品架构体系关注度不够，制造业中的高新技术企业的架构体系研究亟待开展。尽管已有理论研究明确定义了一体化架构的内容与框架，但其实现方式仍然是没有揭开的"黑盒子"。因此，本章基于创新绩效与创新过程两个维度，选择产品生产的三个板块，采用单案例嵌入式研究方法，试图回答：第一，高新技术制造企业是如何实现一体化架构的？第二，复杂产品一体化架构为什么会影响创新绩效，其路径与机理分别是什么？

二、理论分析与研究框架

（一）复杂产品系统与集成创新

区别于普通大规模定制产品，复杂产品系统（complex product system，CoPS）概念最初由英国萨塞克斯（Sussex）大学的霍布德（Hobday）等著名教授提出。CoPS[6]是指具有大量专用子系统和组件、高成本工程和信息密集型的定制产品[7,8]，包括航空航天系统、远洋轮渡、机电设备（如工业机器人、大型计算机）等。实际在工业中，不同用户对其各自产品的特殊需求较多，复杂产品的设计一般多采用少批量或单批量方式进行。高等认为，像工业机器人这种产业类机电设备在工业生产过程中一般承担着特殊任务，对复杂产品给予不同的角色定位往往使其具有更长的生命周期，因而对其零部件设计质量要求较高，无形中增加了设计成本[9,10]。于国栋在谈及复杂产品设计的基本特征时提到，由于设计任务复杂、数量繁多，且复杂产品的高价值及高成本伴随着高设计风险。因此，为提高设计效率、降低设计风险，复杂产品多采用协同设计模式，如机电设备、风电机组等离不开信息、物料、设备、人力等各项资源有机结合，整个工作流程涵盖定制需求分析、产品功能定义、架构分析、方案评价等[11]。

戴维和布雷迪从三个方面总结了CoPS的复杂性：第一，在技术的深度和广度上，不同的技术相互作用于系统的不同层次；第二，从产品设计、生产、销售至产品服务整个产业链流程较为复杂且成本费用高；第三，产品架构包含大量不同领域的组件和子系统，涵盖较多的嵌入系统软件，而且大多数组件都需要定制[12]。另外，鉴于CoPS关注行业内某些主要制造商对自身内外部活动的参与度和协调性，深刻理解CoPS的特点对制造业产品集成创新的过程就显得尤为重要[13]。

集成创新作为自主创新的一种重要类型，近年来被国内外学术界、企业界、政府部门广泛采用。江小涓、徐冠华探讨了如何利用全球科技资源进行集成创新、提高自主创新能力的关键问题[14,15]。许庆瑞等[16]认为集成创新能力是企业整合内外核心技术知识，完成自主创新的过程，表现为联合研发与制造、专利池共建、合资设厂等。一些学者也基于价值链或产业链整合来分析企业的产品集成创新，涉及企业内部、供应商、客户、竞争对手、销售渠道等。魏江基于对企业集群发展的研究表明，增强企业集群竞争力的关键在于促成集群内企业网络的整合和放大效应，与此同时对集群中创新集成的动力与实现机制做出阐明[17]。还有一些学者则强调了企业以内部营销、制造、研发和采购的集成可以创造新产品开发的竞争优势[18,19]。

对于我国制造业来说，集成创新机制尚未形成，产品、设备、材料的"硬技术"与生产要素、人和环境的资源组合配置的"软技术"的集成创新机制并未完全建立起来[20]。尽管企业技术研发取得了相应的成果，但是制造过程创新等价值链上其他环节的研发并未引起足够重视，导致没有形成体系，无法投放市场，价值链升级与增值也难以实现。集成创新作为一项复杂的系统工程，必须面向市场，满足客户的多样化需求，并且注重自身核心能力的提升，力争掌握全部或部分核心技术和知识产权，并与外部环境交互[21]，从而创建自主品牌以获取稳步的竞争优势，占领市场。它不但关注技术层面，还需要在一些其他要素层面（比如产品结构、战略、市场以及商业模式等）上实现创意融合[22]。

（二）一体化产品架构

产品架构以复杂系统产品"分解与链接"的设计理念，强调将产品的功能单元组合到物理设备的配置中，涵盖功能单元组合成物理组件以及与之交互的物理组件间的界面规格两个方面[1]。藤本隆宏进一步拓展了产品架构理论，基于产品的生产过程、零部件间界面的设计等视角，把产品架构划分为"一体化"与"模块化"两种类型，得到了学术界的一致认可。其中，模块化架构（modular architecture）是指将产品组件间的界面设定为标准化，产品组件与整体功能之间存在一对一关系的设计结构，而一体化架构（integrated architecture）未明确界定产品组件之间的界面，组件与整体功能之间也不是简单的一一对应关系，而是表现为一个组件可承担多种功能或者一个功能被分配到多个组件中。一体化产品也称作集成式或整合型产品，通常是需要定制化的组件和零部件，而模块化架构产品的零部件和组件通常是通用的、批量式生产的[23]。二者差异如表 12 - 1 所示。

表 12-1　　　　　　　　不同架构类型产品的差异性比较

架构类型	零部件功能	装配技术含量	与整体功能的关系	接口复杂度	企业组织关系	产品举例
模块化	独立性强	低	一对一	简单	开放性强	半导体产品
一体化	独立性弱	高	一对多，多对多	复杂	封闭性强	汽车、复印机

在模块化产品架构中，各个模块具有半自主的权力[24]。基于统一标准，同类功能模块供应商之间替代性很强，客观上造就了他们彼此之间的激烈竞争；复杂模块的透明度不够，加大了学习的难度；系统内持续进行组件创新，易使得系统创新水平存在问题，减缓系统创新的步伐。而一体化产品架构基于功能界面之间模糊的特性，使得产品不易被复制，有利于产品系统集成创新而非局部创新，从而充分发挥产品的整体性能[25]。克里斯滕森（Christensen）等称其为"优化的、有自主知识产权的产品架构"[26]。再者，它更多地强调设计上的探索和新知识的吸收[27]，关注各个模块之间的连接方式和协调性，重新连接现有组件，提高一体化架构能力，实现更高的性能和效率。例如，汽车车体组件，必须考虑安全性、舒适性、美观性、空间性等复杂功能，以满足客户的各种需求。由于功能界面间的模糊性，组件的设计人员必须与其他设计人员相互协作，共同调整，才能展现产品的整体功能。

（三）研究框架

根据以上复杂产品一体化架构的相关理论分析，本章首先从复杂产品系统、生产线和产业链三个方面介绍高新技术制造企业的复杂产品一体化架构体系，然后基于创新结果和创新过程两个维度，分产品架构设计、产业链、生产运作三大板块深入分析复杂产品一体化架构对创新绩效的影响，进而影响企业的一体化架构能力和产品竞争力。本章的研究框架如图 12-1 所示。

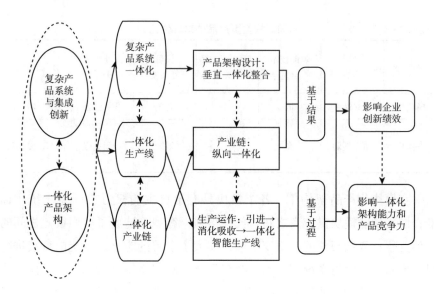

图 12 – 1 本章研究框架

三、研究设计

（一）研究方法与案例选择

单案例嵌入式研究具有单案例研究针对一个研究样本进行深入细致调研和分析的优势[28]，同时能通过对同一情境下多个嵌入式单元的分析以有效提高研究结论的信度和效度。本章采用单案例嵌入式研究方法，主要出于以下两方面考虑：一方面，学术界关于复杂产品一体化架构的研究还很鲜见，而且已有研究成果也表明复杂产品一体化架构与模块化架构理论存在很大区别。通过对典型案例的研究，可以明确一系列与"是什么"相关的问题。另一方面，复杂产品一体化架构对企业创新绩效的影响需在一定的时间区间内才能充分体现。因此，本章选取新松机器人自动化股份有限公司（以下简称"新松"）自上市以来一体化架构最具代表性的几年，捕捉证据，深入分析新松一体化架构对创新绩效的影响路径，以对"为什么"和"怎么办"做出回答。

艾森哈特[29]和尹[30]指出，案例研究应选用典型案例，并强调样本选择的重要性和极端性。佩迪格鲁（Pettigrew）也反复强调案例研究要求具有较大的典型性和极端情形[31]。基于这些思想，本章选取一体化架构实践的标杆高新技术企业——新松作为案例样本。主要原因有两个方面：第一，新松自上市以来，一体化架构体系的建立与完善，一举改写了中国机器人只有进口没有出口的历史，多次打破国外技术垄断与封锁，使其逐步形成以自主核心技术、关键元件、主导产品及行业系统解决方案为一体的完整产业链，成为一体化架构研究的典型例子。第二，作为我国第一批国家级创新型企业，它的产品填补了多项国内空白，创造了中国机器人产业发展史上108项第一的突破，拥有600多项国家专利，取得24项软件产品著作权，制定了5项国家标准和几十项企业标准，以新松为代表的重点企业国内市场占有率超过20%，创新绩效突出，适合探讨高新技术企业一体化架构对创新绩效的影响。① 当然，企业的地理位置也是案例样本选择的一个重要因素。基于同省的地理优势，研究组有机会近距离地了解和观察公司的发展历程。

（二）数据收集与整理

1. 信息来源

在资料收集上，为保证案例研究科学、严谨，应用三角测量法，采用多种数据来源[32]。在本章第一作者的主导下，分两个阶段收集资料（2017年11月～2018年4月）。

第一阶段（2017年11～12月）——文献资料收集，主要包括企业和产业两个层面。企业层面的数据资料包含新松公司官网、年报和公告、报纸杂志、专利数据、媒体访谈以及新闻报道，并通过网站收集公司领导人的研究成果20余篇以及企业的研究报告10余份等，以了解案例企业的发展历程与策略。产业层面的资料则包含机器人产业的统计年鉴、调查报告以及行业新闻资讯等，以了解机器人产业的背景和相关厂商的动态。资料收集力求选择具有学术价值、法律效力或权威性的信息（见表12-2）。

---

① 新松机器人自动化股份有限公司官网，http://www.siasun.com。

表 12 - 2   信息来源

类型	调查渠道	调查内容
二手资料	新松官网	各类产品介绍、公司产业布局、发展历程等
	年报、公告	研发投入、盈利能力、复杂产品解决方案、核心竞争力分析等
	新闻报道、媒体访谈	CCTV - 2、辽宁新闻等聚焦新松一体化机器人；总裁出席央视财经论坛、山东卫视《调查》栏目等分享机器人产品集成、创新驱动、产业升级等
	报纸杂志	《光明日报》聚焦新松"只引领，不跟随"；《沈阳日报》聚焦新松一体化生产线（智慧园）启动；《人民日报》聚焦"新松——叫响中国制造"等
	公司领导人研究成果	《中国机器人产业发展的机遇与挑战》《机器人 2.0 时代来临 智能化发展快于躯体技术发展》《实施专利战略 持续提高企业自主创新能力》等
	机器人网站	《中国机器人产业发展报告》《机器人行业深度研究报告》等
一手资料	总裁	公司的发展状况、研发设计理念、产业链分工、未来发展预测等（3 次 10 小时）
	副总裁	倾听总裁演讲（3 次 5.5 小时）、副总裁与高级工程师谈话（2 次 3 小时）
	产品经理	机器人产品构造、性能介绍、产品集成能力、协调性对比等（3 次 6 小时）
	高级工程师	零部件界面视图分析，核心元件自制情况等（2 次 5 小时）
	副总工艺师	新松智慧园的运营状况、产品的工艺结构改进区间等（1 次 2.5 小时）
	销售经理	营业收入水平、新产品推出率、市场份额等（4 次 5 小时）

第二阶段（2018 年 1～4 月）——半结构化访谈[33]。2018 年 1 月 6 日，首次前往新松沈阳总部进行实地调研，一直延续到 4 月 10 日。在访谈开始之前，先制定了一份简要的以开放式问题为主的调查问卷，以便有针对性地把握访谈内容。在企业相关人员的带领下，研究组成员到公司的企业发展中心、研究院、产品实现中心、机器人焊接与事业管理部、财务会计部、市场部分别随机选取 5 名工作人员进行问卷作答，共发放 30 份问卷。由于该问卷涉及企业多年的产品生产情况，某些工作人员对早期产品不是很了解，因此剔除作答不完整问卷，共回收 24 份问卷，有效回收率 80%。在访谈过程中，我们根据问卷统计结果对企业高层人员进行了深度访谈，对访谈内容进行录音并整理 30 多万字的文本，基于每个产品的架构

设计背景和细节深度了解产品生产的三个板块的内涵和创新绩效的演化特征。与此同时，将采集的公开数据资料交由企业相关人员核实和验证，标注缺陷或有误信息，补充和完善案例研究数据库（见表 12 - 2）。除此之外，还通过电子邮件、微信、QQ、再次会面等方式有针对性地访谈与案例主题相关的从业人员，补充所需信息，并对这些信息进行核对和整理。

2. 数据编码与信效度保障

本章采用数据编码的方式对所收集的数据进行整理与归纳，将数据分为一手资料和二手资料两部分。其中一手资料主要来自对新松 6 名管理人员的 18 次深度访谈，将公司总裁、副总裁的访谈资料分别编码为 CP1 和 CP2，将高级工程师和副总工艺师的访谈资料编码为 RI1 和 RI2，将产品经理的访谈资料编码为 PL，将销售经理的访谈资料编码为 PS。二手资料的数据来源具有多元化和多样性的特点，这里统一将其编码为 SD。然后采用内容分析法将全部资料进一步整合、归纳，按照研究框架中的主要概念对数据进行编码（见表 12 - 3）。

表 12 - 3 主要概念的数据编码

主要概念	概念维度	概念代码	条目数
复杂产品一体化架构	复杂产品系统一体化	PI	36
	一体化生产线	IL	41
	一体化产业链	IC	34
创新绩效	创新结果绩效	RP	52
	创新过程绩效	PP	45

此外，遵循案例研究提出的保障信度与效度的研究策略[34]，分别从构念效度、内在效度、外在效度、信度四方面确保案例研究真实、可行（见表 12 - 4）。在效度上，通过各种渠道反复考察、访问，交叉验证研究数据和信息，尽可能降低研究偏差；对现有理论文献进行回顾和分析，明确界定复杂产品一体化架构的理论与内容，审视案例分析的理论模式是否与实证数据上的模式相吻合[35]；尽可能从案例研究结果中总结出复杂产品一体化架构对创新绩效影响更抽象、更具代表性的结论。在信度上，建立完备的研究计划和案例研究资料库，并对收集的数据进行反复分析、比对，以保证案例研究的信度。

表 12 - 4　　　　　　　　　　信度与效度保障策略

检验	策　略	应用阶段
构念效度	多种数据来源：二手资料和访谈资料	数据收集
	建立证据链：原始数据→提取相关构念→初步建立理论→进一步验证→形成理论模型	数据收集
	研究报告核实：交由新松受访人员核实和验证	数据收集
内在效度	模式匹配：进行理论模型与研究结论相匹配	数据分析
	建立解释：使用逻辑模型分层进行相应的解释和说明	数据分析
	分析与之对立的竞争性解释：审核并修正原始解释	数据分析
外在效度	理论指导：将现有的文献作为线索来引导单案例研究	研究设计
	形成命题：依照差别复制逻辑，便于案例对比研究	研究设计
信度	翔实的研究计划：不同研究者充分讨论、严格比对	研究设计
	建立案例资料库：可通过内容、渠道等进行分类	数据收集
	重复实施：再次分析、比对，达成一致意见	数据分析
	多种类型证据呈现：言语型、文本型等	数据分析

四、案例介绍

新松成立于 2000 年，隶属中国科学院，是一家以机器人技术为核心，致力于全智能产品及服务的高科技上市企业，是中国机器人产业前 10 名的核心牵头企业，也是全球机器人产品线最全的厂商之一，国内最大的机器人产业化基地。新松总部位于沈阳，公司现拥有 4 000 余人的研发创新团队，形成以自主核心技术、核心元件、主导产品及行业系统解决方案为一体的完整的全产业价值链，并将产业战略升级为涵盖产品全生命周期的数字化、智能化制造全过程。[①] 这种独特的产业模式将会促成新松以无可比拟的竞争优势，再次成为"中国智造"的助推器，产业转型升级的新引擎。

（一）复杂产品系统一体化

新松的机器人产品线涵盖工业机器人、移动机器人、洁净（真空）机

---

① 新松机器人自动化股份有限公司官网，http://www.siasun.com。

器人、特种机器人及服务机器人五大系列百类产品。其中，工业机器人生产比重相对较大，因此本文着重分析工业机器人复杂产品系统的一体化。从控制观点来看，工业机器人分为四大部分：执行机构、驱动装置、控制系统和感知系统，具体内部结构如图 12 - 2 所示，同时介绍了新松生产的一种典型的轻量型工业机器人 SR10，它主要包括机器人本体、控制柜、示教盒三部分。机器人本体作为执行机构，用于接收控制系统的指令。控制柜则是机器人的神经中枢，负责处理机器人工作过程中的全部信息并控制所有动作。而示教盒用于与用户交互，在示教过程中控制机器人的全部动作，并将其信息送入存储器中，实质上是一个专用的智能终端。新松工业机器人含有多个关节，每个关节由一个伺服系统控制，独立性较弱，多个关节的运动要求各个伺服系统协同运作。

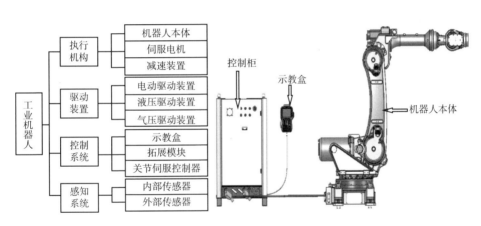

图 12 - 2 机器人结构与新松轻量型机器人 SR10 概貌

结合图 12 - 3 可以看出，新松工业机器人作为典型的机电一体化设备，其运作需满足以下基本要求：第一，实现对工业机器人的位置、速度、加速度等控制功能；第二，具有方便的人机交互功能；第三，具有对外部环境（工作对象）的检测和感觉功能。上述特征和要求都来自新松机器人复杂产品系统的一体化模式。机器与机器之间的协作增加了新松机器人的网络功能、智能监控维护功能和主轴监控功能；将机床与 3D 打印做成一体化设备，实现增材与减材制造的优势互补和生产系统的整合，同时与机器人连接，组成融合系统；借助无线网络、机床和最终用户连接，得到最终用户的反馈和使用信息；通过远程故障诊断，对机床的运行情况进行全天候的实时自动监控；云计算大数据平台的支持，使机器人成为智能终端和智能节点。

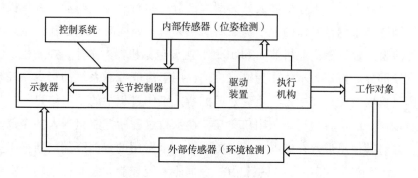

图 12 - 3　新松工业机器人运作

我国制造业复杂产品的研发流程大致可分为三个部分（见图 12 - 4）。在研发阶段，要进行概念开发、初步研发与合同设计；生产设计是在生产准备阶段完成；另外还要于建造阶段进行修改、变更设计。制造业复杂产品是单件或小批定制，且定制化程度高，研发与制造几乎处于同一工序，缺少了传统产品的扩展和复制过程，同时要求客户和关键供应商参与研发，容易降低企业对项目的控制力。鉴于此，新松致力于优质的客户关系管理，努力完善内部技术管理体系，积极利用外部创新资源，学中干、干中学，在产品研发过程中，不断验证、反馈和修正核心元件的整体方案，从而不断优化系统关键和核心模块的性能，促进系统架构设计的前瞻性学习和滚动开发。新松的核心技术水平得到提升，关键模块实现自主化，掌控了主导设计背后的系统设计能力。与许多中国同业相比，新松具备较高的垂直整合水平，可自制主要的机器人零部件，无须过度依赖国外供货商提供控制器与伺服系统，使得新松享有更大的成本优势，并能提供更好的售后服务。

图 12 - 4　制造业复杂产品研发流程

（二）一体化生产线

在新松的智慧园智能工厂内，一条长达百米的一体化智能生产线上，一大排红色机械手臂在不停运作，这些是最大负重达 210 千克的 SR210 机器人。尽管身型庞大，但它们在各自工位上可以上下翻飞以准确抓取零部件，组装另一台稍小的工业机器人。新松事业部的副总工艺师提到，它们组装的是最大负重达 50 千克的 SR50 机器人。除了能组装类似机器人以外，这些大型机器人还能生产制造出其他类型的设备。据了解，这是国内第一条自主研发并投入实际生产运营的生产线，年产机器人 5 000 多台。与此同时，机器人高精度高一致性的装配动作带来了人工成本的降低和产品质量的提升。

新松总裁表示："新松智慧园本身就是一个集研发创新、生产制造和体验于一体的综合性园区，我们将依托全球最安全的机器人产业线，从智能制造、智慧城市、智慧家庭等多个维度做好科普……"新松数字化智能工厂的最大优势在于，它是新松完全自主知识产权的系统，实现了工业机器人、立体仓库、智能物流车等自主研发和软硬件一体化。系统内部的软硬件接口的强兼容性能够满足复杂产品的高性能和高效率，且自成体系。新松常见的六轴机器人，传统生产线上每天由 5 个人来完成一台，而一体化智能生产线的效率提高至 25 分钟一台。据事业部预期，若对软件、硬件接口等环节做进一步优化，该生产线最终能实现 10 分钟生产一台。

（三）一体化产业链

机器人行业按产业链分为上游、中游和下游。上游生产核心零部件，主要包括减速器、伺服系统、控制器；中游是机器人本体制造，负责机器人支柱、手臂、底座等部件与精密减速机等零部件生产加工组装，并负责机器人的直销；下游是系统集成商，包括单项系统集成商、综合系统集成商，为客户提供系统集成产品和服务，是机器人自动作业的重要构成，市场规模超过本体制造商（见图 12-5）。

就整个机器人产业链而言，新松力争实现各个链条的全方位协调和一体化整合，产业链布局较为完善。在上游部分，新松自主研发 SIASUN -

图 12 – 5　机器人产业链

GRC 机器人控制器，该控制器设计先进合理、性能优越可靠，使用也很方便。采用交流伺服驱动，绝对码盘检测和大屏幕汉字示教编程盒等多项最新技术，形成了先进的高性能机器人控制系统。该系统的整体性能已达到国际先进水平，是国内第一个可商品化的机器人控制器，具有小批量生产能力。2015 年，新松设立了合资公司，旨在加快零部件资源整合、产业整合的步伐，强化公司的市场竞争力。新松产品涵盖了控制器、伺服电机、伺服驱动器、减速机等，不仅可以配套应用于机器人产品线，而且能够在机床、电动汽车、纺织、包装木工机械等众多行业领域进行拓展，缩小了与国外主流机器人厂商的差距。对于中游，国内机器人本体企业除新松、埃夫特和广州数控等拥有一定的市场和充足的资本外，其他企业大都处于少量出货的阶段。在下游系统集成领域，鉴于技术创新对于增强 CoPS 集成商的市场竞争力的重要性[36]，新松不断培养高素质人才，加强技术开发，并根据不同行业或客户的需求，制定符合生产需求的解决方案，使得毛利率平均可达 30% 左右。

五、案例分析

新松的产品结构、研发和生产模式具有一体化架构特征，对企业产品更新换代、提高质量、优化产业布局、提升绩效等方面发挥重要作用。本章基于创新结果和创新过程两个维度，选取新产品销售净利率、净资产收益率、专利申请数三个指标综合评价新松的创新产出绩效，利用新产品推出率、研销比率、成本环比增长率三个指标综合评价新松的创新过程绩效。下面从以下三个板块分析新松复杂产品一体化架构对创新绩效的影响。

（一）产品架构设计：垂直一体化整合

大型设备制造产品整体性能的提升很大程度上取决于关键模块和核心模块的性能，并有赖于将这些模块有机集成的连接技术和方法，有必要采取垂直一体化整合设计的构筑模式[37]。虽然模块化架构设计的产品接口简单且标准，生产速度更快，但新松工业机器人接口复杂度较高，涉及较多的内嵌软件，位置精度和协调性要求很高，而且大部分零部件都需要定制，技术复杂性强。处理该种复杂问题的生产则需要适时调整生产标准和接口，这一过程既漫长又艰难。然而新松机器人的一体化设计生产主要集中在企业内部，协同创新、适应性生产和柔性制造的能力更强，内部组织的配合沟通力更强，机器人产品部件的拟合力更强，从而加快复杂产品系统的运作效率，缩短了产品的生产周期，降低了不必要的成本支出；机器人产品的垂直一体化整合架构兼顾安全性、柔韧性、空间性等复杂功能，降低生产故障率、提升了产品质量，提高了客户满意度，从而增加了企业的经营收益。

根据表 12 - 5 和图 12 - 6 可以直观地发现，自 2011 年以来，新松新产品销售收入和净利润逐年增加，2012 年新产品销售净利率稍有下滑，但之后又迅速回暖，总体维持在一个相对稳定的区间。尤其在 2015 年合资公司的设立，促进了零部件资源的整合和制造的磨合，提高了产品的整体性能和质量，使得销售净利率增长了 2.08%。新松权益净利率基本保持稳定，2012 年以后稳定在 16% 以上。按照杜邦体系公式，一定资本结构下，资产运作或周转效率的加快对净资产收益率产生显著的正向影响。

表 12 - 5　　　　　　新松 2011 ~ 2015 年盈利能力相关指标

项目	2011 年	2012 年	2013 年	2014 年	2015 年
新产品销售收入（万元）	78 356.03	104 442.00	131 907.56	152 353.51	168 539.15
新产品净利润（万元）	16 768.19	21 327.06	28 510.92	33 213.07	40 247.15
新产品销售净利率（%）	21.40	20.42	21.61	21.80	23.88
净资产收益率（%）	14.38	16.11	16.57	18.47	16.72

资料来源：作者整理。

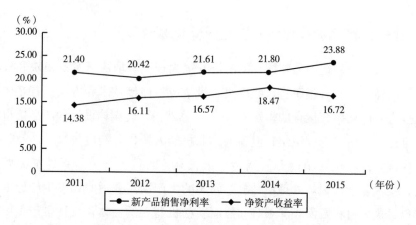

图 12 – 6　新松 2011 ~ 2015 年新产品销售净利率与净资产收益率

（二）产业链：纵向一体化

现如今，日本、德国、美国等发达国家在机器人产业链各个环节仍处于领先地位。日本在关键零部件的研发方面具备技术优势，德国则在系统集成方面有一定优势。从产业链各环节盈利能力来看，上游核心零部件附加值较高，处于中游的本体制造商，利润空间受到挤压，毛利率较低[38]。像新松等自主品牌的制造企业为了满足高速增长的需求，只能不断提高内部的自制率，发展纵向一体化体系，向研发、设计等上游扩展。由于工业机器人这种复杂产品的生产涉及诸多环节和技术，注重自制与创新，这些内部制造活动必然产生出相关的知识产品，将这些内部知识专利化不仅可以明确其所有权，也是积累内部知识资本、提高创新产出绩效的一种有效途径。根据图 12 – 7 可以看到近年来新松机器人专利申请数①实现了飞速增长，2016 年达到有史以来最高值，成为我国机器人产业的翘楚，在市场竞争中掌握主动权。再由表 12 – 6 能够看出新松在智能制造专利申请数量方面的绝对优势，树立了品牌形象，被誉为行业内首批中国名牌产品。综合产品架构设计和产业链板块，新松一体化架构对企业创新结果绩效的影响路径如图 12 – 8 所示。

----

① 专利申请数，技术效益的主要指标之一，即当年申请专利的数量（包括发明、实用新型和外观设计），旨在保护企业对研发的投资，鼓励企业不断加大研发投入，提高创新竞争能力。

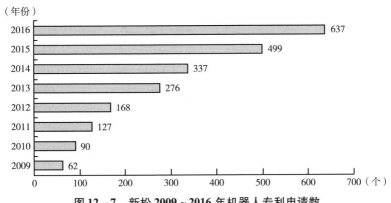

图 12 - 7　新松 2009 ~ 2016 年机器人专利申请数

资料来源：作者整理。

表 12 - 6　　　　　　　　　**智能制造专利申请企业 TOP 5**

排名	申请人	申请项数（个）
1	新松	45
2	长沙长泰机器人有限公司	29
3	安徽埃夫特智能装备有限公司	25
4	欢颜自动化设备（上海）有限公司	24
5	山西中泰源工业自动化设备有限公司	20

注：2017 年我国智能制造百人会年会上公布的智能制造申请专利企业前 10 名单，仅列举前 5 说明。

资料来源：作者整理。

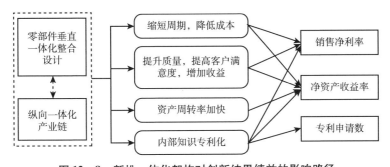

图 12 - 8　新松一体化架构对创新结果绩效的影响路径

（三）生产运作：引进→消化吸收→一体化智能生产线

对核心零部件进行国产化、引进等模式在实践中往往伴随着机器人生产线的贸易，包括新松在内的本土企业更加偏重对生产技术的消化、吸收和学习。这一过程能够帮助企业缩短产品和制造工艺的差距，压缩产品开发的周期和成本，也会使自主品牌在规格和质量等方面接近跨国公司的水平，从而能够及时满足客户对新型号和新款式的定制化需求及偏好，并在市场竞争中获取更高的附加值，占领机器人市场。根据图 12 – 9，新产品的国内市场推出率连续几年呈持续稳定增长，2014 年和 2015 年一度上升至 30% 左右。其次，投资回报的滞后性是技术创新活动的最大特点，短期内想要得到回报，仅投资单个项目较难。因此，当外部人员不熟悉企业创新项目时，不可能投资于公司的单一创新。可以看到，2012 年、2013 年研销比率稍有放缓趋势，一方面，这是营业收入大幅增长所致，可以看出新松一体化架构体系促进了技术创新和转化能力的提升；另一方面，随着企业规模的扩大和技术逐渐成熟，企业的市场地位越发确立，研发激励会被日益扩大的垄断地位所削弱[39]，致使研发投入减少。

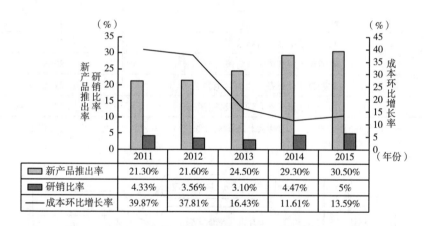

	2011	2012	2013	2014	2015
■ 新产品推出率	21.30%	21.60%	24.50%	29.30%	30.50%
■ 研销比率	4.33%	3.56%	3.10%	4.47%	5%
—— 成本环比增长率	39.87%	37.81%	16.43%	11.61%	13.59%

图 12 – 9　2011～2015 年新松过程性创新绩效指标变化趋势

资料来源：作者整理。

　　在全球机器人产业竞争压力下，随着新松一体化智能生产线的完善以及纵向一体化程度的上升，生产范围和规模扩展引发的对各类专业知识的需求，必然促使企业增加对研发的投入，即以"干中学"来提高内部的知识存量，不断验证、反馈和修正核心部件的整体方案，以适应新的市场需求。2014 年以后，研销比率略有回升，恢复至 4% 以上，主要是新松研发强度加大所致。再者，成本环比增长率总体呈现下降趋势，同样得益于新松注重研发阶段的技术创新，锁定了中下游的低成本，同时自主研发一体化智能生产线实现软硬件的强兼容性，使得自制成本低于外购成本，最终形成低成本优势，从而助力新产品以较低价格推向市场，提高推出率，使一体化架构能力得以提升。综上所述，新松一体化架构对企业创新过程绩效的影响路径如图 12－10 所示。

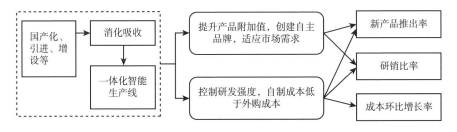

图 12－10　新松一体化架构对企业创新过程绩效的影响路径

六、总　　结

（一）研究结论

本章基于复杂产品系统与集成创新、一体化产品架构理论，以新松为例，探讨了高新技术制造企业复杂产品一体化架构的实现方式及其对创新绩效的影响。本章认为：复杂产品一体化架构是我国本土制造业转型升级、提升创新绩效和产品竞争力的关键因素。具体而言，可概括为以下三点：（1）新松复杂产品一体化架构体系主要体现为：产品架构垂直一体化设计、纵向一体化产业链、引进→消化吸收→一体化智能生产线的生产运作模式，各板块紧密结合、相辅相成；（2）零部件的垂直一体化整合能够提高复杂产品系统的运作效率，缩短产品的生产周期，降低不必要的成本支出，提升产品质量，增加客户满意度，对销售净利率和净资产收益率产生显著的正向影响，外加产业链纵向一体化，使得内部知识逐步实现专利化，促使专利申请数逐年攀升；（3）对核心零部件进行国产化、引进、增设等，加速消化吸收，自主研发一体化智能生产线，有利于提升产品的整体性能和附加值，适应新的市场需求，提高新产品推出率，同时控制研发强度，自制成本低于外购成本，形成低成本优势，对研销比率和成本环比增长率均可发挥一定的积极作用。

（二）实践启示

伴随经济全球化的加速和国际产业的垂直分工，我国在一体化产品领域（包括轿车、数控机床等具有集成产品特征的机械行业和制药、化工等流程型集成制造行业），以及工业基础件等既具有一体化特征又需要尖端技术支撑的核心零部件领域仍相对缺乏优势，而美国则在新兴技术或者与商业模式紧密结合的领域优势显著[40,41]。希望本章能为指导本土制造业特别是后发企业转型升级、提高竞争力提供一定的实践启示。

第一，新一轮产业转移和产品架构变迁将会导致一体化产品的产业开放度不断提升。我国制造企业应抓住这一契机，根据产品架构和产业链条变化情势，进行架构体系变革，重视材料、工艺及零部件内部结构优化设计，关注各个模块之间的连接方式和协调性，使得原有模块间公开的界面信息私有化，进而降低组件生产商的兼容性，防止市场中的不良竞争。同时向售后、营销等服务下游延伸，适当增加服务要素投入，完善产业链布局，扩大市场。

第二，根据企业自身所处的发展阶段和本体的特点，在适当的时机可设立合资企业，实现资源整合和产业整合。积极引进精密机械、汽车等行业的跨国企业研发中心落户国内，力争参与产品设计，完成原始的技术积累，提高跨企业技术协调能力，加速对一体化产品中核心零部件"耦合"关系的消化吸收。同时切入一体化产品的生产装配工序当中，积累加工装配能力。积累到一定程度后，可以利用自身的技术知识，尝试自主研发，优化生产线，夯实一体化产品的产业基础，实现原始创新和持续健康发展。

（三）研究局限与展望

本章运用产出性和过程性各三个指标，通过量化来反映企业一体化架构的创新绩效。但大部分指标以财务报表为基础，描述的只是历史财务结果，使得评价后得到的数据大多是对架构体系当中创新活动成果的评价，而对技术创新活动的前瞻性预测、发展方向和发展空间缺乏估计。此外，本章采用单案例研究，结论的普适性仍需通过多案例比较进一步验证。

未来的研究可以在一体化架构的基础上进一步探索开放集成创新的理

论、机理与绩效。单个企业不可能掌握一体化架构中的全部技术，导致一体化架构的研发不是封闭的而是开放的。在拥有核心竞争优势的同时必须借助集成创新的方法，整合、协调全球科技资源完成自主创新的过程，加快产品生产效率，满足客户个性化、多样化的需求，在开放一体化架构的自主创新过程中提高创新绩效。

参考文献

［1］Ulrich K. The role of product architecture in the manufacturing firm ［J］. Research Policy，1995，24（3）：419－440.

［2］Juffrizal K，Nidzamuddin M Y，Tan C F，et al. The implementation of product architecture in developing conceptual design for passive grease trap ［J］. Applied Mechanics and Materials，2015（761）：636－640.

［3］张学文，陈劲，田华. 基于产品架构与组织能力匹配的内生性创新战略——以日本信息家电企业为例［J］. 技术经济，2017，36（10）：9－13.

［4］杨林，曾繁华. 微笑曲线视角下的我国制造业竞争策略及其演化［J］. 科技进步与对策，2009，26（16）：59－62.

［5］陈子雷，刘弢. 日本制造业产品架构的比较优势及其对东亚区域内贸易模式的影响［J］. 世界经济研究，2011（2）：69－74.

［6］Hobday M. Product complexity，innovation and industrial organisation ［J］. Research Policy，1998，26（6）：689－710.

［7］Hobday M，Rush H，Tidd J. Innovation in complex products and system ［J］. Research Policy，2000，29（7－8）：793－804.

［8］Hansen K L，Rush H. Hotspots in complex product systems：Emerging issues in innovation management ［J］. Technovation，1998，18（8－9）：555－561.

［9］Ko Y T. Optimizing product architecture for complex design ［J］. Concurrent Engineering Research & Applications，2013，21（2）：87－102.

［10］Fernandes J，Henriques E，Silva A，et al. A method for imprecision management in complex product development ［J］. Research in Engineering Design，2014，25（4）：309－324.

［11］于国栋. 定制复杂产品设计中客户需求变更响应及其关键技术［D］. 重庆：重庆大学，2015.

［12］Davies A，Brady T. Policies for a complex product system ［J］. Futures，1998，30（4）：293－304.

［13］薄洪光，刘海丰，李龙龙．支持复杂产品系统创新的集成制造管理研究——以 CRRC-TRV 公司为例［J］．管理案例研究与评论，2016，9（3）：224 – 235.

［14］江小涓．理解科技全球化——资源重组、优势集成和自主创新能力的提升［J］．管理世界，2004（6）：4 – 13.

［15］徐冠华．利用好全球的科技资源（望海楼）［N］．人民日报海外版，2006 – 07 – 24（1）.

［16］许庆瑞，吴志岩，陈力田．转型经济中企业自主创新能力演化路径及驱动因素分析——海尔集团 1984～2013 年的纵向案例研究［J］．管理世界，2013（4）：121 – 134.

［17］魏江．创新系统演进和集群创新系统构建［J］．自然辩证法通讯，2004，26（1）：48 – 54.

［18］Swink M，Narasimhan R，Wang C. Managing beyond the factory walls：Effects of four types of strategic integration on manufacturing plant performance［J］. Journal of Operations Management，2007，25（1）：148 – 164.

［19］Antonio K W L，Richard C M Y，Tang E. The complementarity of internal integration and product modularity：An empirical study of their interaction effect on competitive capabilities［J］. Journal of Engineering and Technology Management，2009，26（4）：305 – 326.

［20］黄毅敏，齐二石．工业工程视角下中国制造业发展困境与路径［J］．科学学与科学技术管理，2015，36（4）：85 – 94.

［21］陈占夺，齐丽云，牟莉莉．价值网络视角的复杂产品系统企业竞争优势研究——一个双案例的探索性研究［J］．管理世界，2013（10）：156 – 169.

［22］王世明．装备产品集成创新的模式及选择研究［D］．大连：大连理工大学，2010.

［23］刘洋，应瑛．架构理论研究脉络梳理与未来展望［J］．外国经济与管理，2012，34（6）：74 – 81.

［24］Chesbrough H. Open innovation：The new imperative for creating and profiting from technology［M］. Boston：Harvard Business School Press，2003.

［25］欧阳桃花．中国企业产品创新管理模式研究（二）——以海尔模块经理为例［J］．管理世界，2007（10）：130 – 138.

［26］Clayton M C，Michael E R. The innovator's solution：Creating and sustaining successful growth［M］. Boston：Harvard Business School Press，2003.

［27］朱瑞博，刘志阳，刘芸．架构创新、生态位优化与后发企业的跨越式赶超——基于比亚迪、联发科、华为、振华重工创新实践的理论探索［J］．管理世界，2011（7）：69 – 97.

［28］张梦中，马克·霍哲．案例研究方法论［J］．中国行政管理，2002（1）：43－46．

［29］Eisenhardt K M. Building theories from csae study research［J］. The Academy of Management Review，1989，14（4）：532－550．

［30］Yin R K. Case study research：Design and methods［M］. Thousand Oaks：Sage Publications，2009．

［31］Pettigrew A M. Longitudinal field research on change：Theory and practice［J］. Organization Science，1990，1（3）：267－292．

［32］毛基业，张霞．案例研究方法的规范性及现状评估——中国企业管理案例论坛（2007）综述［J］．管理世界，2008（4）：115－121．

［33］Eisenhardt K M，Graebner M E. Theory building from cases：Opportunities and challenges［J］. The Academy of Management Journal，2007，50（1）：25－32．

［34］Yin R K. The case study anthology［M］. Thousand Oaks：Sage Publications，2004．

［35］颉茂华，袁岚，包丽丽等．架构创新对企业财务绩效的影响路径——基于吉利创新实践的分析［J］．管理案例研究与评论，2018，11（1）：89－103．

［36］闫华锋，仲伟俊．复杂产品系统集成商技术创新的影响要素与系统模型［J］．中国科技论坛，2016（9）：45－50．

［37］藤本隆宏．能力构筑竞争——日本的汽车产业为何强盛［M］．北京：中信出版社，2007，6（1）．

［38］白让让，谭诗羽．研发模式、纵向一体化与自主品牌导入期的创新绩效［J］．管理科学，2016，29（4）：70－79．

［39］郭研，刘一博．高新技术企业研发投入与研发绩效的实证分析——来自中关村的证据［J］．经济科学，2011，33（2）：117－128．

［40］黄群慧，贺俊．中国制造业的核心能力、功能定位与发展战略—兼评《中国制造2025》［J］．中国工业经济，2015，32（6）：5－17．

［41］王茜，程都．基于产业架构视角的中国加工贸易转型升级研究［J］．世界经济与政治论坛，2013（4）：144－154．

| 第十三章 |

基于财务共享的资金集中管理
创新机制与经济后果研究
——以中石化集团为例①

一、引　言

　　财政部发布的《企业会计信息化工作规范》第三十四条明确要求：
"分公司、子公司数量多、分布广的大型企业、企业集团应当探索利用信
息技术促进会计工作的集中，逐步建立财务共享服务中心。实行会计工作
集中的企业以及企业分支机构，应当为外部会计监督机构及时查询和调阅
异地储存的会计资料提供必要条件。"伯杰龙[1]在调研了多家大型公司的
财务共享服务后，给出其对财务共享服务的定义是：将不同部门的财务会
计信息整合到一个新的机构中去，该机构负责对各层级公司的财务会计进
行统一管理，能为内部使用者和决策者提供高效率的财务会计服务，也能
为外部客户提供增值服务。共享服务下的"业财融合"对提高工作效率、
流程优化具有重要作用；在云计算的背景下，企业集团最初通过财务流程
再造和 IT 协作集成实现了财务集中、财务协调和财务共享向"财务云服
务"的转变[2-4]。随着世界经济增长动能逐渐放缓，我国 GDP 总量占全球
的比重不断增加，企业集团发展迅猛，经济业务纵横交错，交易网络不断
延伸及拓宽，市场环境越发复杂，加强资金管理的需求与日俱增。财务共
享服务中心作为新兴的集中管理形式，以制度化、规范化和信息化的方式
为企业集团提供高效优质的服务，财务共享服务中心是资金集中管理创新
的有力支撑。

---

　　① 本章为笔者与姚龙合作的一篇文章。原文是 2019 年 10 月由天津财经大学主办的中国会计
学会管理会计专业委员会 2019 年年会会议论文，并在年会上宣讲该论文。

本章以中石化集团资金集中管理为例，以集团建立财务共享服务中心作为研究对象，从财务共享管理制度、财务共享管理流程和财务共享信息系统三个方面分析财务共享对集团资金集中管理的创新机制，并分析财务数据以探究其经济后果，为我国企业集团在财务共享服务模式下的资金集中管理提供经验。

二、文献回顾

（一）扩大融资规模，减少融资约束的研究

窦欢等[5]以 2003 ~ 2012 年我国 A 股上市公司为研究对象，考察企业集团的存在与下属上市公司过度投资程度的关系，通过实证得出，面临外部融资约束时，隶属于企业集团的上市公司过度投资程度更加严重且集团内部大股东监督能力的增强能够有效抑制下属上市公司的过度投资行为。郑江淮等[6]从股权结构的角度，通过实证检验得出国家股比重较低的上市公司没有明显的外源融资约束，而国家股比重越高（尤其大于50%）的上市公司受到显著的外源融资约束。吴秋生、黄贤环[7]对财务公司职能进行效能量化，通过财务公司及其对应集团成员上市公司的经验数据，研究发现财务公司的资金结算、贷款业务以及担保业务职能能够显著缓解上市公司融资约束。

（二）提高资金综合利用效率的研究

资金的有效使用和风险管控是企业集团的首要问题，潘荣良[8]研究认为企业集团可以应用信息技术，构建统一的资金管理信息系统结合内外价值链，对集团成员资金进行管理和控制从而实现对资金的有效管理。郭翰铧[9]应用 DEA 数据分析方法与典型案例分析相结合，研究表明我国企业集团财务公司对资金使用效率并不高且资金使用效率更容易受到规模的影响。索阿尔海拉[10]认为财务共享服务中心在提高企业的资金集中管控能力与经营决策支持能力方面具有重要作用，并使得资金运营效率大幅提升。企业集团将资金进行集中管理配置、进行财务流程再造并应用 IT 协同整合，提高财务协同服务效率[4]。

（三）关于权力寻租与资本配置的研究

集团企业的控股股东及中小股东、母公司管理层以及子公司管理层在特定的经济环境中出现多重委托—代理关系，詹森和梅克林[11]认为当企业所有者与管理层之间存在信息不对称时会出现代理问题；代理成本与权力寻租现象的存在与信息化建设程度具有一定联系。窦欢、陆正飞等[12]通过考察企业集团的关联存款的影响因素与经济后果，研究表明控股股东出于自身利益有动机占用上市公司的先进资源，这种资金占用行为损害中小股东的利益，提高代理成本的同时导致上市公司的效率损失。曾建光等[13]基于我国 ERP 导入期的数据研究其信息系统的实施对我国上市公司代理成本的影响，研究表明实施 ERP 系统的公司代理成本显著降低但是实施 ERP 系统的国有控股公司并未发生显著变化。陆正飞、张会丽[14]通过考察所有权安排对现金在上市公司及其子公司之间分布的影响，由实证结果得出子公司中少数股东的力量客观上为子公司管理层创造了更大的寻租空间，而控股大股东和高管持股成为监控子公司管理层寻租行为的有效力量。企业集团代理问题是不容忽视的管理要点，其内部代理冲突滋生了集团内部的权力寻租市场，导致资本配置扭曲，出现低效率的"交叉补贴"（cross subsidization）和"平均主义"（socialism）现象[15]；分部经理的寻租行为，使总部在资源配置时出现平均分配的现象，从而弱化资源优化配置[16]。

（四）企业集团资金集中管理的问题及原因

财务管理是企业内部管理的中枢，也是企业实现与外部互通的桥梁[17]。资金管理是财务管理中的重要内容，然而大数据环境下传统的资金集中管理已经很难满足企业集团财务共享服务中心资金管理的需求[18]。从国内外企业集团资金集中管理信息化实践来看，目前在我国，作为有效实施资金集中管理重要基础要素之一的信息化技术尚未充分发挥效用，无法满足企业集团资金集中管理的需要[19]。集团资金管理的目标是实现资金的均衡有效流动，使企业集团的资金在空间中共存并及时延续，但我国目前资金集中管理尚未完全实现资金的均衡有效流动；与国外企业集团资金管理相比，多数中国企业集团的资金集中管理优势未能完全发挥，普遍存在资金集中的程度低、范围窄、途径少、筹资管理偏弱等问题[8]。行政上过于集权的干预削弱了各成员单位资金优化管理的积极性，内部资金调配不尽合理，导致内部资本配置不均或有失公允[20]。集团企业的资金集中管理应兼顾集团与子公司的策略弹性，实施适度的资金集中管理，既防止下级企业寻租和代理问题的产生、减少效率内耗，又充分调动成员企业的积极性是集团企业未来思考和努力的重要方向[21]。

三、研究设计

（一）案例选取

选取中石化作为研究对象具有一定代表性和现实意义：十八届三中全会之后，国企混合所有制改革上升为国家战略。国有企业由于体制机制不灵活，释放制度红利的空间大，在经济存在下行压力的情况下，央企主动探索改革尤为必要。国企改革的进程中资本与股权比例的变化从一定程度上提高了所有者和债权人对集团企业资金管理有效性和信息透明度的要求；国资委更是要求央企从源头上加强"两金"管控。中石化作为国企改革的先行者，集团公司党组领导明确提出："集团发展离不开高水平资金管理的支持，打造资金管理优势就是提升公司整体竞争优势。"

中石化集团从财务公司核心业务 ATOM 系统到集团资金管理 TMS 系统的建立在企业集团资金集中管理方面已颇有成就。中石化财务公司于 1988 年 7 月 8 日成立，至 2009 年开始逐渐为中石化的资金管理贡献力量[22]；在共享服务方面，中石化财务共享服务 2013 年 3 月启动，2014 年中石化财务共享服务中心正式成立，2017 年成立央企首家一体化多功能的共享服务专业化公司。截至 2018 年完成了集团公司 213 家企业的全面上线，其中集团 106 家，股份 107 家，实现企业从账务核算、员工报销、资金结算到报告出具的财务全流程服务。中石化自实施财务共享服务试点以来，在管理模式上不断创新，从制度设计、流程优化和信息技术应用几个方面上大步前行，促使信息传递的高效流畅与透明，在央企中发挥引领示范和带动作用，为企业集团共享服务建设提供了有益经验。艾森哈特[23]和尹[24]指出，案例研究应选用典型案例，并强调样本选择的重要性和极端性；贝蒂格鲁也反复强调案例研究要求具有较大的典型性和极端情形[25]。因此，本章选择中石化作为案例研究对象。

（二）研究思路与方法

本章采取单案例研究的方法，主要研究思路如图 13 - 1 所示。以中石化集团财务共享实践案例为基础，根据第一章对资金集中管理可能产生经济后果相关文献的研究整理，从财务共享服务中心的制度设计、流程改进及财务共享信息技术应用三个方面介绍财务共享对资金集中管理的创新机制，再基于积极的经济后果和消极的经济后果两个维度，结合财务数据，从集团企业的融资规模与融资约束、投资效率、资金综合使用效率、权力寻租行为四个方面深入分析财务共享服务下资金集中管理的经济后果。

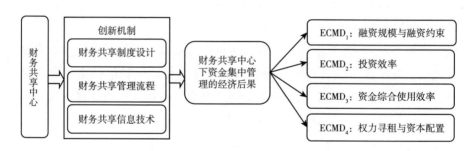

图 13 - 1　本章研究思路

注：本章研究思路在张瑞君等《内部资本市场运行机制与经济后果——基于中石油大司库项目资金结算模式创新的案例研究》的基础上进行研究创新。

（三）前期准备与数据来源

在资料收集上，为保证案例研究科学、严谨，我们应用三角测量，采用多种数据来源[26]，如表 13 - 1 所示。

通过整合资料与信息，进一步深入了解并分析财务共享中心项目的创建过程，与财务共享服务中心承建单位进行交流，对中石化集团财务共享服务中心下资金集中管理共享平台进行深刻地理解与分析。对中石化集团的组织架构及控股情况的深入分析后，将收集到的公开数据资料与企业相关人员进行核实和验证，确定本章数据证据采用中石化集团上

市公司公开年报数据，其中以集团持股 50％ 以上的子公司作为重点分析
对象。如表 13 - 2 所示。

表 13 - 1　　　　　　　　　　　**信息来源**

类型	渠道	内　　　　容
二手资料	公司官网	公司发展历程、人力资源、产业领域、战略布局、财务创新介绍等
	财报公告	企业股权情况、资产负债情况、盈利情况、现金流量变化情况等
	新闻报道	CCTV 新闻直播间、北京电视台；中新网；国企产业改革相关报道；中国石化新闻网：中国石化稳步推广财务共享服务
	媒体访谈	搜狐网视野：基于中国石化财务共享服务建设的若干思考；腾讯网：中国石化财务共享全面上线；央视网：中石化集团创新尺子量到底
	研究成果	《企业集团资金集中管理模式研究》《企业集团财务共享中心构建与运用》等
一手资料	财务部负责人	集团化战略理念、管理布局、对财务共享服务中心的评价及未来目标等（半结构化访谈 3 次共计 10 小时）
	FSSC 南京负责人	财务共享服务中心建设运行情况、管理架构及流程设置、资金管理类系统运行情况等（半结构化访谈 8 次共计 13 小时）
	FSSC 东营负责人	集团公司财务共享服务发展目标、营运战略、业务运营及绩效考核等（半结构化访谈 6 次共计 12 小时）

表 13 - 2　　　　　**中石化集团上市公司持股 50％ 以上的子公司**

序号	公司名称	公司简称	集团持股（％）	股票代码
1	中国石油化工股份有限公司	中国石化	68.31	600028
2	中石化炼化工程（集团）股份有限公司	SEG 炼化工程	67.01	H02386
3	中石化石油机械股份有限公司	石化机械	58.74	000852
4	中石化石油工程技术服务股份有限公司	石化油服	56.51	600871
5	中国石化上海石油化工股份有限公司	上海石化	50.44	600688

另外，我们遵循案例研究提出的保障信度与效度的研究策略[27]，分别
从构念效度、内在效度、外在效度、信度四方面确保案例研究真实、可行
（见表 13 - 3）。

表 13 - 3 效度与信度保障

检验	策略	应用阶段
构念效度	多种数据来源：二手资料和访谈资料	数据收集
	建立证据链：原始数据—提取相关构念—初步建立理论—进一步验证—形成理论模型	数据收集
	研究报告核实：交由中石化集团受访人员核实和验证	数据收集
内在效度	模式匹配：进行理论模型与研究结论相匹配	数据分析
	建立解释：使用逻辑模型分层进行相应的解释和说明	数据分析
	分析与之对立的竞争性解释：审核并修正原始解释	数据分析
外在效度	理论指导：将现有的文献作为线索来引导单案例研究	研究设计
	形成命题：依照差别复制逻辑，便于案例对比研究	研究设计
信度	翔实的研究计划：不同研究者充分讨论、严格比对	研究设计
	建立案例资料库：可通过内容、渠道等进行分类	数据收集
	重复实施：再次分析、比对，达成一致意见	数据分析
	多种类型证据呈现：言语型、文本型等	数据分析

四、案例分析及发现

中国石化集团股份有限公司（简称中石化集团）是一家大型石油石化企业集团，于 1998 年 7 月在原中国石油化工股份有限公司的基础上进行了重组。中石化集团是国家授权的投资机构、国有控股公司，注册资本2 788.6 亿元，是中国最大的综合性能源化工公司之一。梳理其资金集中管理项目实施进程主要时间节点如表 13 - 4 所示，财务共享中心项目实施进程主要时间节点如表 13 - 5 所示。

表 13 - 4 中石化集团资金集中管理进程

时间节点	重要事项
2008 年 1 月	批复确定《中国石油化工集团资金集中管理实施方案》
2008 年 11 月	财务公司核心系统上线、境内集团公司试点上线
2009 年 3 月	财务公司独立运行
2009 年 5 月	盛骏公司（海外）核心系统上线
2009 年 9 月	境内及境外企业推广完成、加固资金集中管理安全系统、总分账户全面应用

时间节点	重要事项
2010 年 6 月	电子票据、财务公司核心系统、TMS 系统功能提升
2010 年 12 月	完成已上市企业系统功能应用推广
2012 年 11 月	资金集中管理第一阶段提升全面完成

表 13 – 5　　　　　　　　　中石化集团财务共享服务中心进程

时间节点	重要事项
2013 年	中石化成立共享服务建设领导小组
2014 年	财务共享试点上线；完成股份总部、天然气等13 家企业财务共享服务上线
2015 年	设立财务共享服务中心南京分中心，累计完成21 家企业财务共享服务上线；财务共享上游、中游、下游业务基本实现覆盖，流程与系统建设基本完成
2016 年	发布《财务共享服务业务操作规范》，总结形成" 四阶段十五步骤"《财务共享上线实施工作方法》，累计完成33 家试点企业财务共享服务上线
2017 年	累计完成97 家企业上线；完成油田板块整体上线。构建"一体两翼"管理架构
2018 年	完成境内213 企业全面上线工作，其中集团106 家，股份107 家

（一）财务共享服务中心下资金集中管理的运行

管理模式创新带来了巨大的管理成效。管理模式创新具体包括制度创新、流程创新和信息系统应用创新，其中制度创新是流程创新和信息技术应用创新的指导，制度是管理思想的体现[28]。经过五年的探索和实践，中石化集团建立了覆盖上游、中游、下游各领域的共享服务业务标准、系统平台、实施战略和管理控制模式，促进集团资金集中管理新形势下的转型升级，并发挥质量协同作用。

1. 财务共享管理制度设计

建立财务共享服务中心后如若制度标准不能合理规范，那么财务共享服务会出现适应力不足、系统性与合规性风险并存、人才发展受限等问题[29]。完善的制度体系是确保财务共享服务中心有效运营的保障。财务共享服务中心运营支撑制度体系可分为内、外两个模块：支持财务共享服务中心的企业管理系统；财务共享服务中心的标准化管理系统、操作管理系统和服务水平协议，如图 13 – 2 所示。

图 13 - 2　财务共享服务中心运营支撑制度体系

其中，标准化管理系统是对重复和可重复工作进行统一制度安排，制定流程和操作标准化的统一标准。它位于制度框架的最底层，是制度体系的基础。操作管理系统是一个完整的过程系统，它从输入到过程转换为相应的规则到组织的输出，以确保组织的连续性发展。服务水平协议，通过在财务共享服务中心与客户之间建立多渠道服务机制，规范服务标准和评估体系，建立财务共享服务中心的客户服务氛围，提高财务共享服务中心的客户满意度。

中国石化集团提出构建"一体两翼"财务管理架构，即经营财务为主体，以财务共享和金融业务为两翼，促进集团财务高效转型发展，其共享服务中心相关主要制度如表 13 - 6 所示。其中标准化管理制度及系统管理制度中明确指出财务共享服务中心体制下，资金集中管理业务处理规范，要求资金类业务申请必须资金信息系统和费用报销系统上发起，并依据内控流程，经各审批口完成审批后，资金系统方可执行命令，相关票据及审批单据自影像系统线上与线下同时保存备查，进行集成管理。

表 13 - 6　　　　　　　　　　　　财务共享服务中心相关制度

制度体系	制度列表	制度目标
标准化 管理制度	流程及作业标准化管理规范	加强公司内部管理，规范现场标准化流程及作业管理工作，规范作业人员行为和专业流程；建立常态的标准化作业管理和考核机制

制度体系	制度列表	制度目标
标准化 管理制度	制度标准化管理规范	规范财务共享服务中心的制度及流程体系框架；制定、发布、修订流程及内容标准化管理工作
	文档标准化管理规范	规范财务共享服务中心的标准化管理中的文档管理
运营优化制度	运营优化管理规范	实现现有运营作业的持续优化，不断改善财务共享服务中心运营管理水平，提升工作效率，保证财务共享服务中心正常、高速运转
绩效管理制度	绩效管理规范	以中心经营战略和年度经营目标为指导，通过对员工工作绩效的评价，达到奖优惩劣，提升员工绩效水平
质量管理制度	质量管理规范	保证会计政策、财务制度的贯彻执行；保证会计集中核算工作质量，促进会计人员提高业务水平和工作质量，强化质量观念
系统管理制度	流程管理规范	实现机构不重叠、业务不重复，缩短流程周期和节约运作资本，规范管理人员行为，提高管理效率
	资金管理规范	统一各类资金业务的处理标准，保证数据的口径一致可比性及财务信息时效性
	业财内控规范	严格执行系统审批流程，规范重大事项业财审批的共同控制，提高工作准确性

2. 财务共享管理流程优化

集团公司旗下的企业涉及的产业链诸多，其信息系统结构与功能互不相同；要消除"信息孤岛"，企业必须规范业务流程，实现业务财务一体化的企业信息系统集成，按照业务类型梳理成标准化的业务流程和操作流程。业务流程的标准化和科学化是财务共享服务高效运作的基础，也是企业实现信息化的前提[30]。中石化集团通过编制《财务共享服务业务操作规范》，基本形成了集团公司统一的基于业务场景的财务共享会计核算操作标准体系，进一步统一和细化了财务核算流程和财务数据标准，保证了输入同标准的数据，输出同口径的信息，为企业经营管理和决策支持提供了更加专业和可比的数据，也为集团公司提供了高质量会计信息。资金管理体系具体流程如图13-3所示，通过财务共享服务中心平台与财务公司金融平台相结合，进行资金调配和统一融资；大量的资金业务按照业务规则分类进行统一处理，即时传输，提升整体执行速度同时提高标准的一致性。数据口径统一也让企业各下属公司之间有了财务数据的可比性，由此企业能够对下属公司进行横纵向的对比，为集团提供更加全面的财务数据分析资料，便于企业在财务方面做出更有依据、更为合理、更加科学的决策。

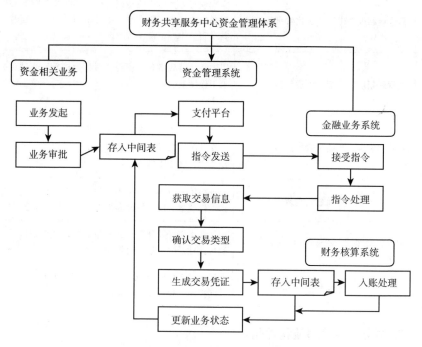

图 13 – 3　财务共享中心资金管理体系

通过取消企业财务初审环节、业务端直接发起等，使财务部门提交量大幅下降。此外，中石化总结形成的"四阶段十五步骤"《财务共享上线实施工作方法》，为全面快速推广规范流程形成可操作可复制工作方法论。

3. 财务共享信息系统

面对全球业务的需求量激增，业务对象涵盖各行各业，中石化集团积极探索业务自动化、数字化、智能化提升，有效减轻客户端工作量，显著提高了业务处理质量和时效。根据其官网资料调研显示：其双向索引和电子回单自动匹配等技术，为企业节约了 15％ 的人员配置；自主研发的 RPA 流程机器人项目，通过软件模拟员工在旧系统上面操作的方式，集成旧系统的操作和数据，实现共享服务中心与资金管理 TMS 系统的高效对接（见图 13 - 4）；使业务处理效率大幅提升，增值税发票业务处理平均提效 46% ~ 58%；自主研发票据分册查询等三项财务共享自动化信息处理工具，使业务处理效率提升 50%。集团保持现有与核算系统的接口集成的建设结果，扩充资金系统接口，在集中支付管理平台上实现所有资金流出必须经过共享中心，并通过资金系统接口进行银企直联，并以财务共享服务平台为核心平台，在现有主数据的基础信息上进行扩充与修正，实现与外部异构系统信息标准化对接，保持主数据一致性。

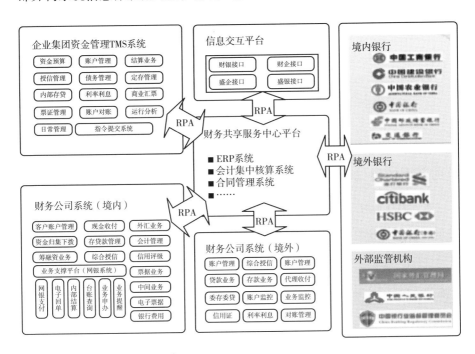

图 13 - 4　RPA 信息技术系统

（二）财务共享服务中心对资金集中管理的影响机制

中石化集团财务共享服务中心通过管理制度设计、管理流程和信息系统三个方面的改进与融合对集团的资金集中管理模式进行了创新，通过中间效应的传递，最终优化了企业集团内部资金的有效运作，具体体现在提高信息透明度，扩大融资规模，缓解融资约束，提高投资效率和资金综合利用效率等方面，如图 13 - 5 所示。

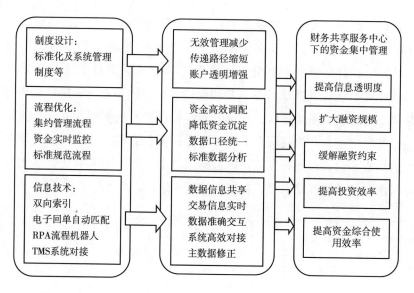

图 13 – 5　财务共享服务中心对资金集中管理模式改进的影响机制

（三）财务共享服务中心下资金集中管理的经济后果（基于数据证据的讨论与分析）

本章从 $ECMD_1 \sim ECMD_4$（经济后果计量维度）中选取一些指标来衡量财务共享管理制度、流程和信息系统集中整合带来的管理结果，如表 13 – 7 所示。

表 13 – 7　　　　财务共享服务中心下资金集中管理运行后果指标

经济后果	指标
$ECMD_1$：融资规模与融资约束	FS（融资规模）：短期借款 + 长期借款 + 应付债券 融资约束：综合财务指标评分 Q
$ECMD_2$：投资效率	资金配置效率：经营现净率 = 经营活动现金流量净额/净资产 （比率越大，说明企业运用权益资本创造现金的能力越强）
$ECMD_3$：资金综合使用效率	投资回报率（ROI）= 年利润或年均利润/投资总额 ×100% 现金周转率 = 主营业务收入/现金平均余额（资金回报周期）
$ECMD_4$：权力寻租与资本配置	资产收益率（ROA）= 净利润/平均资产总额 ×100% 代理成本：管理费用/资产总额 ×100%

1. 扩大融资规模降低融资约束

集团化运作往往能够多渠道放松企业的融资约束同时集团融资优势会对成员企业的投资效率产生双面影响：一方面因资金来源的增加缓解投资不足，另一方面由于融资能力增强加剧过度投资[31]。现有研究对企业融资约束的主流测度方法包括以下四种：（1）以法扎里等学者提出的投资现金敏感性指标为代表，通过建模借助模型系数量化研究融资约束大小[32]。（2）以 KZ 指数、ZFC 指数、WW 指数、SA 指数为代表的指数衡量融资约束方法[33]。（3）采用企业集团类型、公司规模、集团关系、股利政策等单一指标衡量融资约束[34]。（4）建立用于识别融资约束的综合财务指标评分模型度量企业集团的融资约束[35]。本文拟采用综合财务指标评分的方法研究案例企业建立财务共享服务中心前后的融资约束变化，综合财务指标如表 13 – 8 所示。

表 13 – 8　　　　　　　　　衡量融资约束的财务指标

符号	指标定义	指标含义
X_1：CF/K	CF：经营活动净现金流；K：上年资产总额	经营性活动净现金流/上年资产总额
X_2：I/K	I：资本支出，当年投资净额	当年投资净额/上年资产总额
X_3：IGR	存货增长率	下一年度较上一年度存货增长
X_4：M/K	M：货币资金存量	货币资金存量/上年资产总额
X_5：C	债务权益比率	负债总额/股东权益
X_6：D/K	D：当年红利分配额	当年红利分配额/上年资产总额
X_7：R	利息保障倍数	息税前利润/利息支出

李焰、张宁（2008）基于通过直观、可计量的综合财务指标衡量融资约束的思想，在中国上市公司样本研究的基础上，建立衡量融资约束的综合财务指标评分模型[35]。在对 2003 ~ 2005 年 540 个 A 股上市公司按照分红行为预分类的基础上，通过稳健性检验，并用等级回归方法测试综合财务指标评分模型的判别效果，最终得到模型参数和融资约束的评分区间：当综合评分小于 0.54 时，不存在融资约束；在 0.54 ~ 0.95 时，存在融资约束；大于 0.95 时，没有融资约束[38]。综合财务指标评分模型如下：

$$Q = 0.18 \times X_1 + 0.16 \times X_2 + 0.17 \times X_3 + 0.11 \times X_4 - 0.11 \times X_5$$
$$+ 0.12 \times X_6 + 0.15 \times X_7 \tag{13 – 1}$$

根据中石化集团持股上市公司（见表 13-1）的上市公司年报数据，以集团持股 50% 以上的公司作为代表，运用上述财务指标综合模型（计算过程见文末附件 1）计算结果如表 13-9 所示。

表 13-9   各子公司综合财务指标评分计算结果（Q 值）

年份	中国石化	SEG 炼化工程	石化机械	石化油服	上海石化
2018	2.471	0.582	1.556	0.718	0.256
2017	2.180	0.548	0.584	0.698	0.447
2016	1.452	0.379	0.500	0.574	0.312
2015	1.076	0.295	0.326	0.516	0.343
2014	0.862	0.213	0.448	0.191	0.324

把上述计算结果绘制为折线图以便观察其变化趋势，如图 13-6 所示。

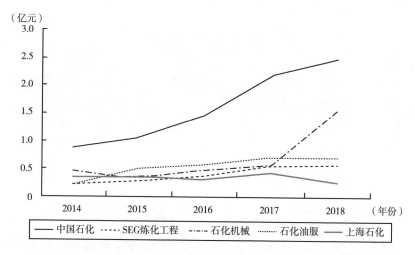

图 13-6   2014~2018 年综合财务指标评分结果折线图

根据图 13-6 可以看出，中国石化、炼化工程、石化机械和石化油服近五年的财务指标综合评分总体呈现上升趋势；上海石化 2014~2017 年的 Q 值变化不大，在 2018 年为 0.25 小于 0.54，石化机械 2018 年 Q 值为 1.556 大于 0.95。总体上来看，自中石化集团 2014 年实施财务共享服务以来，至 2018 年各子公司面临的融资约束均有所缓解。

从图 13-7 中可以看出，在融资规模方面，石化机械和炼化工程近五年融资规模呈现增长趋势；上海石化融资规模呈现下降趋势；从图 13-8

中可以看出，石化油服近五年期间从 123.88 亿元逐年增加至 181.46 亿元，融资规模呈现上升趋势；中国石化作为集团核心企业股份总部，于 2014 年即上线了财务共享服务中心并基于财务公司合作逐步进行资金集中管理升级，其融资金额由 3 176.64 亿元逐渐减少至 1 382.2 亿元，集团资金运行效果越发明显，集团主要子公司成员融资规模提高，集团总部核心股份公司融资规模缩小，共享服务中心下的资金集中管理促进了集团内部资金的高效运转和分配。财务共享服务中心建立后的资金集中管理在一定程度上扩大了企业融资规模降低了融资约束。

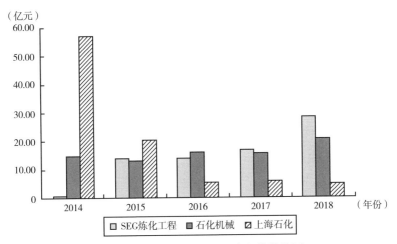

图 13 - 7 2014～2018 年融资规模柱状图

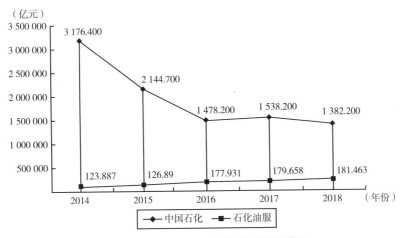

图 13 - 8 2014～2018 年融资规模折线图

2. 提高投资效率和资金综合利用效率

财务共享服务作为一种创新手段使得企业集团实现创造性突破,何瑛采取实证的方法通过对中国企业集团财务共享服务实施前后的绩效变化研究,证实了财务共享服务对企业的影响具有延迟效应和短期波动效应[36]。

从图 13 - 9 中可以发现,石化油服的经营现净率近五年变化较大,2015 年国际油价持续低位运行给石化油服公司经营成果带来风险巨大,其中 2016~2017 年有一定程度的回升,推进财务共享服务一定程度上优化了资金配置,在行业压力下有所回升,但影响呈现出波动趋势;中国石化和上海石化两家单位的比率相对平稳,整体均值高于其他几家单位最具代表意义;炼化工程和石化机械的变化趋势总体一致。经营现净率越大,说明企业运用权益资本创造现金的能力越强[37]。作为集团核心企业股份公司,中国石化自 2014 年建立财务共享服务中心以来保持较高的资金创造能力。

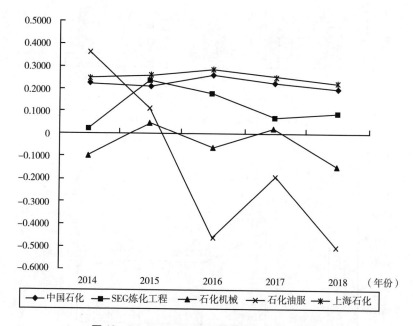

图 13 - 9 2014~2018 年经营净现率变化趋势

从图 13 - 10 中可以看出,中国石化近五年的投资回报率比较平稳,浮动范围在 20% 以内且有所提高;SEG 炼化工程整体呈现上升趋势,变化浮动范围在 40% 以内；石化机械、石化油服和上海石化三家单位的投资回报率变化较大，其中在 2016 年发生重大转变，至 2018 年呈现持续增长状态并达到峰值 2015 年世界经济增长相较预期较弱，国际油价持续低位并屡创新低，导致油服行业工作量和服务价格均出现下降，油服市场竞争形势异常激烈。我国经济运行下行压力加大，结构性产能过剩矛盾突出，经济增速进一步放缓。我国石化行业在低油价市场环境下大宗石化产品价格持续疲软，行业投资下降，化工产品产能过剩的结构性矛盾依然突出，行业大背景下致使石化机械、油服及上海分公司的 ROI 巨幅下降。2016 年我国石化行业炼油和化工产品的结构性过剩矛盾依然突出，油田服务行业也受到较大冲击，油田服务工作量和价格不断下降，环境和安全的制约进一步加大；但相对于全年国际原油均价的大幅度下跌，下游炼油和化工产品的价格跌幅较小，产品毛利增加，企业效益回升。因此 2016 年行业环境转好后，回报率大幅度回升并达到峰值。与此同时，从中国石化和炼化工程主要股份成员企业的投资回报率的相对稳定可以直观看出：中石化集团共享服务中心的稳步推进优化了内部资金管理为集团缓解部分行业冲击。

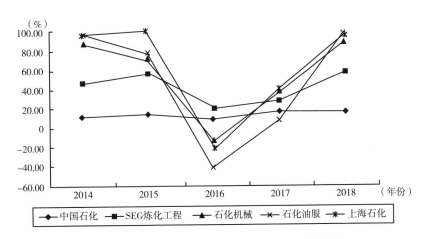

图 13 - 10　2014 ~ 2018 年投资回报率 ROI 变化趋势

依据图 13 - 11 显示，中国石化和 SEG 炼化工程在初始年份资金周转率略有下跌，企业回款有所下降；2015 年后趋于平稳并保持在 20% 以上；上海石化、石化油服和石化机械均呈现上升态势，资金周转普遍较快。可以看出，自 2014 年中石化集团启动财务共享服务以来，几家单位的现金周转率呈现整体上升趋势，企业对现金的利用效率较好。

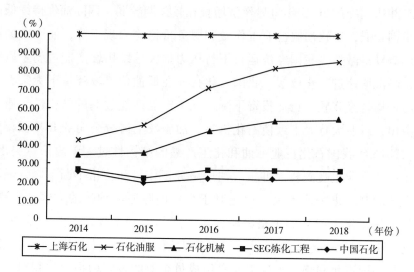

图 13 – 11　2014~2018 年现金周转率变化趋势

3. 权力寻租下内部资本配置的制衡

企业集团的双层或多重代理关系加剧了企业内部的信息不对称程度，而在企业集团的资金集中管理中建设信息化平台能够使得信息时效性更强。财务共享服务中心正是基于财务共享信息系统的全网覆盖建设，进一步增加了企业信息的透明度与信息传递效率，进而降低了企业集团的信息不对称程度。财务共享中心经过信息系统动态追踪、在资金管理系统中减少信息传递层级，将数据信息共享平台的作用充分发挥，有效缩短信息获取时间，从而提高信息透明度。

根据管理费用与资产总额的比值计算结果，形成图 13 – 12 的变化趋势：可以看出近五年的各公司管理费用占资产总额的比值明显下降。随着共享服务中心的运行，企业内部信息得到充分传递，在一定程度上降低了代理成本。这种情况下，集团各级公司管理层权力寻租的范围被大大缩小，强化体制内外的监督作用，促进资金高效管理、合理分配与充分利用，进而促使企业集团管理的"阴暗面"能够得到一定程度的转变。

通过表 13 – 10 比较发现，石化机械、石化油服的资产收益率相对较低，中国石化、炼化工程及上海石化公司的资产收益率相对较高，其中上海石化近五年平均 ROA 最高达到 11. 50%。而石化机械和石化油服两家单位的 ROA 为负值，其中石化油服均值最低为 - 6. 80%。应用 3. 3. 1 节计算的融资约束 Q 值及融资规模数值进一步计算各子公司近五年均值，结果如表 13 - 10 所示。

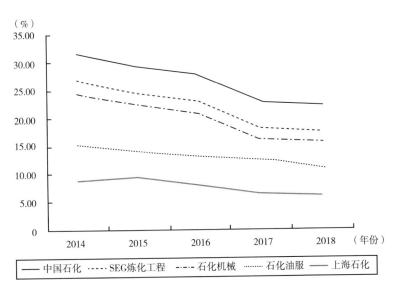

图 13 - 12 2014 ~ 2018 年（管理费用/资产总额）变化趋势

表 13 - 10　　　　主要上市子公司近五年资产收益率（ROA）情况　　　单位:%

年份	中国石化	SEG 炼化工程	石化机械	石化油服	上海石化
2014	3. 45	7. 00	5. 21	1. 42	- 2. 06
2015	3. 00	6. 00	0. 57	0. 03	11. 09
2016	4. 02	2. 80	- 11. 63	- 20. 16	19. 21
2017	4. 54	1. 90	0. 51	- 15. 51	16. 69
2018	5. 04	2. 60	0. 43	0. 23	12. 54
五年均值	4. 01	4. 06	- 0. 98	- 6. 80	11. 50

从表 13 - 11 中可以发现，近五年各单位的融资情况中，作为集团代表的核心股份公司，中国石化的融资规模远大于其他子公司；其余四家主要子公司中，石化油服融资规模最大，其次为上海石化、石化机械、SEG 炼化工程；其中短期贷款金额由高到低分别为：石化油服、石化机械、上海石化。

表 13-11　主要上市子公司近五年融资约束及融资规模近五年均值

项目	中国石化	SEG 炼化工程	石化机械	石化油服	上海石化
融资约束（Q值）	1.61	0.40	0.68	0.54	0.34
融资规模（亿元）	1 943.94	14.85	16.25	157.97	18.86
短期贷款（亿元）	742.38	14.85	16.17	152.22	15.59
长期贷款（亿元）	631.42	—	0.08	5.75	3.27

　　结合表 13-10 和表 13-11 对中石化集团主要四家上市子公司进行综合分析可知：在融资约束方面，资本收益较高的上海石化和 SEG 炼化工程两家单位，Q值均在 0.5 以下，资本收益率较低石化机械和石化油服两家单位 Q 值均在 0.5 以上，ROA 低的子公司受到的融资约束要低于 ROA 高的子公司；在融资规模和获得贷款金额方面，资本收益率高的子公司获得的融资规模及金额要低于资本收益率低的子公司：ROA 低的子公司如石化油服的融资规模达到 157.97 亿元，其中短期贷款达到 152.22 亿元；石化机械的融资金额在 16 亿元左右；ROA 高的子公司如上海石化和 SEG 炼化工程贷款金额仅在 15 亿元左右。

　　通过表 13-12 可以看出，收益率高且融资约束较低的子公司获得的贷款金额较少，收益率低且融资约束较高的子公司获得的贷款金额反而较多。集团中具有良好投资机会的公司获得的资金要少于投资机会较差的公司，那这说明在财务共享服务模式下，虽然经过信息的高效精准传递来降低信息不对称程度从而在一定程度上降低了代理成本，但是在集团内部仍然存在权力寻租行为，资本配置不尽合理，吃"大锅饭"仍是集团内部管理的痛点。那么，财务共享下的资金集中管理是否对集团内部"阴暗面"产生制衡？通过比较近五年主要子公司的融资规模发现（对比图见本章附件 2），虽然资本收益率（ROA）较低的石化油服融资规模仍然巨大，但是资本收益率（ROA）较高的 SEG 炼化工程融资规模在增加，且上海石化近三年融资规模份额比较稳定，保持在 2%～3%，集团内部由于代理问题而滋生的权力寻租引起资本配置失衡的"阴暗面"得到相对改善。因此，财务共享下的资金集中管理通过提高信息透明度降低信息不对称程度在一定程度上降低了代理成本，且制衡了由于分部权力寻租行为导致集团内部成员在资本配置上吃大锅饭的现象。

表 13 - 12　　　　　　　　　　资本收益与融资规模比较分析

融资项目	收益项目	
	ROA 高 (上海石化 &SEG 炼化工程)	ROA 低 (石化机械 & 石化油服)
融资约束	较低	较高
融资规模	较小	较大
短期贷款	较少	较多
长期贷款	较少	较多

五、结论与启示

优化企业集团资金集中管理是提高我国企业集团财务管理水平的重要目标，对企业集团的发展具有重要意义。随着共享理论的完善和大数据技术的发展，通过财务共享服务中心进行准确高效的资金管理是集团企业经营管理改革的趋势选择：财务共享服务中心以业财融合为出发点，规范数据采集，数据加工和数据分析，推动企业财务转型升级，提高集团财务的管控能力和服务能力，改善财务信息质量和财务工作效率，推动财务管理能力提升，提高资金管理质量，为构建全集团统一运营管理平台创造条件。只有对资金实施合适的集中管理，结合共享管理技术，实现投入产出的均衡与高效，才能提高企业集团的综合运作效率。

本章以中石化集团财务共享下的资金集中管理为具体研究对象，阐述基于财务共享的企业集团资金集中管理的运行机制，并通过数据分析研究探讨财务共享中心下资金集中管理的经济后果。案例分析结果表明，通过财务共享制度设计、管理流程优化与财务共享信息系统的不断改进和融合，建立财务共享服务中心在一定程度上能够帮助企业集团缓解融资约束，提高投资效率并改善其资金综合使用效率。提高集团信息传递的及时性、准确性，增加信息透明度并降低信息不对称程度从而降低了集团代理成本。对集团成员的寻租行为产生了制衡作用，制衡了由于权力寻租而滋生的资本配置"阴暗面"：使得资本收益率较高、投资机会较好的集团成员获得的投资规模有所增加；资本收益率较低、投资机会较差的集团成员获得的投资规模相对缩减，促进了集团资本配置的相对平衡。

附录

附件1 各子公司财务指标计算结果

中国石油化工股份有限公司各指标计算结果

年份	X_1	X_2	X_3	X_4	X_5	X_6	X_7
2018	0.110213	0.089392	-0.01125	0.104637	0.856477	0.059676	16.76
2017	0.127352	0.085777	0.192971	0.110073	0.868048	0.031529	14.60
2016	0.148238	0.061672	0.074863	0.098480	0.800120	0.019469	9.85
2015	0.114197	0.086871	-0.22635	0.048015	0.832953	0.018564	7.76
2014	0.107231	0.099971	-0.15187	0.007303	1.242929	0.021389	6.57

中石化炼化工程（集团）股份有限公司各指标计算结果

年份	X_1	X_2	X_3	X_4	X_5	X_6	X_7
2018	0.102751	0.000404	-0.310997	0.286133	1.727629	0.018179	3.49
2017	0.072017	-0.064545	-0.513784	0.198017	1.321363	0.010104	3.59
2016	0.079960	-0.057581	-0.345544	0.203103	1.333862	0.019331	2.16
2015	0.111222	-0.049938	0.126925	0.218988	1.370388	0.025593	2.03
2014	0.007031	0.099757	0.303614	0.193835	1.277139	0.029431	1.73

中石化石油机械股份有限公司各指标计算结果

年份	X_1	X_2	X_3	X_4	X_5	X_6	X_7
2018	-0.041975	0.009921	0.532445	0.030713	3.083377	0.001804	1.57
2017	0.007314	0.002166	0.043966	0.035537	2.684571	0.014360	1.54
2016	-0.016183	0.003192	-0.124165	0.029317	2.551198	0.007246	1.78
2015	0.017316	0.220465	0.011124	0.021993	2.981611	0.002284	1.51
2014	-0.104274	0.047265	3.030424	0.065641	2.018452	0.014209	1.05

中石化石油工程技术服务股份有限公司各指标计算结果

年份	X_1	X_2	X_3	X_4	X_5	X_6	X_7
2018	-0.047351	0.020486	0.035950	0.035481	9.541364	0.009887	2.17
2017	0.005434	0.015787	-0.853723	0.034206	-30.55211	0.009526	-1.68
2016	-0.045798	0.014395	-0.369127	0.028719	7.823975	0.005062	-3.21
2015	0.031685	0.047405	0.238055	0.024748	2.462256	0.004097	1.77
2014	0.072741	0.045105	-0.139870	0.013090	3.347594	0.007722	3.74

中国石化上海石油化工股份有限公司各指标计算结果

年份	X_1	X_2	X_3	X_4	X_5	X_6	X_7
2018	0.169023	0.029967	0.230828	0.258521	0.460807	0.083929	2.20
2017	0.207444	0.035082	0.071278	0.278546	0.387877	0.079979	3.53
2016	0.257352	0.032173	0.474150	0.194183	0.363244	0.041819	1.38
2015	0.165104	0.022321	− 0.295566	0.034575	0.391559	0.007440	1.75
2014	0.109426	0.029496	− 0.343843	0.007562	0.849169	0.025160	− 1.33

附件 2　近五年各子公司融资规模比较

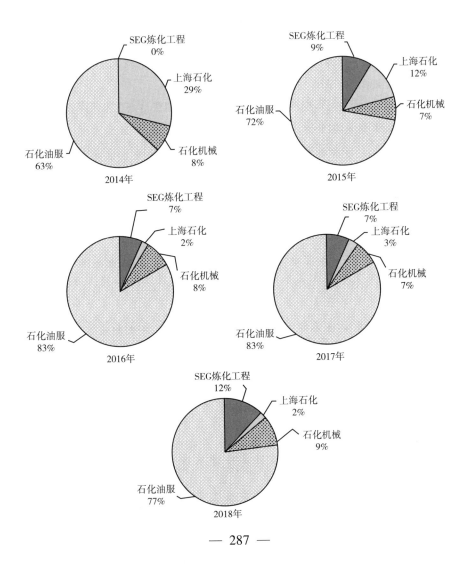

参考文献

［1］Bergeron B P. Essentials of Shared Services ［M］. J Wiley, 2003 (5)：125 - 126.

［2］刘汉进, 方阳. 基于内部资源整合的企业共享服务述评 ［J］. 管理学报, 2012, 9 (10)：1562 - 1568.

［3］李积会, 张越红. 共享经济下的"业财融合" ［J］. 企业管理, 2018 (5)：69 - 70.

［4］何瑛. 基于云计算的企业集团财务流程再造的路径与方向 ［J］. 管理世界, 2013 (4)：182 - 183.

［5］窦欢, 张会丽, 陆正飞. 企业集团、大股东监督与过度投资 ［J］. 管理世界, 2014 (7)：134 - 135.

［6］郑江淮, 何旭强, 王华. 上市公司投资的融资约束：从股权结构角度的实证分析 ［J］. 金融研究, 2001 (11)：97 - 98.

［7］吴秋生, 黄贤环. 财务公司的职能配置与集团成员上市公司融资约束缓解 ［J］. 中国工业经济, 2017 (9)：156 - 157.

［8］潘荣良. 中国企业集团资金集中管理研究 ［D］. 上海：复旦大学, 2008.

［9］郭翰铧. 基于 DEA 方法的我国财务公司资金使用效率实证研究 ［D］. 四川：西南财经大学, 2016.

［10］Soelheira J. Designing a successful plan for your shared service centre ［J］. International Journal of Business Information Systems, 2007 (3)：217 - 230.

［11］Jensen M C, Meckling W H. Theory of the Firm：Managerial Behavior ［J］. Agency Costs and Capital Structure. Journal of Financial Economics, 1976, 3 (4)：305 - 360.

［12］窦欢, 陆正飞. 大股东控制、关联存款与现金持有价值 ［J］. 管理世界, 2016 (5)：149 - 150.

［13］曾建光, 王立彦, 徐海乐. ERP 系统的实施与代理成本——基于中国 ERP 导入期的证据 ［J］. 南开管理评论, 2012, 15 (3)：131 - 132.

［14］陆正飞, 张会丽. 所有权安排、寻租空间与现金分布——来自中国 A 股市场的经验数据 ［J］. 管理世界, 2010 (5)：150 - 153.

［15］邹薇, 钱雪松. 融资成本、寻租行为和企业内部资本配置 ［J］. 经济研究, 2005 (5)：64 - 65.

［16］许艳芳, 文旷宇. 内部资本市场、上市公司投融资行为异化与公司业绩——

基于明天科技的案例研究［J］．管理案例研究与评论，2009，2（4）：224－225．

　　［17］长青，吴林飞，孔令辉等．企业精益财务管理模式研究——以神东煤炭集团财务管理为例［J］．管理案例研究与评论，2014，7（2）：162－163．

　　［18］程平，万家盛．大数据下基于财务共享服务模式的A集团资金管理［J］．会计之友，2017（6）：121－124．

　　［19］唐忠良．财务公司模式下资金集中管理信息化研究［J］．技术经济与管理研究，2015（11）：74－75．

　　［20］张江北．集团型企业资金结算中心运行弊端及改进［J］．财务与会计，2015（23）：62－63．

　　［21］陆正飞，张会丽．集团企业资金集中管理及其经济后果［J］．财会学习，2011（8）：20－21．

　　［22］杜桂成．中石化资金集中管理问题与对策研究［D］．天津：天津财经大学，2017．

　　［23］Eisenhardt K M. Building Theories from Csae Study Research［J］．Academy of Management Review，1989，14（4）：532－550．

　　［24］Yin R K. Case Study Research：Design and Methods［M］．Thousand Oaks：Sage，2009．

　　［25］Pettigrew A M. Longitudinal Field Research on Change：Theory and Practice［J］．Organization Science，1990，1（3）：267－292．

　　［26］毛基业，张霞，案例研究方法的规范性及现状评估［J］．管理世界，2008（4）：115－121．

　　［27］Yin R K. The Case Study Anthology［M］．Thousand Oaks：Sage，2004．

　　［28］张瑞君，孙寅．内部资本市场运行机制与经济后果——基于中石油大司库项目资金结算模式创新的案例研究［J］．管理学报，2012（11）：1599．

　　［29］王秀萍，张添翼．财务共享服务存在的缺陷及其化解［J］．财会月刊，2012（7）：70－71．

　　［30］陈潇怡，李颖．大数据时代企业集团财务共享服务的创建［J］．财会月刊，2017（4）：20－21．

　　［31］计方，刘星．集团控制、融资优势与投资效率［J］．管理工程学报，2014，28（1）：26－27．

　　［32］FAZZARIS，HUBBARDR G，PETER SEN B C. Financing constraints and corporate investment［J］．Brookings Papers on Economic Activity，1988（1）：141－195．

　　［33］Kaplan，Steven and Luigi Zingale. Do investment-cash flow sensitivities provide useful measures of financing constraints［J］．The Quarterly Journal of Economics，1997，

112 (1)：169 – 215.

[34] Gilchrist S, C P Himmelberg. Evidence on the Role of Cash Flow for Investment [J]. Journal of Monetary Economics, 1995, 36 (3)：541 – 572.

[35] 李焰，张宁. 用综合财务指标衡量企业融资约束 [J]. 中国管理科学，2008，16 (3)：145 – 146.

[36] 何瑛，周访，李娇. 中国企业集团实施财务共享服务有效性的实证研究——来自 2004～2008 年的经验数据 [J]. 经济与管理研究，2013 (8)：57 – 58.

[37] 温淑斐. A 企业集团资金集中管理绩效评价体系设计研究 [J]. 财务与会计，2016 (16)：36 – 37.